동물 레이키

Animal Reiki
동물 레이키

靈
氣

당신의 삶에서
동물을 치유하기 위해
에너지를 사용하라

엘리자베스 풀턴, 캐서린 프라사드 지음 | 황지현 옮김

슈리 크리슈나다스 아쉬람

목차

서문

셰럴 슈워츠^{Cheryl Schwartz}, DVM(수의사)

동물은 가장 훌륭한 티쳐이다. 그들을 지배하려 들거나 지나치게 현학적으로 다가가지^{pedantic} 않는다면 그들은 친절, 힘 그리고 유머를 겸비한 채 우리의 방식에서 발전하는 법을 알려줄 것이다. 우리는 그에 걸맞게 화답하기만 하면 된다. 레이키 힐링 시스템은 동물의 광범위한 능력에 대해 경의를 표하는 승인을 수반하고 있기 때문에 여기에 적당하다. 에너지 통합의 달인인 동물들은 우리 모두가 육체적, 정서적, 정신적, 그리고 영적 차원에 동시에 존재한다는 것을 직관적으로 이해한다. 이런 이해를 바탕으로 그들은 자신들의 삶에 레이키를 자연스럽게 받아들인다.

지난 25년간 전인적인 수의사이자 힐러로서 나는 이 책에 기술된 것과 유사한 설명할 수 없고 놀랄만한 동물의 회복에 관련된 에너지 힐링의 물결에 동참해왔다. 중국 의학, 침술, 허브, 동종요법 또는 꽃 에센스를 활용하고 있든 아니든 간에, 나는 에너지 의학이 미래의 모멘트이자 전통방식의 핵심이라는 것을 확신한다.

레이키는 우리가 존중과 외경심을 가지고 그것의 거대한 의식에 다가가기 위한 요청으로 우주적 근원과의 연결을 청하는 에너지 힐링 시스템이다. 엘리자베스 풀턴Elizabeth Fulton과 캐서린 프라사드Kathleen Prasad 는 이 책에서 레이키가 어떻게 문제의 중심에 다가가서 전체를 고찰하고, 힐링 과정을 원만하게 마무리하는지를 보여주면서 우리를 레이키의 여정으로 이끈다.

나의 많은 고객들은 레이키가 자신들의 반려동물들에게 기적적인 도움을 준 것에 대해 말했다. 충분히 감명을 받았음에도 불구하고 나는 결코 이 시스템에 대해 공식적으로 연구를 하거나 강의를 하려고 시간을 낸 적이 없었다. 그래서 나는 이 책이 레이키를 좀 더 완전하게 설명하기 위해 나왔다는 것을 듣고 너무 기뻤다.

동물들은 직관(그 자체가 우주적 근원과의 대화)을 사용하는 것이 힐링과 균형 잡힌 건강을 위해 효과적인 도구임을 나에게 항상 확신시켜 주었다. 직관은 동물들이 가르쳐주는 또 다른 요소인 신뢰에 기초한다. 이 책은 동물 리시버와 그들을 실습한 저자 모두에 의해 드러난, 많은 신뢰의 예들을 보여준다. 각각의 동물 의뢰인에게 정중하게 레이키가 제안되었고, 수용에 대한 선택의 자유가 주어졌다.

직관적으로, 나는 질병을 진단하고 힐링하는데 정확히 그 불균형의 영역에서 열, 차가움, 감촉, 또는 따끔거림의 느낌을 종종 경험하면서 동물 의뢰인들의 육체를 둘러싸고 있는 에너지장을 연구해왔다. 내 손 바닥이 동물 몸의 특정부위를 훑고 지나갈 때, 그 동물의 전생의 모습이나 장면들을 알게 되거나 정서적인 느낌을 경험한 적이 있다.

나는 이것으로부터 우리의 많은 반려동물들의 만성적인 육체적 문제들이 실제로는 완전히 해소되지 못한 정서적 트라우마로부터 발전된 것임을 알게 되었다. 불균형한 에너지 존재를 인식하는 것이 힐링의 전조이다. 나의 경험이 레이키라고 설명된 것과 유사하다는 것을 알게 되어 기쁘지만, 그럼에도 어떻게 우주가 모든 이들에게 힐링을 제공하는지에 대한 주요 예시를 나에게 가르쳐 준 것은 동물들이었다.

클로에Chloe라는 고양이가 나에게 진찰을 받으러 왔다. 그 고양이는 수년 간 진행 중인 엉덩이 쪽의 만성 경직과 간헐적 절뚝거림으로 고통 받고 있었다. 클로에의 주인은 여러 수의사에게 진료를 받고 모든 테스트를 해 봤음에도 불구하고 원인을 알 수 없고, 질병에 대한 고통을 줄여 줄 힐링법을 찾을 수도 없었다. 침술로 일시적으로 고통을 경감시킬 수는 있었지만 이제 클로에는 뛰거나 밖에 나가고 싶어 하지 않고 우울해했다.

내가 클로에의 척추 위 약 6인치 부위의 에너지를 살펴가며 검사를 했을 때, 척추 맨 아래쪽의 특정 부위에 이르러서 손이 공중에서 멈추었다. 손은 움직이지 않았다. 나는 구역질이 나고 충격과 동시에 몹시 슬펐다. 그래서 손바닥을 그 부위에 그대로 둔 채, 클로에가 전에 그 부위를 다친 적이 있는지를 물어보았다. 그 주인은 아니라고 고개를 저으면서 잠시 생각을 하더니 클로에가 아기 고양이었을 때, 이웃의 싸움꾼 고양이에게 공격을 당해 바로 그 부위를 물린 일을 기억했다. 농양이 생겼지만 절개를 했고 항생제를 처방받고는 완전히 치유되었다.

경직은 그 후 1년 뒤에 시작되었고 현재 2년이 지나 정확히 물린 그 부위 위의 에너지장에 뭉쳐진 정서의 덩어리를 내가 감지하고 있는 것이었다. 단지 이 사건을 인지하고 기억하며 그와 관련된 정서들을 공유하기만 해도 그 에너지 장애는 흩어지기 시작했다. 클로에는 힐링 과정을 시작했다. 몇 번의 "힐링"을 더 거친 후 클로에는 회복되었고 이제는 어렸을 때처럼 뛰어다닌다.

나는 나의 힐링 중 일부가 이 책에서 "레이키"라 명시된 것과 비슷하다는 것을 전혀 몰랐다. 이 책 전반을 통해 나는 엘리자베스와 캐서린의 모든 동물의 본래 모습^{integrity}에 대한 존중과, 동물을 포함한 힐링에서 일상적인 의료 행위와는 전혀 다른, 의뢰인에게 무언가를 하기 전에 허락을 구하는 힐러의 이해에 여러 번 감명 받았다.

나는 이 책의 내용에 전적으로 뜻을 같이 하기에, 이 책을 쓰고 이야기를 풀어 나가는 사람이 어쩌면 내가 됐을 수도 있었을 것이다. 우주가 나에게 서문을 부탁하는 이메일을 보냈다 해도 이상할 것이 없다. 이 책을 써 준 엘리자베스와 캐서린에게 정말 감사를 표한다. 동물 애호가들은 이 책에 아주 감사하고 이 책이 기꺼이 제공하고자 하는 것들을 잘 이용하기를 바란다.

이 책은 진심에서 우러나와 쓰였다. 레이키는 독자를 힐링하면서 책장에서 튀쳐나올 것이다. 직관적인 사람이라면 누구나 그것을 느낄 것이고 마음을 좀 더 열 것이다.

저자의 머리말

　전통적으로 레이키 실행practice과 가르침은 인간을 치유하는 데 중점을 두었다. 그러나 우리가 왜 동물 세계에 레이키 실행의 초점을 맞추기로 했는지에 대해서는 많은 이유들이 있다. 우리는 동물이 그들 스스로 이 지구에 많은 것을 주고 천부적으로 레이키의 혜택을 받을 자격이 있는, 지각 있고 영적인 존재라고 믿는다.

　인간 그리고 문명과 함께 산다는 것은 동물들에게 크나큰 희생을 요구한다. 그들은 종종 자신들의 자연 서식지, 자유, 그리고 온전한 천성, 성욕과 생식기능을 표출하는 능력을 박탈당하였지만 여전히 우리에게 헌신, 충성, 그리고 놀라운 용서의 포용력을 보여준다. 그들은 자주 오해를 받고 자신들이 인간에게 제공한 굉장한 재능들은 제대로 인식되지 못하고 대우를 받지도 못한다. 그들은 자신의 욕구나 바람을 인간의 용어로 표현할 수 없고, 심지어 자신들의 가장 기본적인 욕구의 만족을 위해서도 인간들에게 의존해야 한다.

동물들은 우리에게 많은 것들을 가르친다. 그들은 우리에게 듣는 법, 현재에 충실하게 사는 법, 용서하는 법, 그리고 즐겁게 사는 법을 가르친다. 그들은 책임과 수용에 대해서도 가르친다. 그들은 우리의 믿을 만한 친구이며 위안을 주는 존재이다. 또한 그들은 우리 자신의 문제를 꺼내게 한다. 우리는 그것들을 처리해야만 하고 그 과정에서 성장하게 된다. 많은 사람들에게 있어, 가장 큰 무조건적인 사랑의 경험은 동물들과의 사랑이다. 그리고 많은 동물들은 안내견, 힐링 말, 수색 구조와 다른 봉사를 하는 동물들처럼 일을 하는 동물로서 우리에게 엄청난 선물을 주고 있다. 가정에서 키우는 동물들과 인간 사이의 친밀한 접촉과 유대 때문에 그들은 종종 그들 주인의 문제점들을 내면화하고 반영하기도 한다. 이 교감의 연결은 동물들에게 육체적, 정서적, 또는 영적 차원의 문제로 나타날 수 있다.

_____ **레이키가 동물들을 어떻게 힐링하는가?**

레이키는 아주 많은 면에서 동물들을 도울 수 있다. 반려동물에게 레이키를 실행하는 것은 여러분 사이의 믿음과 이해의 수준뿐 아니라 유대감도 깊게 한다. 건강한 동물들에게 레이키는 모든 차원에서의 건강을 유지시켜 준다. 또한 동물의 정서적이고 영적 차원의 문제뿐 아니라 육체적 질병과 부상도 치유해 줄 수 있다. 그것은 가장 상처 입은 영혼에까지도 깊숙이 닿기 때문에, 트라우마, 학대, 방치, 두려움 그리고 신뢰 문제 뒤에 오는 정서적 치유를 위한 강력한 도구이다.

감수성이 예민하거나 신경과민의 동물들에게 있어 레이키는 강한 이완과 스트레스 감소를 유발하고 시간이 경과하면서 신경과민 성향을 줄일 수 있다. 레이키는 수술이나 질병 이후의 치유를 촉진할 수 있다. 그것은 전통적인 요법과 대체 요법 모두를 보완해 주고 그 기능을 신장시키며 부작용을 줄일 수 있다. 마지막으로 죽어가는 동물과 그 가족들인 관련된 모든 이들에게 레이키는 더 평화로운 변화를 만들어 주어 사려 깊은 지원을 해 준다.

_____ 레이키는 왜 동물을 힐링하는 데 이상적인가?

레이키는 전통적으로 주로 인간에게 사용되어져 왔지만 동물들에게 이상적인 보완 요법이 되는 많은 특징들을 가지고 있다. 우선, 그것은 부드럽고 고통이 없고 비침투적이며 동물들에게 스트레스를 주지 않는다. 레이키는 육체적, 정서적, 정신적, 그리고 영적 모든 차원에서 동물들을 치유한다. 그것은 힐링 특성을 만들어내기 위해 동물이든

식물이든 살아 있는 모든 것에 어떤 해도 끼치지 않는다. 그것은 힐러도 알지 못하는, 힐링이 가장 필요한 그런 문제에까지 접근한다.

레이키는 동물과 힐러 모두에게 항상 안전하고 편안하다. 그것은 좀 떨어져서도 할 수 있고 동물들에게 영향을 미치는 어떤 문제에도 적용할 수 있기 때문에 어떤 상황에서도 사용될 수 있다. 사실상 레이키로 효과적으로 다룰 수 없는 문제나 상황은 없다.

레이키가 강력하고 항상 문제의 근원까지 파고들지만 그것은 리시버나 힐러에게 어떤 해도 끼치지 않는다. 레이키는 복잡한 질병을 치유할 수 있는 간단한 방법이다. 힐링 후에는 양쪽 모두가 깊은 감사의 느낌을 가진다.

_____ 강력한 힐링 파트너십 만들기

레이키를 함에 있어 힐링을 하기 위해 동물들을 가두거나 억제시킬 필요는 없다. 레이키 힐러는 어떻게 힐링을 할 것인가를 동물들과 함께 결정한다. 힐링 과정을 통해 동물은 얼마나 많은, 그리고 어떤 상황에서 레이키를 받아들일지를 포함해서 상당한 통제력을 유지하기 때문에 힐링을 할 때 적극적이고도 자발적인 파트너가 된다.

레이키는 동물이 힐링 파트너십에 참여할 때 힐러와의 관계를 더욱 깊게 해 주는, 동물에 의해 쉽게 이해되고 인정받는 진동의 "주파수"이다. 동물들은 반복된 힐링을 해 나가면서 자신들이 이완이나 힐링이 필요할 때 자신만의 레이키를 요구하게 된다.

시간이 흐르면서 레이키는 또한 힐러의 직관을 깊게 하고 인간 힐러와 동물 리시버 사이에서 고난도의 친밀감과 신뢰를 형성하면서 힐러가 동물 고객들과 더 깊은 단계의 의사소통을 하게 해 준다. 레이키 힐링은 인간과 동물 모두에게 아주 보람 있는 경험이 될 것이다.

힐링 과정에서 레이키는 양쪽 파트너에게 인간/동물 관계 내에서 무엇이 가능한가에 대한 이해를 바꾸어 놓는다. 이런 방식으로 레이키는 모든 살아 있는 것들의 상호 연결을 힐링하면서, 동물이나 사람 개개인에게 뿐 아니라 인간/동물 유대에도 힐링을 가져온다.

기다리는 수사슴

어느 날, 내가 식료품을 들고 차에서 나오고 있을 때 앞뜰에서 사슴 한 마리와 마주쳤다. 거기서 사슴을 보기란 흔한 일이 아니다. 이 근처에 사는 동물들은 내가 그들을 아주 좋아하고 이곳은 안전한 곳이라는 것을 알고 있다. 그러나 막 뿔이 떨어져 나간 이 어린 수사슴은 아주 낯설었는데, 그 사슴은 마치나를 기다리고 있기라도 했던 것처럼 얼굴에 뭔가 목적이 있는 듯한 표정을한 채 그곳에 서 있었다.

그는 나를 똑바로 쳐다보고는 뒷다리를 들어 올렸다. 내가 그 의도를 즉각이해하지 못하자 그는 돌면서 뒷발굽 위쪽 부분을 여러 번 핥았다. 아니나 다를까 그 부위의 상처는 중앙이 깊게 파인 채 50센트 크기 가량의 살점이 떨어져 나가 있었고 그 부위는 발갛게 부풀어 올라 감염되어 있었다. 그가 두어 걸음 걸었을 때 확연하게 표가 나는 절뚝거림으로 보아 아주 고통스럽다는 걸알 수 있었다.

나는 식료품을 주방에 내려놓고 문 앞에 앉아 그에게 레이키를 했다. 나는거의 즉시 강한 레이키 에너지의 흐름을 느꼈다. 그 어린 수사슴은 나를 쳐다보면서 잠시 서 있더니 다친 다리가 내 쪽으로 가장 가까이 오도록 자세를 바꾸었다. 머리가 점점 아래로 내려가고, 이따금씩 다친 다리를 씰룩거리면서눈이 반쯤 감겨 살짝 잠이 든 "레이키 상태"로 이완이 되었다.

날씨는 쌀쌀했고 앞뜰에는 햇빛이 아주 약간만 비추었다. 힐링을 하는 도중에 수사슴은 여러 번 반쯤 잠든 상태에서 깨어나 뜰 주위를 움직이며 햇빛쪽으로 자리를 옮겼는데, 그럴 때마다 다친 다리는 내 쪽으로 향하도록 주의를 기울였다. 이것은 한 시간 가량 계속되었고, 그 이후에 약속이 있어서 힐링을 멈추어야 했다. 나는 이 어린 사슴이 힐링을 위해 나를 찾아 준 것을 영광스럽게 생각한다.

다음 날, 나는 그가 나를 기다리고 있는 것을 보았다. 두 번씩이나! 매번 나는 모든 것을 제쳐두고 앉아서 그에게 레이키를 할 수 있었다. 첫 힐링 도중에 이웃의 개 한 마리가 근처에서 위협적으로 짖기 시작하여 사슴은 껑충껑충 달아나 버렸지만 몇 시간 후 다시 힐링을 할 준비가 되어 돌아왔다. 매번 그의 고개는 축 늘어지고 이전 힐링 때보다 더 빨리 이완된 "레이키 상태"로 들어섰다. 다음 몇 주간 그 사슴은 폭우가 내릴 때나 뜰에서 목수가 일하고 있을 때를 제외하고는 매일 힐링을 받으러 왔다. 한 달 후 그의 상처는 치유되었고 절뚝거림도 사라졌지만 그는 계속해서 며칠에 한 번꼴로 짧은 힐링을 위해 찾아왔는데, 그것은 레이키 힐링의 경험을 아주 즐거워하며 그 치유 작용을 이해하고 있는 것처럼 보였다.

– 엘리자베스

_____ **동물 레이키를 누가 배우는 것이 효과적인가**

레이키 에너지를 가지고 힐링하는 능력은 동물을 힐링하고 동물과의 관계를 돈독하게 하는 데 관심이 있는 사람이라면 누구라도 쉽게 가질 수 있다. 반려동물과 함께 사는 사람들에게 레이키란 그들에게 주어지는 멋진 재능이다. 레이키는 또한 전문적으로 동물을 다루는 사람들에게도 중요한 기술이다.

예를 들어, 개 사육사, 개 조련사, 수의사, 동물 지압사와 마사지사, 티터치 전문가TTouch practitioners, 보호소와 보호구역 직원과 자원봉사자, 동물 구조 전문가, 야생동물 복귀 훈련사, 모든 분야의 말 조련사, 척추 교정 지압사, 수의사와 동물 소통가들은 레이키가 그들이 동물들에게 제공하는 서비스에 훌륭한 보조물이 된다는 것을 알게 되었다.

레이키는 우리 문화에서 충분히 활용되고 있지 못하는 힐링에 대한 효과적인 접근의 전형으로, 우리 사회에서 동물에게 이용할 수 있는 힐링에 대한 중요성을 더해준다. 동물들에게 사용 가능한 다른 강력하고도 에너지 넘치는 힐링 형태들이 있지만, 동물들을 힐링하기 위한 레이키의 잠재력에 대해서는 아직 완전한 연구가 이루어진 것은 아니다. 레이키 힐링 시스템의 효과에 대한 윤곽을 보여줌으로써 우리는 동물들을 위한 레이키와 에너지 힐링의 이점의 자각을 전반적으로 증가시킬 것을 기대한다. 동물들에게 사용할 수 있는 최대한의 힐링 옵션의 범위를 설정함으로써 그 과정에서 우리 자신의 영혼 뿐 아니라 그들과의 유대관계도 치유할 수 있다.

_____ 기본적으로 레이키는 쉽고 빨리 배울 수 있다

레이키 전문가가 되는 것은 특별한 기술이나 타고난 힐링 능력 또는 영적 믿음을 필요로 하지 않는다. 레이키 힐러가 되는 비결은 수년간의 공부와 독서, 암기가 아니라 수업에서 얻은 지식과 레이키 에너지를 어툰받은 다음 궁금한 점이 있을 때 물어보면서 스스로 연습하는 것이다.

이것은 레이키가 짧은 기간에 수련 가능한 덜 중요한 힐링 기술이라거나 호기심이라는 뜻은 아니다. 그것은 일본에서 건너왔으며 티쳐에게서 제자들에게 전수된 강력한 힐링 도구이다. 입문이라고도 불리는 에너지 어튠먼트와 레이키 티쳐로부터 약간의 기본적인 가르침만 받는다면, 배우고자 하는 누구라도 레이키 힐러가 될 수 있다.

레이키는 어튠먼트 바로 후에 힐러를 통해 힐링을 시작하지만 힐링에 대한 힐러의 이해는 시간이 흐르고 실행함에 따라 더 커지고 깊어진다. 레이키는 그 본질이 에너제틱하기 때문에 어떤 신뢰체계나 배경과의 조합에서도 성공적으로 실행될 수 있다. 힐러가 레이키를 사용하고 어떤 일이 일어나는지 관찰하고 필요하면 질문을 던짐으로써 레이키의 이해는 끊임없이 드러난다.

힐러가 레이키를 사용할 때 그 본성의 이해와 잠재력이 자연스럽게 드러나기 때문에 "레이키가 레이키를 깨우친다"라고들 말한다. 그것이 즉각적으로 받아들여지고 초보자에게 효과적이지만 많은 수준의 이해와 연관되어 있다는 점이 레이키의 간단한 장점 중 하나이다. 아주 숙련된 힐러도 실행을 하면서 계속 배운다.

동물 레이키를 하고자 하는 사람들에게 동물 또한 힐러에게 더 큰 힐링의 이해를 유도하고 어떻게 각자에게 가장 알맞은 힐링을 해 줄 수 있는지를 보여주는 티쳐가 될 수 있다.

_____ 이 책을 쓰는 목적

이 책의 목적은 동물에 대한 전체론적 힐링 시스템으로서의 레이키의 많은 이점에 대해 사람들에게 알려주기 위함이다. 우리는 레이키가 동물들을 위한 보완요법으로 널리 이용되고 보편적으로 사용되기를 원한다. 우리는 동물들로부터 배운 교훈과 그들과의 많은 경험의 이야기를 적었다. 또한 우리의 동물 티쳐로부터 배운, 동물들에게 레이키를 사용할 때 가장 좋은 전략/계획에 대해서도 적어놓았다. 우리의 경험과 제안들이 동물들에게 레이키 힐링하기를 시작하는 여러분에게 시작점을 제시해 주리라 희망한다. 동물 레이키의 분야를 폭넓게 연구하는 우리의 여정에 참여하면서 우리가 느낀 희열을 여러분도 함께 하기를 바란다. 17페이지에 적은 기다리는 수사슴의 이야기에서처럼 동물들은 말 그대로 여러분을 기다리고 있다.

1장
레이키의 기본 이해

　동물 레이키에 대한 논의를 시작함에 있어, 우선 레이키에 대한 대략적이고 간단한 소개를 하고 싶다. 이런 배경이 이 책의 나머지 부분에 대한 이해를 공유하는 초석이 되기를 바란다.

　오늘날에는 많은 레이키 학파들이 있지만 이 모든 것들은 레이키를 새롭게 발견한 미카오 우스이 박사로부터 갈라져 나온 것이다. 모든 학파에서 레이키는 우스이가 실행했던 것처럼 입문을 통해 티쳐에게서 배우는 사람들에게로 전수된다. 배우는 사람이 그 티쳐로부터 레이키의 기본 이해를 받기는 하

지만 개인적 실행은 독특함, 개별적 해석, 힐링 경험과 개인적 성장에 영향을 미친다. 우리는 모든 레이키 학파들의 다른 점들에도 불구하고 레이키의 힐링 효능이 전 세계로 퍼진다는 사실에 의미를 둔다.

＿＿＿ 레이키란 무엇이며 무슨 일을 하는가?

"레이키"라는 용어는 보통 "보편적 생명 에너지"라는 말로 해석된다. 이것은 육체적, 정서적, 정신적, 영적인 모든 차원에서 문제점들을 다루고 힐링하면서 전 존재를 다루는 것을 의미하는 전체론적인 힐링 시스템이라 할 수 있다. 침술, 동종요법, 기공 그리고 꽃 에센스 테라피와 같은 다른 요법들과 마찬가지로 레이키는 현대에 사용하기 위해 고대 문명의 지혜와 지식으로부터 재발견된 에너지에 대한 힐링의 새로운 연구 주제이다. 우주의 모든 것은 에너지로 이루어지고 그것에 의해 연결되어 있다. 레이키는 에너지의 경로를 따라 그리고 힐러의 손을 통해 의뢰인에게 우주의 힐링 에너지를 전송한다. 이를 통해 레이키는 생명체 안에서 건강함을 만들어내기 위해 필요한 만큼 깊이 힐링한다.

레이키 힐링은 의뢰인의 몸에 손을 올려놓거나 약간 떨어진 채 직접적으로 행해진다. 또는 레이키가 본질적으로 에너제틱하기 때문에, 약간의 거리를 거치고, 방을 가로지르거나 다른 지역으로도 보내질 수 있다. 레이키는 건강한 존재에게는 건강과 에너지의 균형을 유지하기 위해서, 질병, 부상, 정서적이고 영적인 문제들을 힐링하기 위해 그리고 삶과 죽음 사이의 이동을 쉽게 하기 위해 사용될 수 있다.

레이키는 힐러나 의뢰인도 모르는 문제의 근원에 직접 접근해서 의뢰인이 받아들일 준비가 되어 있는 수준과 강도에서 힐링한다. 만약 가장 필요한 힐링이 그가 처한 어떤 상황의 국면과 연관되어 있다면, 레이키는 의뢰인의 육체적, 정서적인 몸을 넘어서서 그 상황에 필요한 힐링을 할 것이다. 레이키는 힐링 받는 동물뿐 아니라 그것을 실시하는 사람의 건강에도 도움이 된다. 레이키 힐러가 힐링을 할 때마다 레이키는 힐러와 의뢰인을 동시에 힐링하면서 힐러를 통해 흐른다. 레이키 힐링을 받는다는 느낌은 일반적으로 깊은 이완 같은 것이다.

시간이 흐르면서 레이키는 당신의 직관을 깊게 해 주어서, 동물들과 더 깊은 수준의 의사소통이 가능하게 된다. 당신이 레이키를 실행하고 레이키 힐링을 받을 때 그것은 내면의 재능, 재주, 잠재력을 더 키워주면서 가장 정확한 수준에서 당신이 누구인가를 드러나게 한다. 동물 레이키를 실행할 때 동물들을 힐링하면 할수록, 힐링이 필요한 동물들을 더 많이 만나게 되리라는 것을 알게 될 것이다. 동물들은 레이키의 이로움을 이해하고 자신들에게 힐링이 필요할 때 당신을 찾을 것이다. 힐링 시스템으로서의 레이키의 장점은 힘 있고 변형시키는 결과들과 결합된 단순하고 부드러운 성질이 있다.

자기가 필요로 하는 것을 아는 고양이

칼턴Carlton은 대단히 크고 매우 아름다운 6개월 된 고양이이다. 그의 이전 사육자는 지하실에 많은 고양이를 방치한 채 별로 관심도 두지 않고 키우던 사람이었다. 사람들과의 접촉은 예방접종을 하러 수의사에게 간다거나 하는 주로 주위에서 유쾌하지 않은 일들로 이루어졌다. 그의 주인 제니Jenny는 그를 사랑했지만, 그가 그녀로부터 유지하려는 거리를 그녀에게 기회를 주는 것을 거절하는 것으로 보고 쉽게 상처받았다. 그녀가 나에게 전화했을 즈음 그들 사이에는 긴장감이 고조되어 있는 상황이었고 제니는 그를 사육자에게 다시 돌려보낼 생각을 하고 있었다.

힐링을 하기 위해 도착했을 때, 나는 칼턴에게 인사를 하고 거실 중앙에 있는 바닥에 앉았다. 내가 누구이며 왜 왔는지에 대해 설명하고, 그가 원하는 에너지 형태만 받아들이라고 말했다. 그가 방을 가로질러 있는 소파 뒤쪽의 탁자 아래에서 달려 나오기로 결정했을 때, 나는 손을 내밀어 힐링을 시작했다. 중간쯤에서 깜짝 놀라서 펄쩍 뛰더니, 조용해져서, 나를 오랫동안 빤히 쳐다보았다. 그런 다음 그는 얼른 뛰어와서 발을 내 어깨 위에 얹은 채 내 무릎 위에 서서 얼굴을 핥았다. 그는 잠시 동안 내 눈을 빤히 호기심 어린 눈으로 바라보다가 소파 뒤편으로 달려갔다. 그것은 마치, "당신이 여기에 와서 기뻐요. 우리는 당신이 필요해요."라고 말하는 것 같았다. 그가 전에는 그렇게 한 적이 없었고 항상 사람들로부터 안전거리를 유지했기 때문에 제니는 놀라서 말문이 막혔다.

내 손의 에너지 흐름으로 그가 힐링을 받아들이기로 했다는 것을 느낄 수 있었다. 그럼에도 불구하고 칼턴은 얼마 동안 숨을 곳을 찾아 방을 돌아다녔다. 마침내 그는 약 3피트가량 떨어진 바닥에 몸을 쭉 뻗고 누워서는 크게 숨을 내뱉고 머리를 발 위에 얹고는 잠이 들었다. 그는 20분 정도 자고 일어나서 나를 아주 빤히 쳐다보고는 힐링이 끝났다는 것을 보여주며 자기 볼 일을 보러 갔다. 내가 떠날 때, 그는 잠시 내 옆으로 달려오더니 시야에서 사라져 달아났다.

칼턴은 여섯 번 힐링을 받았는데 첫 힐링부터 상황은 개선되었다. 며칠 밤은 그가 제니 옆에서 자기 시작했으며 그녀가 소파에서 TV를 보고 있을 때 그 옆으로 가기도 했다. 제니는 그에 대한 인내심이 필요했었고, 그의 경계심은 그녀 자신에 대한 그의 기분 때문이 아니라 이전 환경에서 습득된 것임을 깨닫게 되었다. 결국 그들은 둘 다 행복하게 만들어 주는 타협에 이를 수 있었다. 제니는 칼턴이 그녀가 원할 때는 언제든 마음대로 들어 올리고 껴안을 수 있는 종류의 고양이가 절대로 되지는 않을 것이라는 사실을 받아들였고, 칼턴도 자신이 사랑받고 안전하다는 것을 이해하고 그가 애정을 느낄 때 그녀를 찾기 시작했다.

– 엘리자베스

_____ 레이키 배우기

누구라도 레이키 실행을 배울 수 있다. 초급(레벨 1) 레이키 수업의 범위와 구성방식은 레이키 티쳐마다 다르다. 가장 일반적인 형태는 2~4일간 6~10시간의 수업을 하는 것이다. 수업에는 레이키란 무엇인가, 레이키의 역사와 수칙, 그리고 자기 힐링과 타인 힐링에 어떻게 사용되는가에 대한 기본 교육이 포함된다. 또한 레이키 에너지가 배우는 사람들의 손으로부터 흐르기 시작하도록 해 주는 네 번의 에너지 어튠먼트도 포함된다. 어떤 사람들은 자신의 손을 통해 흐르는 레이키 에너지를 즉각 느낄 수 있을 것이다. 어떤 사람에게는 에너지 흐름을 느낄 수 있게 되는 데 시간이 걸리고 실행이 필요할 것이다. 배우는 사람이 에너지 흐름을 느낄 수 있든 없든 간에 그녀가 레이키 어튠먼트를 받게 되면 레이키는 그녀를 통해 힐링을 시작한다.

레이키 어튠먼트

어튠먼트(입문이라고도 불린다)는 티쳐에게서 배우는 사람에게 전수된, 힐링을 위해 레이키 에너지를 사용하는 능력의 양도이다. 그것은 레이키 티쳐로부터 레이키 티쳐에게로 전수된 일련의 신성한 단계와 관련이 있다. 어튠먼트 도중과 그 후에 배우는 사람들은 머리 윗부분에 뜨겁거나 통증, 가벼운 두통 또는 손바닥에 압력이나 열기 같은 에너지 감각을 종종 느낀다. 이런 기분은 아주 잠깐 있다가 에너지가 배우는 사람의 시스템 안으로 흡수됨에 따라 사라진다. 전통적으로 어튠먼트는 배우는 사람이 좀 더 편하게 레이키 에너지에 적응할 수 있도록 몇 시간 또는 며칠에 걸쳐 간격을 둔다.

레이키를 자각한 강아지

동물들은 가끔씩 힐링 없이도 레이키의 힐링 에너지를 자각하고 다가올 수 있다. 동물 레이키 경험의 초창기에 나는 동물 보호소를 방문하기로 했다. 처음에 개들이 들어오는 장소인 "안내데스크"를 지나 걸어가고 있을 때, 한 직원이 들어와서는 여러 개들의 과거에 대해 설명했다. 그런 다음 그녀는 매일 일터에 데리고 오는 자기 개에 대해 말하기 시작했다. 이 사랑스러운 작은 강아지는 머리에 총알이 박히고 갈비뼈 3개가 부러지고 상처 부위가 벌어진 채 거의 굶어 죽을 지경으로 버려져 발견되었다. 그들은 그 강아지가 살아남지 못할 거라 생각했지만 정성 어린 보살핌과 수술로 역경을 싸워 이겨냈다. 그러나 그 강아지는 여전히 낯선 사람을 좋아하지 않았다.

그 직원이 이야기를 끝냈을 때 그녀의 강아지는 나에게로 뛰어올랐다. 나는 몸을 기울였고 강아지는 한 발을 내 무릎에 올려놓고 몸을 앞으로 쭉 뻗으며 내 얼굴을 몇 번 진지하게 핥아댔다. 강아지의 주인은 깜짝 놀랐다. 그녀는 내가 영적 기운이 있는 사람인지 물었다. 나는 레이키 힐러임을 그녀에게 얘기했다. 그녀는 자기가 "알아차렸어야 했는데"라고 대답했는데 그것은 그 강아지가 영적 에너지를 자각하고 그것에 끌리는 사람의 환생이기 때문이었다. 말할 필요도 없이 나는 깜짝 놀랐고 충격을 받았다. 이 경험은 나에게 동물들의 에너지 자각에 대한 새로운 점을 알게 해 주었다.

– 캐서린

_____ 새로운 "언어" 배우기

레이키를 배우는 것은 새로운 언어를 배우는 것과 같다. 에너지의 감각은 종종 아주 미묘하여, 자각하는 방법을 배우는 데에는 시간이 좀 걸릴 수도 있다. 당신이 레이키를 더 실행할수록 에너지의 언어에 더 능숙하게 되고 손이나 다른 신체 부위에서도 에너지를 더 느끼게 될 것이다. 그와 동시에 손이나 신체에서의 느낌은 반드시 힐링 능력을 반영하는 것은 아니다. 때로는 아주 미약하게 느끼거나 아무 느낌이 없을 수도 있지만, 동물은 인상적인 힐링 반작용을 경험할 것이다. 힐링을 하는 것은 당신이 아니라 레이키이기 때문에 레이키 힐러는 "레이키 믿는 법"을 배운다. 당신은 실행을 할 때 여러 방법의 힐링이 나타날 수 있음을 알아차리는 법을 배울 것이다.

레이키는 실행, 질문, 그리고 관찰을 통해 가장 잘 습득된다. 일단 입문을 하면 배우는 사람은 생명을 위한 레이키 에너지에 즉각적이고도 효과적으로 접근하게 된다. 레이키의 힐링 결과는 초보자도 전문가만큼이나 이해하기 쉽다.

여러분은 일생동안 계속해서 이 실행에 의해 시험받고 배울 수 있지만 초보자가 실행할 때에도 그것은 강력한 힐링도구이다. 레이키로 힐링하는 이 능력은 당신이 얼마나 적게 실행했는지에 관계없이 사라지지는 않을 것이다. 그러나 당신이 레이키 실행에 더 자신을 열어보일수록 레이키의 미묘하지만 강력한 본성을 더 잘 이해하게 될 것이다. 레이키 힐링의 효력은 당신이 가진 지식에 의해서가 아니라 레이키의 본질 그 자체에 의해 결정된다. 실행을 한 지 수년이 지나더라도 현명한 힐러라면 여전히 겸손하며 항상 레이키가 가져다 주는 결과에 감사하는 것을 잊지 않는다.

﹍﹍﹍ 레이키 디그리의 3단계

[레벨 1] 레이키 시작하기 · 이 실행 단계는 손을 올려놓거나 약간 떨어진 거리에서 자기 힐링과 타인을 힐링 하는 것을 포함한다. 이 레이키 단계 에서 힐러는 레이키의 본성과 사용, 레이키 에너지의 전달자가 되는 것이 어떤 느낌인지 그리고 레이키가 가져 올 수 있는 힐링 결과를 더 잘 알게 된 다. 레벨 1에서 레이키의 완전하고도

오골계인 푸들이 손을 올려놓는 레이키 힐 링을 받고 있다.

효과적인 특성 때문에 인간 레이키를 실행하는 많은 사람들은 이 단계 에서의 레이키에 머무르고자 한다. 그러나 동물을 실행하고자 하는 사 람들은 레벨 2를 거치는 것이 동물을 힐링할 수 있는 상황을 더욱 확장 시켜 준다.

[레벨 2] 고급 레이키 · 이 실행 단계는 정서적, 정신적 차원에서의 힐

링에 초점을 맞추어 먼 거리로 레이키를 보내고, 레이키 흐름을 강화시키기 위해 사용될 수 있는 3개의 고대 상징을 배우는 것과 관련이 있다. 레벨 2는 특히 동물과의 작업에서 유용하다. 왜냐하면 레벨 2는 안전한 거리 또는 동물

이 없는 자리에서도 힐링을 할 수 있게 해 주기 때문에 사실상 어떤 상황에서 어떤 동물이라도 힐링이 가능하다. 야생의 공격적이고 학대받아 트라우마가 있는 동물도 원격 레이키로 안전하고 편안하게 힐링이 가능하다. 그들은 감금, 통제, 받아들일 수 없는 인간과의 근접 또는 인간 손길에 굴복 없이 힐링하는 관계를 맺을 수 있다.

정서적이고 정신적인 힐링은 레벨 2로 역시 강화될 수 있다. 레벨 2의 강력한 특성은 가장 상처 입은 영혼에게도 힐링을 불러일으켜 깊숙이 다가갈 수 있다. 당신은 레벨 2로 동물에게 힐링을 가져다 줄 수 있는 참된 다양한 가능성을 알게 될 것이다. 레벨 2를 받고 나면 대부분의 사람들은 이 단계의 실행에서 머물기를 원한다.

[레벨 3] 레이키 티쳐 되기 · 우리 관점에서 레이키 티쳐가 되는 것은 레이키 실행에 삶을 전념하기로 동기부여 받은 진정 헌신적으로 배우

는 사람들에게 해당하는 일이다. 이 단계에서 배우는 사람들은 레이키를 다른 사람에게 전달하는 능력을 받고 티쳐가 된다. 또한, 이 레이키 단계에서 에너지의 흐름은 강화될 것이고 그것이 당신의 레이키 실행뿐 아니라 자신의 삶에서 자신을 위한 새로운 힐링 도전의식도 가져다줄 것이다. 레이키 티쳐가 되는 것은 학습 과정의 종착지가 아니라 힐링과 개인 성장에 있어 새로운 여정의 시작이다.

이 책을 활용하는 법

Q 이 책을 읽으면 레이키 힐러가 될 수 있나요?

A 만약 당신이 레이키를 실행하고자 하는 동물 애호가라면 필요한 어튠먼트를 받고 레이키 에너지 힐링 시스템을 실행할 수 있게 하기 위해 레이키 티쳐로부터 레이키 1단계 수업을 받아야 한다. 이 책을 읽어서 레이키 힐러가 될 수는 없다. 일단 레벨 1 수업에서 에너지 어튠먼트를 받으면 모든 종류의 동물들에게 레이키 사용하는 법을 배우기 위해 이 책을 활용할 수 있다.

Q 이 책이 유용하다는 것을 알려면 레이키 힐러가 되어야 하나요?

A 만약 당신이 동물 애호가이지만 레이키 힐러가 되는 것이 당신에게 어울리는 것인지 확신이 서지 않는다면, 이 책과 그 안에 있는 이야기를 읽어보면 레이키에 대한 실용적인 소개와 그것이 무엇을 할 수 있는지를 알 수 있을 것이다. 이것은 동물에 대한 앞으로의 진로를 선택하는 데 분명 도움이 될 것이다. 게다가 이 책에 논의된 많은 주제들은 동물 힐링의 특성을 이해하고 동물 친구들과 더 잘 소통하고자 하는 사람들에게는 도움이 되고 흥미가 있을 것이다.

_____ 레이키 티쳐 찾기

레이키를 배우는 사람은 각자 이 세상에서 자신의 철학, 방식과 가장 잘 맞는 티쳐를 찾아야 한다. 레이키가 개개인의 재능을 발견하여 향상시키고 그 삶을 진정한 힐링 방식으로 변화시킬 수 있다는 것을 우리는 경험으로 안다. 이 책에 나오는 우리의 해석과 제안은 레이키에 대한 우리의 이해를 나타낸다. 만약 당신이 이미 레이키를 배웠다면 당신과 잘 맞는 것부터 받아들이고 동물에게 가서 실행해보기를 권장한다. 아직 레이키를 배우지 않았다면 이 장이 레이키 철학과 실행에 대한 유망한 레이키 티쳐들과 이야기를 나누는 출발점을 제시해 주리라 기대한다. 당신이 동물들에게 힐링을 해 주는 세계로 나갈 때 자신만의 독자적인 경로를 위해 최고로 좋은 기본을 받아들일 수 있도록 편안하고, 격려해주며, 지지해주는 레이키 티쳐를 알게 되는 것은 중요하다.

2장
레이키 힐링의 개요

인간에게 하는 레이키 힐링은 힐러가 손을 올려놓거나 옷을 다 입은 의뢰인의 신체 가까이에서 행해진다. 정해진 절차의 구체적인 핸드 포지션(신체의 어떤 은밀한 부위의 접촉은 아니다)은 일반적으로 전통에 대한 존경심에서 나온 것이다. 이것은 이런 접근이 종합적인 힐링을 가능하게 한다는 것을 폭넓은 경험으로 보여주었기 때문이다. 대부분 숙련된 힐러들의 부가적인 포지션이나 절차에서 벗어난 직

관적인 제안들이 의뢰인 각자에게 필요한 것을 더 제공해 줄 때 가끔 그 절차로부터 벗어나기도 하겠지만, 대부분의 사람들에게는 전통적인 절차가 출발점이다.

동물들과의 작업에 힐링 적용하기

우리가 처음에 동물 레이키를 실행할 때, 우리는 동물들의 다양한 크기, 모양, 그리고 자세에 맞추기 위해 필요한 만큼 바꾸어서 손을 올려놓는 포지션 절차를 사용해야 한다는 것과 그들이 마사지 테이블에 누워있지 않다는 사실을 가정했다. 시간이 지나면서 동물 힐링은 최소한 약간은 떨어진 거리에서 하는 것이 보통 가장 좋다는 것을 동물들 스스로가 보여주었다. 우리는 이것이 인간과 함께하는 레이키를 훈련받은 사람들이 받아들이기에 때로는 어려운 개념이라는 것을 알게 되었다. 하지만 레이키를 할 때 동물이 자기에게 가장 맞는 그 힐링을 바로 받을 수 없는 것은 당연하다. 여기에 대해서는 2장에서 더 자세히 설명하겠지만, 우리는 인간에게 실행해 오던 사람들에게 새로운 사고를 시작해보기를 권한다. 왜냐하면 일반적으로 이것은 레이키로 동물을 힐링하는 데 도움을 줄 것이기 때문이다. 우리에게 있어 동물 레이키의 가장 흥미로운 점은 어떤 다른 두 힐링도 완전히 똑같지는 않다는 것이다. 각각의 새로운 동물과 상황이 조금은 다른 무엇인가를 필요로 할 것이기에 레이키 힐링을 하는 것은 항상 약간의 창의성과 연관되어 있다.

침묵과의 소통

레이키는 가장 트라우마가 심한 경우에도 영향을 미친다. 보호소에서 내가 힐링하던 어떤 개는 끊임없이 짖던 개였다. 그 개는 멍하니 앞을 바라보며 계속해서 짖어댔다. 나는 귀마개를 꽂고 사육장 바깥쪽에서 힐링을 시작했다. 처음 20분 동안 그 개는 내 얼굴을 쳐다보며 쉬지 않고 짖었다. 나는 갑자기 그 개가 아무도 자기에게 귀 기울이지 않는다고 생각한다는 직감이 들었다. 나는 마음속으로 내가 그에게 귀 기울여 듣고 있다는 것을 말했다. 그 개는 즉각 짖기를 멈추고 나에게서 얼굴을 돌린 채 사육장 뒤편에 드러누웠다. 동시에 나는 그 개에게 짖는다고 소리치는 사람 말고는 아무도 찾아주는 사람 없이 뒤뜰에 묶여 있었다는 강한 느낌을 받았다.

그 개는 보호소 어딘가에서 들린 시끄러운 소리에 정신이 번쩍 들 때까지 15분 정도 조용하고 편안하게 있다가 다시 짖기 시작했다. 나는 마음속으로 그에게 더 이상 짖을 필요가 없으며 지금은 듣고 있는 사람이 있다고 말해주었다. 그 개의 행동은 힐링 기간 중에는 변하지 않았고 내가 떠날 때에도 여전히 짖고 있었다. 나는 힐링 중의 나의 직감에 대해 의아해서 그 날 보호소를 떠날 때 직원 중의 한 사람에게 그 개에 대해서 물어보았다. 그녀는 그 개가 바깥쪽에 묶여서 방치되어 있었다고 말했다. 나는 그 직원에게 그 개를 정기적으로 찾아가고, 갈 때마다 그에게 귀 기울이고 있다는 것을 말해달라고 부탁했다. 다음 방문 때 나는 그 개의 짖음이 현저하게 줄어든 것을 보고 기뻤다.

– 캐서린

레이키 힐링의 기간은 상황, 의뢰인 그리고 힐러에 따라 다양하다. 가장 일반적으로 사람 뿐 아니라 동물에게 실행하는 손을 올려놓는 힐링 또는 다른 직접적인 힐링은 대략 한 시간 정도 지속된다. 원격 힐링은 보통 시간적인 면에서는 더 짧다. 사람과 동물은 흔히 레이키 힐링을 받을 때 깊은 이완과 평화의 상태로 들어선다. 그들은 열, 얼얼함, 맥박의 뜀을 느낀다. 또한 한숨을 쉬고 하품을 하며 졸고 잠이 들거나 깊은 명상의 상태에 들어갈 수도 있다. 어떤 사람들은 힐링 에너지의 에너제틱한 변화를 알아차리는 반면 거의 못 느끼는 사람도 있다. 어떤 사람은 힐링을 하는 동안 힐러와 계속해서 이야기를 주고받는다. 힐링을 하는 동안의 그들의 경험과 관계없이 대부분의 사람과 동물은 나중에 건강이 좋아짐을 알게 된다.

동물은 일반적으로 사람보다 에너지에 훨씬 더 민감하고 레이키 에너지를 즉각적으로 강하게 느낀다. 많은 동물들은 처음에 레이키 에너지를 느낄 때 깜짝 놀라 일어나거나 행동을 멈출 것이다. 그들은 보통 당신을 아주 강렬하게 쳐다볼 것이다. 집에서 키우는 동물들은 어떤 때는 다가와서 손에 대고 킁킁거릴 것이다.

이런 새로운 느낌에 대해 동물들이 어떻게 반응하는지는 그들의 기

질과 이전에 가졌던 인간들과의 경험에 따라 좌우된다. 그들은 레이키의 힐링 잠재력을 즉각적으로 인지하여 감사하고 큰 숨을 내쉬며 에너지를 흡수하기 위해 재빨리 긴장이 풀린 자세를 잡을 수도 있고, 또는 만약 인간들과 함께한 그들의 경험이 긍정적인 것이 아니었다면 처음에는 그 에너지를 피하려고 할 수도 있다.  이런 반응에 대처하는 법에 대해서는 다음 장에서 이야기할 것이다.

동물의 민감성에 맞추기 위하여 힐링을 적용하는 방법에는 여러 가지가 있다. 강압적이지 않고 세심하며 융통성 있게 접근할 때, 집에서 키우는 동물, 야생동물 할 것 없이 대부분의 동물들은 레이키 힐링을 받아들이고 고마워 할 것이다. 아주 예민하고 경계하는 동물도 직접적인 힐링이 너무 힘들다면, 원격 힐링은 대부분 받아들일 것이다.

레이키 힐링을 할 때는 보통 아주 이완되는 기분을 느낄 것이고, 에너지가 당신을 통과하여 흐를 때, 손이나 신체 다른 부위에서 열, 얼얼함 또는 맥박이 뛰는 것을 느낄 수도 있다. 힐링 중에 꿈을 꾸는 것처럼 느끼거나 때로는 멍할 수도 있고, 또는 깊은 명상의 상태로 접어들 수도 있다. 자신의 에너지가 아니라 우주의 힐링 에너지를 사용하기 때문에 다른 사람을 힐링할 때 자신을 소모시키거나 아프게 되지는 않을 것이다. 당신과 동물을 통하는 레이키의 흐름은 탈수작용을 일으킬 수 있어서 힐링을 하든 받든 간에 수분을 잘 유지시키도록 조심해야 한다. 동물들은 신선한 물을 쉽게 마실 수 있어야 하고 힐링을 하면서 물을 더 많이 마실 수도 있다. 당신과 사람 혹은 동물 의뢰인 양쪽 다 레이키 힐링이 끝난 후 짧은 기간 동안 많은 배설을 경험할 수도 있다.

어떤 사람이나 동물들에게 레이키 힐링은 육체보다 정서적으로 더 영향을 미칠 것이다. 이것은 레이키가 힐링에서 가장 필요한 문제를 찾아내기 때문인데 이 문제들은 우리가 생각하기에 힐링이 필요하다고 느끼는 것이 아닐 수도 있다. 육체적 문제들은 종종 정서적인 근본원인을 가지고 있는 경우가 많다. 레이키는 먼저 가장 깊은 문제를 다룬 다음 일련의 힐링을 하면서 연관된 문제들을 통해 "외부"를 다룬다.

힐링을 하는 중에 레이키는 보통 평화 또는 희열과 같은 정서들과 연관되어 있다. 하지만 어떤 사람들과 동물들은 힐링 중에 강한 정서 또는 울음을 경험할 수도 있다. 이 반응은 보통 정서적 표출이다. 레이키 힐링은 여러 해 동안 감춰져 있던 풀리지 않은 정서적 문제들의 표출을 불러일으키고 도와줄 수 있다.

동물도 인간처럼 정서적 문제들이 풀리지 않고 표출되지 않으면 아플 수 있다. 레이키는 동물들이 풀리지 않은 정서적 문제들을 놓고 더 가벼운 마음으로 현재와 미래로 이동하는 것을 도와준다. 이런 이유에서 레이키는 행동 장애가 있거나 학대를 받은 동물들에게 굉장히 유용하다.

오스카oscar, 정서적 짐을 내려놓다

나는 특별한 동물들을 많이 다루어 왔지만 어떤 동물들은 너무나 특별해서 그들의 용기는 당신에게 자극을 주고 기억 속에 잊을 수 없는 인상을 남길 것이다. 그 중에 하나가 러시아 고양이 오스카였다.

오스카는 보호소에 도착한 순간부터 우울이 심했다. 몇 주 동안 그는 거의 먹지도 않고 자기 변기의 배설물 위에 머리를 박고 눈을 감은 채 누워 있었는데 그것은 마치 이 우주에서의 자기 위치에 대한 생각을 은유적으로 나타내고 있는 것처럼 보였다. 그는 직원의 손길이나 접근에 아무런 반응이 없었고 자기에게 어떤 일이 잘 될 거라는 희망도 완전히 버린 듯 보였다.

그의 삶에 대하여 자세한 것은 몰랐지만 그가 험난한 시간을 보냈다는 것은 알 수 있었다. 누군가 그의 아름다운 꼬리를 잘라 2인치 가량의 너덜너덜한 꽁지만 남겨두었다. 직원은 그 고양이에게 아주 신경을 쓰며 힐링을 시작해 달라고 부탁했다. 오스카는 레이키 힐링과 꽃 에센스(정서 힐링을 위한 진동 힐링법)를 받기 시작했고 며칠 지나지 않아 나아지기 시작했다. 우리는 자원 봉사자 서니Sunny가 그를 마사지해 주고 있을 때 처음으로 이런 변화를 알아차렸다. 그는 아주 작게 가르랑거리기 시작해서 그 소리를 들으려면 고양이 구역에 있는 음악을 꺼야 했다. 서니는 그로부터 나오는 생명의 신호를 듣고 매우 감동하여 몸을 구부려 이마에 키스를 해 주었다. 사랑을 박탈당하고 그것을 거의 단념한 사람처럼 오스카 는 울기 시작했다. 그는 우리를 쳐다보 며 몇 분 동안 금빛 눈물방울을 흘렸 다. 우리는 자신을 열고 슬픔을 내려놓 을 수 있게 된 그의 용기에 대해 칭찬 했다.

이 사건 이후로 그는 우리를 응시 하고 자원봉사자들이 그를 부추기면

그들의 손을 밀치기도 하면서 차츰 더 관계를 맺기 시작했다. 그는 앉아서 털 을 손질하기 시작했다. 곧 그는 눈길을 끌려고 장난감을 툭툭 치고 자원봉사 자의 무릎위로 가기도 하며 다른 고양이들에게 흥미를 보이고 돌아다니기도 하면서 고양이 우리 앞쪽으로 다가오기도 했다.

그는 항상 귀엽고 유난히 사랑스러웠다. 다른 사람에게 무엇인가를 그만 하라고 말하고 싶을 때 그는 다른 사람을 화나게 하거나 놀라게 하지 않도록 손이나 손가락 주위에 천천히 부드럽게 입을 벌려 갖다 대곤 했다. 그것은 마 치 가혹한 피드백을 받는 것이 어떤 기분인지를 불행했던 경험으로부터 아는 것처럼 보였다. 3주간의 힐링 후 그는 기민하고 건강하며 자신의 삶에 대해 충분히 열성적이어서 며칠 지나 좋은 가정에 입양되었다.

나는 무거운 자신의 과거에도 불구하고 정서적 짐을 내려놓고, 다시 인간 과의 상호작용을 위해 자신의 마음을 연 오스카의 엄청난 용기와 희망에 대해 여러 번 생각했다. 하지만 레이키와 꽃 에센스는 건강과 균형을 회복시키기 위해 존재의 깊은 곳까지 이르는 능력을 가지고 있고, 이 경우 오스카를 사랑 의 마음으로 대하여 다시 삶을 되찾게 도와준 자원봉사자들의 도움을 받았다.

– 엘리자베스

힐링의 반작용 · 레이키, 동종요법, 침술과 같은 많은 에너지 힐링 시스템에서 힐링의 과정은 일시적인 "힐링의 반작용"을 수반할 수 있다. 힐링의 반작용은 힐링 중이나 후에 감염 또는 다른 해로운 영향들을 제거하면서 의뢰인의 신체가 일시적으로 새로운 증상을 만들거나 예전 증상들을 강화시킬 때 나타난다고 한다. 경험으로 볼 때, 동물들은 사람보다 힐링의 반작용이 훨씬 덜하고 자신을 훨씬 덜 드러낸다.

만약 힐링의 반작용이 일어나면 처음에는 레이키 힐링의 결과로 동물의 상태가 더 나빠진 것처럼 보일 수도 있다. 예를 들어 호흡기 증상은 힐링 중이나 직후에 때때로 심해질 수 있어 코가 막힌 소리가 나고, 힐링을 시작하면 동물은 잠시 눈 또는 코의 분비물이 나오거나 기침, 재채기를 할 수도 있다. 하지만 이런 심화된 증상은 신체가 해독할 때 보이는 잠시 일시적인 것이고 보통은 증가된 에너지, 민감성과 같은 회복의 징후들이 동반되고, 뒤이어 건강적인 면에서 전반적으로 눈에 띄는 향상이 보인다.

힐링의 반작용은 정서적 차원에서도 발생할 수 있고, 드물게는 행동장애가 해결되기 전에 잠시 더 악화된 결과로 나타날 수도 있다. 만약 힐링의 반작용이 일어나면 지속적인 레이키 힐링이 그것을 가능한 빨리 지나갈 수 있도록 도와줄 것이다. 레이키는 힐링 시련을 불러일으킬 수도 있지만 사랑과 연민어린 방법으로 그렇게 한다. 힐링의 반작용은 힐링이 일어나고 있다는 표시이기 때문에 반가운 발전이다.

레이키 전달자conduit가 된다는 것은 당신이 레이키 힐링을 할 때마다 자신이 그것을 받는다는 것이다. 따라서 당신이 힐링 도중이나 직후에 힐링의 반작용이 있는 것은 드물지만 가능하기는 하다. 이런 반작용 들은 육체적 또는 정서적 차원에서도 있을 수 있다. 예를 들어, 당신이 만약 힐링을 할 때 감기에 걸려 있다면 그 증상이 힐링 중에 악화될 수 있지만 이내 완전히 사라질 것이다.

개의 영

레이키 힐링의 완전한 효과가 나타나는 데에는 가끔 몇 주가 걸릴 수도 있다. 아키타Akita라는 보호소의 나이 든 의뢰인이 있었는데 그 개는 몸 전체에 종기, 발진, 안질환 그리고 엉덩이 형성 장애를 앓고 있었다. 보호소에서 그를 데리고 왔을 때 그는 시내를 어슬렁거리며 돌아다니다가 발견되었다. 그 개는 보기에도 많은 강아지를 임신한 것이 분명했다. 내가 도착했을 때 그는 너무 아프고 힘이 없어서 사람들이 손뼉을 쳐서 부르자 간신히 깨어났다. 나는 의자를 우리 바깥쪽에 두고 내 소개를 하고는 힐링을 시작했다.

처음에 그는 쳐다보려고도 하지 않았지만 곧 레이키의 흐름을 느꼈다. 나는 이 힐링이 그의 육체에 대한 것이 아니라는 느낌을 받았다. 약 5분 정도가 지나자 그는 힐링의 반작용을 보이기 시작했고 자신을 심하게 긁어댔다. 그는 아주 불편해 보였다. 다행히 몇 분후 진정이 되고 그는 공처럼 몸을 둥글게 말아 잠이 들었다. 30분의 힐링을 더 하고 나자 그는 몸을 옆으로 쭉 뻗어 몇 번의 크고 깊은 레이키 호흡을 했다.

15분 후 그의 기분도 변했다. 그는 고개를 들고 나를 보고는 마치 놀아달라고 하는 것처럼 즐겁게 으르렁거리고 컹컹거리면서 강아지처럼 구르고 등을 대고는 뒹굴었다. 그러고는 일어서서 몸을 흔들고 내 눈을 똑바로 쳐다보고 꼬리를 민첩하게 흔들었다. 나는 아주 놀랐다. 그러고 나서 그는 물을 아주 많이 마시더니 나에게로 돌아와서 눈을 똑바로 맞추며 다시 꼬리를 흔들었다. 나는 그가 힐링이 끝났음을 말해주고 있다는 것을 알고 그가 힐링에 대해 마음을 열어준 것과 레이키가 놀라운 세션을 해 준 것에 대해 감사했다.

나는 그가 그렇게 빨리 의식을 차릴 거라고는 생각하지 못했다. 물론 그의 육체적 문제는 남아 있었지만 그의 영은 힐링되기 시작했다. 다음 몇 주 동안 육체적 상황도 나아졌고 그는 예전의 그 개로 보이지 않았다. 피부는 깨끗해졌고 눈은 흔들리지 않았으며 움직임은 더 편안해졌다. 그로부터 얼마 후 그는 좋은 가정으로 입양되었다.

– 캐서린

레이키는 과거를 힐링한다

레이키는 그것이 알려지지 않은 것이라 할지라도 항상 동물이 가장 필요로 하는 문제를 힐링한다. 어느 말 의뢰인은 앞다리 아킬레스건 부상 힐링에 대해 아주 흥미로운 반작용을 보였다. 그는 힐링 중에 짧지만 격렬한 떨림을 겪고는 곧 잠이 들었다. 힐링이 끝날 즈음 그는 뒷다리를 허공에 들어 올린 채 잠시 있었다. 그가 전에는 보인 적 없는 이런 행동에 그의 주인은 특별히 관심을 보였다. 주인은 그를 알기 전에 그가 그 다리에 상처를 입은 적이 있었다는 이야기를 했다. 누군가가 그를 발견할 때까지 가시철사에 박혀 하루 종일 허공에 다리를 들린 채 서 있었는데 그때 그 상처를 입었던 것 같다. 그 날의 정서적 트라우마를 레이키가 풀어줄 때까지 여러 해가 지나도록 그와 함께 했다.

– 캐서린

보리스Boris와 나타샤Natasha

어느 날 지방의 보호소에 갔을 때 분명 잘 관리를 받아온 것처럼 보이는 두 마리의 고양이 남매가 새로 들어왔다. 그날 일찍 그들의 주인 아멜리아 Amelia가 그들을 데려왔다고 직원이 말해주었다. 그녀는 인생에서 스트레스가 굉장히 많은 시기를 겪고 있었고 고양이 알러지는 너무 악화되어 그 고양이들을 포기할 수밖에 없다고 느낄 정도였다.

보리스는 선명한 얼룩무늬가 있는 짧은 털을 가진 멋진 고양이였다. 그는 에너제틱하고 충동적이어서 종종 결과는 생각하지도 않고 행동했다. 그로 인해 보호소에 들어오기 1주일 전 차에 치어 다리가 부러졌다. 그럼에도 그는 옆으로 누워서 그의 매력으로 모든 사람을 사로잡았다. 나타샤는 갈색 얼룩 반점이 있고 긴 털을 가진 매력적인 흰색 고양이였다. 그녀는 겁을 먹어 웅크리고 있는 유순하고 수줍은 암고양이였다.

나는 보리스의 다리 힐링을 돕기 위해 그에게 바로 레이키 힐링을 했다. 뒤에 나는 그들의 상황이 그들 모두의 최고선으로 해결되도록 돕기 위해 두 고양이에게 레이키를 보냈다. 다음번에 그들이 있던 보호소에 잠시 들렀을 때, 아멜리아가 와서 그들을 집으로 데려갔다는 것을 알았다. 그녀는 그들이 그리웠고 그들이 보호소에 있다고 생각하니 참을 수가 없었다. 그녀는 자기의 알러지와 높은 스트레스 지수를 해결할 방법을 찾아야만 한다고 생각했다.

며칠 후 나는 보호소에서 내 명함을 받고 내가 그녀의 두 고양이에게 레이키 힐링을 해 주기를 바라는 한 젊은 여성의 전화를 받았다. 나는 그들이 보리스와 나타샤일 것 같은 강한 예감이 들어 그 중 하나는 다리가 부러진 고양이인지 물어보았다. 그녀는 내 물음에 깜짝 놀랐지만 그녀는 그 고양이들이 보호소에 머물렀던 것에 대한 어떤 부정적인 인상도 받지 않도록 돕고 싶다고 했다. 그들은 이미 레이키를 받았다고 말해주자 그녀는 다시 한 번 놀랐다.

내가 갔을 때, 아멜리아는 보리스의 충동적인 행동이 그녀가 일로부터 받는 이미 충분히 높은 스트레스 지수를 더 높여주고 있다고 설명했다. 그녀는 그의 사고 후에 그를 밖에 두는 것이 두려웠고 그의 다리가 잘 치유될지에 대해서도 염려스러웠다. 그녀는 나타샤가 너무 많이 불안해하고 보리스보다 더 그의 사고와 보호소에 대해 영향을 받는다고 느꼈다. 그리고 보리스와 나타샤가 항상 친하고 다정했지만 보리스의 사고 이후 그들은 자주 싸웠다.

보리스는 내가 힐링을 해 주러 왔다는 것을 알아채고 힐링을 받으려고 앉기 전에 내 손을 핥았다. 그는 자기 머리를 내 손 위에 얹고 다친 다리를 다른 손 위에 얹었다. 나타샤는 내가 보리스에게 어떻게 하는지를 살펴보더니 벽장 속으로 숨었다. 자기 차례가 왔을 때 그녀는 조금 떨어져서 레이키를 받았는데 점차 가까이로 옮겨 와서 마침내 내 옆에서 자기 머리를 내 손 위에 얹었다. 그녀에게 레이키를 하고 있을 때 보리스는 내 옆에 웅크리더니 결국에는 내가 입고 있던 느슨한 셔츠 아래에 포근히 자리 잡았다.

나는 그 후 두 달 동안 보리스와 나타샤에게 정기적인 힐링을 해 주었다. 레이키를 할 때마다 나는 앉아서 그들에게 어떤 방식으로 받기를 원하는지 선택하도록 해 주었다. 매번, 힐링이 더 필요한 고양이가 먼저 했고 다른 고양이는 참을성 있게 자기 힐링을 기다렸다. 처음에는 부러진 다리 때문에 보리스가 항상 먼저였지만 다리가 낫자 나타샤가 가끔 먼저 오기도 했다. 어떤 때는 한 마리만 혼자 먼저 힐링을 시작하고 힐링이 끝날 무렵 다른 고양이가 합류하곤 했다. 보리스의 다리는 아주 잘 힐링되었고 그는 훨씬 더 차분하고 덜 충동적이게 되었다. 아멜리아는 그의 안전에 대해 그렇게 많이 걱정하지 않았고 다시 그를 밖에 내보낼 수 있게 되었다. 아멜리아의 알러지는 진정되었고 나타샤는 자기 자신을 유순하고 여성스런 방식으로 유지할 수 있는 강하고 중심 잡힌 성격으로 혈색이 좋아졌다. 보리스와 나타샤 서로가 그리고 아멜리아와 다시 친하고 사랑스런 사이가 되었다. 작년에 아멜리아는 고양이들의 레이키 힐링에 함께 참여하여 모든 가족이 함께 평화롭게 잠을 잤다.

지난 몇 년 동안 나는 그들과 여러 번 다시 작업을 하면서 그들이 유난히 가깝고 사랑스런 가족으로 성장하는 것을 지켜보았다. 보리스는 이제 매일 아침 해가 뜰 때쯤 고양이 문을 통해 밖으로 나가 이웃의 정원에서 아멜리아에게 줄 꽃을 꺾어 왔다. 이웃사람 중의 한 명이 그가 나무에 꽃을 부드럽게 떼어내 조심스럽게 입에 물고 집으로 들어가는 것을 보고 아멜리아에게 말해 주었다. 아멜리아가 깨어날 때, 그녀는 매일 새로운 날을 시작하는 것처럼 사랑으로 그녀를 맞이하기 위해 집 주위에 아름답게 놓여 있는 꽃들을 본다.

— 엘리자베스

_____ 힐링 결과

레이키 힐링의 결과는 동물이나 사람의 육체적, 정서적, 또는 영적 모든 차원에서 또는 복합적인 차원에서의 건강 증진으로 나타날 수 있다. 레이키는 힐링이 가장 필요한 부위를 찾아가기 때문에 가끔 그것은 그 존재의 육체적 또는 정서적 몸을 넘어서 상황적인 면에까지 닿는다. 동물에게 있어서 힐링 결과는 주인과 동물의 "가족 구성단위" 내에서 인간 반려자와의 관계 변화 또는 그의 전반적 상황의 변화로 나타날 수도 있다. 예를 들어, 보호소 환경에 있는 동물에게 하는 레이키 힐링의 경우, 만약 입양이 그 동물이 가장 원하는 것이라면 그 결과가 입양되는 것일 수 있다. 또는 만약 그 동물이 주인과의 관계에서 어떤 어려움을 겪고 있다면 레이키는 그 문제를 푸는 데 도움을 줄 것이다.

레이키 힐링의 결과는 일반적으로 힐링 도중, 직후 또는 다음의 며칠 동안 느낄 수 있다. 육체적인 개선이 있었다는 것, 중요한 문제가 바뀌었다는 것, 오래된 정서적 패턴이 해소되었다는 것, 또는 상황의 양상이 힐링되었다는 것이 분명해질 수도 있다. 레이키는 힐링만 가져올 뿐 누구에게도 결코 해가 되지 않는다. 규칙적인 힐링은 동물에게 힐링이 필요한 문제는 어떤 것일지라도 결국 다루고 풀어내는 능력을 가능하게 해 준다.

레이키는 종종 건강 면에서 극적인 변화를 일으키긴 하지만 가끔 그 작용이 다른 방식으로 나타나기도 한다. 예를 들어 레이키는 삶과 죽음 사이의 이동을 쉽게 할 수도 있는데, 만약 그 동물이 이 세상을 떠나야 하는 때라면 레이키가 이 이동을 막지는 않을 것이다. 그러나 레이키는 종종 남아있는 가족의 삶의 질을 향상시킴으로써, 모든 당사자들이 이동을 받아들이고 더 쉽게 보낼 수 있도록 이 상황을 변화시키며, 그리고 그 이동이 더 쉽고, 고통, 두려움, 괴로움이 덜 동반될 수 있게 한다.

대니얼Daniel이 고통을 가라앉히도록 돕다

엘리너Eleanor는 그녀의 고양이 중의 하나인 루퍼스Rufus가 차에 치어 죽은 지 1주일 후에 나에게 전화를 했다. 그녀는 아주 괴로워했고 낙심해 있었으며 다른 고양이 대니얼에 대해서도 걱정이 많았는데 그는 그녀를 그림자처럼 어디에나 따라다녔고, 먹는 것에 흥미를 잃었으며 우울한 것처럼 보인다고 했다. 그녀는 자기 집에 와서 그에게 레이키 힐링을 해 달라고 부탁했다.

내가 도착해서 앉자마자 대니얼은 나를 기다리고 있기라도 했던 것처럼 내 무릎 위로 뛰어올랐다. 그는 바로 내 손 아래에 자리 잡고는 많은 양의 레이키를 받으며 잠이 들었다. 엘리너와 나는 힐링을 하는 도중에 조용히 이야기를 나누었다. 그녀는 심각한 건강상의 문제를 겪고 있었으며, 그녀가 진단을 받은 후로 몇 년 동안 남자친구를 점점 더 만날 수 없었고 그녀에게 필요한 정서적인 지원을 해 줄 수 없다는 것에 실망했다. 그녀는 외롭고, 아팠으며, 겁이 났는데, 대니얼이 그녀에게 위안을 주기 위해 최선을 다하고 있는 것을 느꼈다. 그는 매일 밤 그녀의 목 아래에서 잠이 들었고 어떤 때는 그녀가 어떻게 하고 있는지를 보며 그녀의 매순간의 기분 상태를 관찰하고 있는 듯 보였다.

힐링이 진행됨에 따라 레이키는 우리 셋의 주위에 일종의 보호막을 만들었다. 엘리너의 허락 하에 레이키의 도움으로 그녀가 가지고 있던 모든 스트레스와 슬픔을 표현할 수 있도록 예정된 시간을 넘어 계속 힐링했다. 대니얼은 평화롭게 잠을 잤다. 떠날 시간이 왔을 때 나는 그를 깨워서 침대위에 부드럽게 올려놓았다. 그는 힐링에 대한 감사의 뜻으로 내 손을 핥았다.

엘리너는 레이키 힐링 후에 새로운 명쾌함을 가지게 되었다고 며칠 후 이메일을 보내왔다. 그녀는 남자친구에게 자신이 어떻게 느끼고 있는지 이야기했고, 그들의 관계는 더 이상 필요를 충족시켜주지 못한다는 결론을 함께 내렸다. 그들은 원만하게 헤어졌다. 그녀는 그 결정에 마음이 평화로웠고 루퍼스의 죽음에 대한 슬픔도 이겨내고 있었다. 그녀가 회복되어 열정을 가지고 미래에 대해 생각할 수 있게 되었을 때 그녀는 자기가 바라던 몇 개의 프로젝트를 하게 되었다. 대니얼의 기분은 좋아지고 식욕이 돌아왔다. 그는 여전히 그녀를 아주 진심으로 위로해 주는 일을 하고 있지만, 어디든 그녀를 그림자처럼 따라다니지는 않았고 낮에 몇 번씩 바깥에 나가기도 했다.

– 엘리자베스

레이키는 호흡기 질환을 힐링한다 · 레이키는 보호소에 있는 어떤 개의 고질적인 호흡기 바이러스를 힐링했다. 이 개는 한 달 이상 너무 아프고 기운 빠져 있었으며 수의사가 처방해 준 약도 아무 효과가 없었다. 그는 살 것 같지가 않았다. 힐링이 시작되었을 때 눈물과 콧물이 흘렀고, 힐링이 진행됨에 따라 이런 증상들은 더 심해졌다. 그는 계속해서 재채기를 했으며 큰 핏덩어리가 바닥과 그의 앞발에 튀었

32살에 비해 활발한 프레이저는 손을 올려놓는 레이키 힐링을 대단히 좋아한다.

다. 그런 다음 그는 심호흡을 할 수 없다는 듯이 들이쉴 때마다 기침을 하기 시작했다. 처음에 한 시간의 힐링을 받은 후 그 다음 주에는 다섯 번의 원격 힐링을 받았다. 일주일 안에 그는 먹고 놀았으며 다시 걸을 수 있게 되었다. 2주 내에 그는 입양되었다.

레이키는 염증을 힐링한다 · 레이키는 목 부분이 발로 차인 말을 힐링했다. 그 목의 왼쪽 편에는 세로 12인치 가로 6인치 가량의 부종이 있었고 일반적인 목선보다 2인치 정도 올라가 있었다. 레이키 힐링이 시작되었을 때, 그 말은 에너지에 몸을 맡기고 긴장을 풀고서 혀를 날름거리고 오물거리다가 결국에는 잠이 들었다. 30분의 직접 힐링 후에 부어오른 부위는 세로 2인치, 가로 1인치 정도로 줄어들었고 약간만

올라가 있었다. 그 부위를 하루에 두 번 짧게 힐링을 하자 상처는 4일 만에 완전히 힐링되었다.

_____ 힐링 시간표

일반적으로 레이키는 빠르고 의미 있는 건강 향상을 가져온다. 한번의 힐링으로 극적인 변화를 가져올 수 있고 때때로 필요한 모든 것이지만, 한번의 힐링은 완전한 힐링 결과를 가져오기엔 충분하지 않고 더 자주 힐링하는 것이 과정이다. 상태를 힐링하는 데 걸리는 시간은 그 상태의 심각성과 그것이 지속되어 온 시간의 길이와 연관될 수 있다. 많

레이키는 재발한 뇌수막염으로 고통받는 올리를 도왔다

은 질병의 경우에 보통 한 번이나 두 번의 힐링 후에 힐링 변화가 나타난다. 급성 질병이나 부상에 대해서는 초기 부상이나 발병 후에 레이키를 빨리 받을수록 힐링 효과가 더 빨리 나타날 것이다. 보통 부상이나 발병 직후에 레이키 힐링을 받는 것은 힐링 시간을 아주 많이 줄여줄 것이다.

만성적 혹은 오랜 질병은 현저한 힐링 결과를 만들기 위해서 여러 번의 힐링이 필요할 수 있고 그 과정을 계속하기 위해 일정 기간 동안 정기적인 힐링이 필요할 지도 모른다. 레이키는 고통 관리를 위해서도 훌륭한 도구이다. 정기적인 힐링은 고통을 경감시키고, 계속된 고통이 때로는 함께 제거된다. 우리는 인간과 동물의 관절염과 같은 질병에서 놀랄 만한 결과를 보았다. 게다가, 레이키가 다른 적절한 힐링 양상들과 함께 사용되면 그것은 보통 복합작용의 효과를 뒷받침해주고 향상시킨다.

레이키와 다른 힐링들 · 레이키는 힐링과 건강 유지에 대한 통합적 접근의 중요한 요소이다. 질병이나 상태에 대해 동물이 다른 요법으로 힐링받으면 레이키 힐링 프로그램은 그 스스로의 힐링 단계를 첨가하면서 다른 힐링의 작업을 지원해 줄 것이다. 예를 들어 엘리자베스의 개 조이Zoe가 16살이 되었을 때 그 개는 발작을 하기 시작했다. 레이키는 심각한 발작에 도움을 주었지만, 엘리자베스는 그 질병이 더 도움을 받을 수 있을지 알아보기 위해 침술을 해 보기로 했다. 그녀는 각침술 세션의 전후 그 작업에 도움을 주기 위해 조이에게 레이키 힐링을 했고, 단 두 번의 침술 힐링 후에 발작은 완전히 사라졌다. 수의사는 그런 결과를 얻기 위해서는 더 많은 치료가 필요할 거라 예상했기 때문에 결과가 그렇게 빨리 나온 것에 대해 놀랐다.

수술에 의한 치료는 치료 프로그램에 레이키를 추가시킴으로써 보통 더 빨리 나타난다. 모든 종류의 질병과 부상의 치료 속도를 높이기 위해서 레이키는 항생제와 다른 의약물과 함께 하면 더 효과가 있다. 레이키는 또한 동물들의 암에 대한 치료 프로그램에도 중요한 요소이다. 예를 들어, 방사선이나 화학요법 치료 전후에 레이키를 하면 동물들은 심각한 반응과 부작용을 조금 덜 겪는다. 레이키는 육체적 차원에서 힐링을 제공할 뿐만 아니라 암의 발전과 진행에 도움이 될 만한 정서적이고 영적인 불균형을 힐링하기 위해 동물 존재의 더 깊은 곳까지 닿을 수 있다. 레이키 힐링은 또한 그가 암 치료를 해 나갈 때 동물의 가족들을 도와줄 수도 있다.

레이키가 태미Tammy의 이동을 쉽게 해 주다

스티브Steve와 샌드라Sandra는 그들의 삶에서 중요한 문제들에 대해 의견이 일치하던 친밀한 커플이었다. 그러나 그들은 많은 심각한 건강상의 질병을 가지고 있어서 곧 생을 마감할 것처럼 보이는 그들의 테리어 태미에 대해서는 의견 충돌이 있었다. 태미는 샌드라와 함께 TV 동물쇼를 즐겨 보고 가장 좋아하는 쇼와 동물이 나오면 흥분해서 짖어대던 강하고 똑똑하며 아주 매력적인 개였다. 그 개는 또한 그 커플이 키우는 다른 세 마리 개의 어미이기도 했다. 샌드라와 태미는 거의 15년 동안 가장 친한 친구사이였고, 샌드라는 몇 달 동안 점점 심해지는 증상들 때문에 매일 밤 태미를 간호하며 밤을 샜다.

내가 처음 스티브, 샌드라와 이야기를 나누었을 때 그들은 지금이 태미를 보내줄 시간인지 아닌지에 대해 의견이 나뉘어져 있었다. 샌드라는 지쳤고 태미를 치료할 수 없다는 것과 때때로 그녀가 고통 받는 것을 보는 것이 힘들었다. 스티브는 태미에게는 아직 많은 시간이 남아있고 예상보다 시기상조로 보이는 때에 그녀의 삶을 끝내게 하는 것을 참을 수가 없었다. 그들은 레이키가 그녀에게 도움이 될지 또 그들이 결정을 내리는 과정에 도움이 될지를 알아보기 위해 태미에게 레이키를 보내달라고 부탁했다.

나는 태미, 스티브, 샌드라에게 일련의 힐링을 했다. 태미의 증상은 개선되었고 그녀는 그 후 약 1주일이 지나서 거의 완전히 회복되었다. 그 기간 동안 스티브와 샌드라는 잠시 휴식을 취했고 그들이 겪었던 높은 강도의 스트레스 없이 태미에 관해서 자신들의 생각을 이야기할 기회를 가지게 되었다. 힐링이 끝난 후 세 번째 주에 태미는 다시 불안해지기 시작했고, 이번에 스티브와 샌드라는 지금이 태미가 자신의 이동을 하도록 도와줄 시간이라는 것에 의견을 같이했다. 태미는 평화롭게 죽음을 맞이했고, 스티브와 샌드라는 그녀와 함께 했던 연장된 시간과 시간이 되었을 때 그녀가 떠날 수 있도록 도와주면서 레이키가 그들에게 가져다 준 평화에 대해 고맙게 생각했다.

― 엘리자베스

세드릭Cedric은 어디에 있어요?

아름다운 오렌지색과 흰색을 띈 어린 수고양이 세드릭은 길 잃은 고양이로 보호소에 들어왔다. 보호소에서의 처음 이틀 동안 그는 끊임없이 울부짖고, 우리의 문을 할퀴고, 우리에 드러누워 몸을 흔들고, 넘어져서 발로 허공을 긁어대고, 심지어는 물먹는 통에 들어가서 수영하는 동작을 하기도 했다. 이런 행동이 발작으로 인한 결과일지도 몰라서 그는 수의사에게 두 번이나 데려갔다. 그에게 어떤 일이 일어나고 있는지 아무도 알 수 없었지만 그의 존재는 고양이 구역에서 아주 강하게 느껴졌다. 직원은 그에게 레이키 힐링을 해달라고 부탁했다. 그는 아주 많은 에너지를 받아들였고 힐링하는 중에 아주 조용하고 이완되었다. 그 후에 그는 조금 침착한 것처럼 보였다.

　　다음 날 보호소에 들러 세드릭의 우리를 들여다보았을 때, 조용하고 편안한 오렌지와 흰 빛이 나는 고양이를 한 마리 보았다. 나는 한 직원에게 "세드릭은 어디 있나요?"라고 물었다. 그녀는 웃으며 내가 그 날 아침 똑같이 그런 말을 한 많은 사람들 중 한 명이라고 말했는데, 정말 그 고양이가 세드릭이었다. 세드릭은 집을 찾기 전에 보호소에 3주 더 있었는데 예전에 보였던 난폭한 행동의 조짐 없이 그 기간 동안 내내 조용하고 순했다.

– 엘리자베스

3장
힐링 준비하기

어떤 의미에서 레이키 힐링은 당신이 에너지가 흐르기 시작하도록 하기 전에 시작된다. 만약 당신이 자기 소유가 아닌 동물을 힐링하고 있다면, 힐링은 당신이 그 동물 또는 그 주인과 접촉을 하기 전에 시작된다. 다음의 문제들을 알게 되고 실제 힐링을 시작할 때쯤이면 자신이 할 수 있는 가장 효과적인 힐링을 제공하기 위한 무대를 마련했다고 확신할 수 있다.

_____ 자신의 준비

레이키 힐링을 할 때는 자신의 육체적, 정신적 상태를 아는 것이 좋다. 힐링을 하기 전에 자신의 기본 욕구를 잘 처리했는지를 확인하라.

예를 들어, 편안한 상태로 잘 유지할 수 있도록 하고 장 상태 때문에 방해받지 않고, 힐링에 집중할 수 있도록 위장이 비어있는 상태로 힐링을 시작하지 않도록 조심하라. 당신을 통해 흐르는 레이키의 흐름은 탈수를 일으킬 수 있기 때문에 힐링을 하기 전에 스스로 수분을 유지하고 가능하면 물 한 병을 옆에 두는 것이 좋다.

당신이 정서적으로 화가 나 있거나 육체적으로 아플지라도 레이키는 작용하지만 다른 사람을 힐링하기 전에 특히 동물들을 힐링할 때는 자신을 잘 돌보는 것이 최선이다. 동물들은 힐링 도중에 당신의 정서적 상태를 알아차리고 그것에 의해 영향을 받을 것이다. 만약 당신의 동물이 긴장을 풀고 당신의 정서 때문에 또는 그것에 대한 불안으로 인한 방해 없이 힐링의 온전한 혜택을 다 받기를 원한다면, 힐링을 시작하기 전에 가능한 한 많이 자신을 안정시키고 집중해야 한다. 하지만 때로 당신이 무언가 때문에 화가 나 있고 동물이 당신의 고통을 알아차린다면 당신과 동물 둘 다가 더 진정되고 중심이 잡힌 마음 상태와 고통의 근원을 어떻게 처리하는지에 대한 명확성을 찾는 데 레이키 힐링이 도움이 될 것이다.

힐링을 하러 가기 전에 당신을 사로잡고 있던 어떤 문제도 힐링하는 데 가지고 오지 않도록 해서 완전히 그 동물과 함께할 수 있도록 자신을 집중시킬 수 있는 충분한 시간을 가져라. 만약에 당신이 무엇인가에 화나고 짜증이 나거나 흥분을 한다면 자신에게 약간의 레이키를 하고 이런 정서 상태로부터 자신을 떼어놓는 시간을 가져라. 보호소나 심각하게 아픈 동물을 힐링하는 것 같은 스트레스 가득한 환경으로 들어간다면 자신을 집중시키는 것이 특히 중요하다.

_____ 힐링 시간

힐링에는 최소한 한 시간 정도 사용하는 것이 일반적으로 가장 좋고 만약 자기 소유가 아닌 동물을 힐링하는 경우라면 힐링 후에 당신이 받은 느낌에 대해 주인과 얘기를 나누기 위해 약간의 부가적인 시간을 위한 계획을 세우는 것이 좋다. 힐링 시간은 동물에 따라 다르지만 평균 힐링 시간은 30~60분 정도 걸린다. 많이 아픈 동물이나 심각한 정서적 장애를 가진 동물은 때로 더 긴 힐링을 원할 수도 있고 혹은 짧은 힐링만을 견딜 수 있을 수도 있다. 조급하게 느끼지 않도록 힐링에 많은 시간을 할애하는 것은 더 차분한 분위기를 만들어내고 이것이 동물을 위한 편안한 힐링에 더 도움이 된다.

당신은 힐링을 하기에 가능한 한 편안한 자세를 찾아야 한다. 우리는 우리가 동물들을 힐링하는 특이한 환경에 놓인 것을 알았고 힐링 중에 우리 고객뿐 아니라 우리 자신의 행복을 잘 돌보는 것이 중요하다는 것을 배웠다. 정상적인 힐링 시간 동안 힐링에 집중할 수 있도록, 그리고 이상한 자세로 구부리고 있거나 너무 근육이 긴장되어 그로 인해 레이키의 흐름이 방해받지 않도록 처음부터 자신을 편안하게 하도록 노력하라. 예를 들어 손 또는 팔을 들거나 내밀어 동물 쪽으로 향하게 하는 것은 근육을 피곤하게 만들 수도 있다. 앉아

있다면 손을 무릎에 올려놓거나 서 있다면 옆에 두는 것이 긴장을 푸는 데 더 좋다. 차에 있는 크기가 다른 한두 개의 스툴을 가져오는 것

은 방, 가축 우리, 사육장, 풀밭, 길가 또는 바깥의 자연 등 어떤 환경에서도 힐링하고 있는 동물과의 적절한 높이에 앉을 수 있도록 해 주는 데 유용할 수 있다.

_____ 힐링 장소

가능하다면 방해받지 않을 힐링하기에 조용한 장소를 찾아라. 마구간이나 그 동물의 집같이 동물에게 친근한 장소가 적절하다. 대부분의 동물들은 낯선 환경에서 스트레스를 받고 집에서는 훨씬 더 긴장을 풀고 편안해하기 때문에 우리는 힐링을 하기 위해 동물들이 있는 곳으로 보통 가는 편이다. 그 동물이 제약 없이 안전하게 돌아다닐 수 있는 장소가 좋다.

4장
힐링하기

    초창기에 엘리자베스의 말 애니^{Annie}는 동물에게 레이키를 하는 방법에 대한 많은 중요한 것들을 우리에게 가르쳐 줬다. 애니는 극도로 예민하고 쉽게 흥분을 해서 레이키로 그에게 접근하는 방법을 찾는 것이 처음에는 벅찬 일이었다. 아플 때가 아니고서는 손을 두고 하는 레이키가 그에게는 너무 거슬리는 것 같았다. 예를 들어, 예방접종에 대한 부정적인 반응을 보이는 동안 그는 엘리자베스의 손에 기대어 두 시간 이상을 잤다. 그러나 대개는 손을 두고 하는 힐링을 받지 않으려 했다.

    한번은 엘리자베스가 다른 말에게 관심을 두는 것에 대해 불안해하는 애니에게 캐서린이 레이키를 했는데 애니는 레이키 에너지를 피하려고 하면서 뒤로 물러서서 마구간 쪽으로 가버렸다. 캐서린은 그가 레이키 받기를 강요당한다는
직감이 들어 엘리자베스와의
관계를 치유하기 위해 받고 싶
은 것만 받으라고 애니에게 말
해줬다. 그는 곧 저항을 멈추고
레이키 힐링에 들어갔다. 그 경
험으로부터 우리는 힐링 과정
에 참여하는 것에 대해 동물에
게 선택권을 주는 것이 중요하
다는 것을 깨달았다.

애니의 요구에 융통성 있고 열린 마음으로 대함으로써 우리는 그
가 어떻게 레이키 힐링 받기를 더 선호하는지 알게 되었다. 애니가 레
이키를 받을 때 손을 올려놓는 동작을 거부했기 때문에 우리는 실험
을 해 보기로 했다. 우리는 그가 있는 방목장의 맞은 편 한쪽 끝에 서
서 손을 뻗어 "레이키 구역"을 만들어 에너지가 우리들 사이를 흐르도
록 하고, 방목장의 다른 편 끝 부분은 "비레이키 구역"으로 만들었다.
애니는 물러서서 몇 분 동안은 "레이키 구역"에서 "비레이키 구역"으로
갔지만 자기가 레이키를 받는지 아닌지 통제하고 있다는 것을 느끼자
마자 자기 몸의 여러 부위를 바로 "레이키 구역"에 두기 시작했다. 한
지점에서 애니는 자기 뒷다리를 뒤로 옮겨서 열성적으로 캐서린의 손

에 올려놓기 시작해서 우리는 그가 캐서린을 깔고 앉아 버릴까봐 걱정했다.

결국 그는 깜빡 졸게 될 때까지 서서히 혀를 날름거리고 오물거리면서(이완의 징후) 머리를 바로 우리 사이에 두고 서 있었다. 그는 힐링이 끝날 때까지 거의 한 시간 정도 이렇게 있었다. 그때 이후로 그는 레이키가 필요하다고 느낄 때에는 자발적으로 자기 몸의 일부를 내 주었다. 자신이 힐링에 대한 통제권을 가지고 있다는 것을 애니가 알았을 때, 그는 그것을 받아들일 뿐 아니라 힐링이 필요하다고 느낄 때는 그것을 찾게 되었다.

그 날 애니가 우리에게 가르쳐 준 것은 동물들이 힐링의 효능을 이해하고 위압이나 강압을 느끼지 않고 힐링 과정에 참여할 수 있도록 그들에게 레이키를 하는 것이었다. 이것은 우리 이해의 주춧돌이 되었다. 다른 동물들이 그날 우리가 얻은 지식의 핵심에 보탬을 주었고, 시간이 흘러 우리의 동물 티쳐들은 우리가 레이키로 동물을 힐링하는 법에 대해 더 포괄적인 이해를 발전시킬 수 있도록 도와주었다.

조는 레이키 하는 법을 직접 보여주었다

처음 레이키 레벨 1을 배웠을 때 나는 나의 개 조를 힐링하는 데 별로 성공적이지 못했다. 그는 그때 약 12살이었고 신장병 증세가 나타나기 시작했다. 내가 그 몸에 직접 손을 올려놓거나 6~12인치 정도 떨어져서 손을 두어도 그는 레이키가 너무 강렬하기라도 한 것처럼 1분도 채 되지 않아 자리를 옮겨 버렸다. 결국 나는 그가 레이키를 싫어한다는 결론을 내리고 레이키 하는 걸 그만뒀다. 그러는 사이에 신장병 증세는 더 심해졌다.

어느 날 부엌 싱크대에 서 있었을 때, 나는 손에 열이 오르고 떨리는 것을 느꼈다. 돌아봤을 때 4피트 떨어진 곳에 조가 나를 빤히 쳐다보며 있었다. 나는 하던 일을 제쳐두고 손을 뻗어 레이키가 흐르도록 했다. 조는 곧 딱딱한 마룻바닥에 누웠는데, 나이든 몸이라 딱딱한 바닥을 불편해 했기 때문에 이것은 평소와는 다른 행동이었다. 그러나 그는 살짝 졸면서 거기에 그렇게 30분 정도 있었다.

다음날 그는 물을 덜 마시고 덜 자주 나가고 싶어 했으며 더 행복하고 편안해보였다. 수의사에게 보였을 때 실험실 테스트 결과 소변이 더 농축되었다는 것을 알 수 있었다. 이제 그가 나에게 다가와서 어떤 표정으로 내 옆에 엎드리면 나는 보통 3~4피트 정도 떨어진 거리에서 하는 레이키를 원한다는 것을 알 수 있다. 이런 힐링으로 그의 신장병은 아주 미미하게만 진행되었다.

– 엘리자베스

레이키는 "불안"을 진정시켜준다

레이키는 극심하게 스트레스를 받는 동물에게도 평화를 가져다주는 놀라운 능력을 가지고 있다. 어느 날 보호소에서 나는 스폿Spot이라는 이름의 청각장애 달마시안을 힐링하기로 했다. 그는 활동과잉으로 끊임없이 나에게 뛰어올라서 내가 안에 들어갔을 때 그가 사육장에서 빠져나가지 못하도록 하는데 온간 힘을 써야했다. 흥미롭게도 레이키 힐링을 시작해도 되냐고 허락을 구하며 물어보자 그는 낑낑대며 뛰어오르기를 멈추고 머리를 내리고는 아주 조용해져서 내 옆에 서서 꼬리를 흔들었다. 나는 직감적으로 한 손은 그의 가슴에, 다른 손은 어깨 사이에 있는 등에 갖다 대었다. 내 손은 엄청나게 뜨거워졌다.

몇 분 후 그는 내 손에서 벗어나지는 않았지만 아주 측은하게 소리 지르고 울기 시작했다. 그는 힐링 반작용을 보이고 있음이 분명했다. 나는 그에게 정신적 힐링을 하고 평온함과 편안함을 요청했더니 거의 즉각적으로 그는 진정되었다. 이 평온한 시간은 약 10분 더 지속되었고 그런 다음 그는 다시 울며 돌아다니기 시작했다.

그가 내 손에서 벗어났을 때 나는 그가 힐링을 마칠 준비가 되었음을 느꼈다. 떠날 때 나는 힐링의 결과로 적어도 그가 잠시나마 휴식 시간을 갖게 된 것에 대해 감사함을 느꼈다. 나는 그의 입양 상황에 대해서 정기적인 원격 힐링을 보내기 시작했다. 몇 주 후 한 여성이 자기 집에 있는 또 다른 청각장애 달마시안의 친구로 스폿을 입양했다. 참 멋진 짝이지 않은가!

– 캐서린

_____ 신뢰 구축하기

애니와 그 밖의 다른 많은 동물들과의 작업은 손을 두고 하는 레이키가 약간 떨어져서 하는 레이키보다 훨씬 더 강렬하게 느껴질 수 있고 동물에게 침입으로 생각되어질 수 있다는 것을 알려주었다. 어떤 동물은 손을 올려놓는 힐링 외에 다른 선택권이 없을 때는 힐링에 참여하기를 거부할 것이다. 동물들은 레이키 힐링이 처음에는 최소한 조금 떨어진 거리에서 하는 것이 최선이었다는 것을 스스로 보여주었다. 그것들은 효과도 직접 올려놓고 하는 힐링에 못지않고 종종 이 방식이 더 받아들이기에 편해서, 이런 접근은 힐링 관계에서 더 빨리 신뢰를 쌓게 해 준다.

동물이 자기 방식대로 힐링을 받아들이도록 하면서 기다리고, 어떻게 힐링을 할 것인가에 대해 미리 생각하지 않는 것이 가장 좋다. 인간처럼 동물은 자신에게 일어나는 것에 대해, 특히 새로운 경험을 하게 될 때 스스로 통제하기

할리는 힐링을 받는 동안 여러 번 하품을 하는데, 이것은 그가 마음을 열고 주어지는 힐링을 받아들인다는 신호이다.

를 더 좋아한다. 동물힐링을 할 때 우리의 목적은 가능한 많은 움직임의 자유를 주는 것이고, 우리가 그의 개별 욕구를 충족시키기 위해 어떻게 최고의 힐링을 제공하는지를 보여주면서 그가 자기 방식대로 힐링 에너지를 경험하고 평가하게 해 주는 것이다. 이런 접근은 동물들이 강압적으로 느끼지 않고 레이키의 에너제틱한 느낌에 익숙해지도

록 해 준다. 동물들에게 이런 자유를 주는 것은 레이키가 유익하고 비침투적이라는 것을 그들에게 재확인시켜주고 동물들과 신뢰 관계를 형성한다. 그들은 대개는 즉시 레이키가 제공하는 혜택을 이해하고 레이키가 필요하다고 느낄 때면 그것을 요구한다.

어떤 동물들, 특히 이미 우리를 믿고 있는 우리가 키우는 동물들은 레이키에 즉각적으로 마음을 연다. 차분한 기질을 가지고 있고 주로 인간과의 사이에 긍정적인 경험을 가지고 있는 동물들 또한 힐링을 받는 것에 빨리 그리고 쉽게 착수할 수 있다. 그러나 인간처럼 동물들도 제각각이다. 어떤 동물은 천성이 민감하고 예민하며 어떤 동물은 인간을 의심한다. 이런 동물들은 레이키의 새로운 자극을 파악하고 레이키 힐링에 들어가는 것이 안전하다고 스스로 확신하는 데 시간이 더 걸릴 것이다.

_____ **경계 존중하기**

항상 동물들의 장소를 존중하라. 자신을 소개할 때 팔은 내리고 손은 바깥쪽을 향하며 손바닥을 앞으로 한 채 5~10피트 정도 떨어져 있고, 동물이 편안한 거리에서 에너지를 느낄 수 있도록 에너지가 흐르게 하라. 손은 주는 자세로 해서 몸 옆에 아래로 내리는데 이것이 동물을 가리키면서 어깨 높이에 두는 것보다 덜 위협적이기 때문이다. 뒤에 말한 위치는 어떤 동물에게는 공격적으로 보일 수 있다. 많은 동물들, 특히 말이나 개는 그들이 이 새로운 에너지의 자극을 가늠해보는 것을 돕기 위해 당신에게 다가와서 손의 냄새를 맡고 싶어 할 것이다. 힐링 중에는 그에게 다가가기보다는 동물이 당신에게 오게 하는 것이 항상 더 좋은 방법이다. 결국에 이것은 더 빨리 신뢰를 쌓게 한다.

만약 동물이 인간을 두려워한다면 때로 우리는 안전거리를 유지하면서 스스로 시각화하고 육체적인 접촉을 하려고 시도하지 않는 것이 도움이 된다는 것을 안다. 우리는 힐링 중에 가끔씩 힐링하고 있는 동물에게 조용히 그리고 안심시키며 말을 한다. 힐링을 하면서 종종 눈을 맞추려고 하지만 우리는 동물을 빤히 보거나 그가 불편하게 느끼는 눈맞춤은 하지 않으려고 노력한다.

세 마리 말의 하품

레이키의 강력한 특성과 힐링이 필요한 문제를 찾아내는 그 능력 때문에 레이키의 영향력의 한계는 종종 힐링받는 동물을 넘어서까지 이동한다. 하루는 헛간에 있는 말을 힐링하고 있었다. 그는 다른 말한테 발로 차여서 왼쪽 어깨와 엉덩이에 끔찍한 혹이 생겼다. 그 말의 양쪽 마구간에 있는 말들이 머리를 내밀고는 그 말과 함께 계속해서 하품을 하기 시작했다. 세 마리 말이 계속해서 함께 하품을 하다니! 나른하게 만드는 레이키의 강력한 에너지가 그들 모두에게 영향을 주는 것을 보는 것은 참으로 재미있었다. 그리고 나의 의뢰인에 대해 말하자면, 수의사가 안에 든 것을 빼내지 않는 이상 그 혹은 없어지지 않을 거라고 말했지만, 단 두 번의 힐링으로 그것들은 말끔히 사라졌다.

– 캐서린

_____ 힐링 시작

힐링을 할 준비가 되면, 동물이 원할 때 쉽게 다가올 수 있는 가까운 거리의 어떤 장소에 자리 잡아라. 그런 다음 손을 무릎 위나 옆쪽에 편안히 두고 에너지가 흐르도록 하라. 낮고 조용한 목소리로 그의 힐링을 돕기 위해서 레이키를 하려고 당신이 그곳에 왔다는 것을 동물에게 설명하라.

대체로 동물들은 힐링 중에 종종 잠이 들면서 아주 이완된 상태가 된다. 레벨 2의 원격 레이키는 덜 강렬하게 느껴져서 직접적으로 주어지는 힐링에서도 유용하고, 그렇기 때문에 특히 레이키에 민감한 동물들에게도 좋을 수 있다. 그러나 동물들을 힐링하는 것은, 만약 당신이 동물에게 상황이 안전하게 허락하는 만큼의 많은 선택과 자유를 허용한다면 보통은 어떤 단계의 레이키로도 감당할 수 있다.

선택의 힘 · 애니가 처음에 우리에게 보여준 것처럼, 동물들은 레이키를 받을지 아닐지에 대한 선택권만 주어진다면 레이키에 더 개방적이다. 힐링을 시작할 때 우리는 동물에게 자신이 편안하게 느낄 수 있는 양만큼의 에너지만 받으라고 요구한다. 만약 그 에너지가 불편하다면 전혀 받아들일 필요가 없다고 그에게 말해준다. 육체적 접촉 또는 정신적 연결을 포함해서 우리는 그에게 어떤 것도 강요하지 않을 것이라고 알려준다.

대부분의 동물들의 삶에서 인간은 일반적으로 일이 어떻게, 어떤 스케줄로 어떤 상황 하에서 그리고 얼마나 오랫동안 행해지는지를 결정했다. 동물들은 많은 선택권을 받는 것에 익숙하지 않고 그것을 받게 되면 기쁨을 감추지 못한다. 우리는 종종 동물들의 즉각적인 관심을 받을 뿐 아니라 더 깊은 관심도 받는다. 동물들은 힐링 과정에서 우리와 더 깊은 관계를 맺게 된다.

이 접근법은 또한 힐링이 필요한 것에 대한 동물들의 지혜를 고려한다. 동물들은 레이키 힐링의 잠재력을 인지한다. 그들은 보통 힐링이 필요한 곳으로 우리를 인도할 것이고 그들이 힐링을 하기 위해 필요한 충분한 에너지를 받으면 힐링을 끝낼 것이다. 결국 이런 접근은 동물들과 더 깊고 친밀한 관계를 갖게 해 주고 이로써 동물은 단지 힐링을 받아들이는 데서 더 나아가 협력적인 힐링 과정에서 동등한 파트너가 되는 것이다.

루카스Lucas가 "오늘은 싫어요!"라고 말하다

내가 가끔씩 힐링을 하던 말 중의 하나인 루카스는 아름다운 적갈색의 경종마이다. 그는 보통 손을 두고 하는 레이키를 좋아하는데, 특히 특별한 보살핌을 필요로 하는 통증이나 아픔이 있을 때 그러했다. 그는 또한 고집이 센 말이고 그 날 자신이 레이키에 마음을 열지 않은 때는 나에게 알려줬다.

그는 최근에 치과 치료를 받았는데 예전에는 그런 치료 후 레이키를 받을 때 힐링을 위해 자기 입을 내 손에 두곤 했다. 나는 항상 그러하듯이 방목장에 있는 그에게 다가가서 힐링을 시작할 준비가 되었을 때 허락을 구하고 손을 아래로 내렸다. 그는 방목장 반대편에서 긴장을 풀고 있었다.

그러나 내가 그를 봤을 때, 그는 씩씩하게 걸어와서 내 손 근처에 있는 허공에 대고 무는 시늉을 했다. 처음에는 한 쪽 손바닥, 다음에는 다른 쪽. 이 행동은 새롭고 낯설어서 그가 "싫어요!"라고 말하고 있다는 사실을 알아차리는 데는 시간이 좀 걸렸다. 그리고 그 순간 그는 실제로 몸을 돌려 나를 향해 뒷다리를 세웠는데 그것은 마치 "확실히 알겠어요? 나를 좀 내버려 두세요!"라고 말하는 것 같았다. 나는 그에게 사과를 하고는 즉시 방목장을 떠났다. 그는 내가 가는 걸 보고는 저 멀리 구석으로 가서는 다시 낮잠을 잤다. 나는 그가 치과 치료 때문에 기분이 좋지 않고 아프다는 것을 알 수 있었지만, 분명 그는 단지 레이키에 마음을 열지 않았을 뿐이었다.

　　다음 날은 완전히 다른 이야기이다. 나는 다시 가서 또 한 번 허락을 구했다. 이번에 그는 머리로 나를 툭 치고는 아픈 이를 내 손 위에 두고 깊은 숨을 내쉬고는 잠에 빠져들었다.

－ 캐서린

움직임의 자유 · 동물에게 레이키 힐링을 할 때는 상황이 허락하는 내에서 가능한 한 많은 움직임의 자유를 허락하라. 동물들에게 힐링에 대한 가능한 많은 통제권을 가지게 해 주는 것은 우리와 레이키에 대한 믿음을 갖게 해 주고 힐링 과정에 적극적인 참여를 할 수 있게 만들어 준다. 일반적으로 동물들은 힐링을 시작한 후에 방(또는 울타리를 친 장소)을 계속해서 돌아다닐 것이고 가능한 멀리 움직이려고 할 수도 있다.

하지만 그들이 레이키의 느낌에 익숙해지고 그것을 받아들일지 말지 그리고 얼마나 받아들일지에 대한 것은 자신들의 선택이라는 것을 믿게 되면, 그들은 긴장을 풀고 힐링을 반기게 된다. 종종 그들은 결국엔 당신 가까이에 또는 심지어는 손 아래에 자리를 잡게 되고 상당히 많은 양의 에너지를 받게 된다. 때로는 동물들이 첫 힐링에 들어가는데 30~45분이 걸리는데, 보통은 다음 힐링에서는 조금 더 빨리 이완 상태에 들어가게 될 것이다. 힐링을 하기 전 그들이 여기저기 돌아다니는 동안에 레이키를 받는지 아닌지에 대해서는 걱정할 필요가 없다.

그들은 이리저리 돌아다니는 중에도 자신들이 원하고 필요한 만큼의 레이키를 받아들일 것이다.

동물이 힐링을 원하는지 아닌지 구별하는 법 · 만약 동물이 힐링을 원하지 않는다면 그의 몸짓을 통해 보통은 알 수 있다. 만약 그들이 레이키를 원하지 않는다면 그들은 당신으로부터 가능한 멀리 떨어져서 서성거리고 돌아서며 당신이 있는 것에 대한 불안 또는 짜증의 신호를 보일 것이다. 만약 그들이 당신에게서 멀리 가지만 누워 크게 숨을 쉬고 잠을 잔다면 조금 떨어져서 힐링을 받고 있는 것이다. 인내심을 가지고 동물의 생각에 대한 존중과 열린 마음을 가지면 당신은 레이키가 대부분의 모든 동물들에게 그런대로 괜찮게 적용될 수 있다는 것을 알게 될 것이다. 우리의 경험으로 볼 때 동물들에게 이런 식으로 접근을 하면 그들은 대개는 힐링을 받아들이기로 한다.

하지만, 동물이 힐링을 받아들이지 않는 것처럼 보이면 어떤 힐링을 해서도 안 된다. 특히 우리에 갇힌 일부 야생 고양이나 심하게 학대를 받은 동물들에서처럼 드문 경우에는 동물이 너무 의심이 많아 직접적인 힐링을 받아들이지 않을 수도 있다. 동물에게 직접적인 힐링을 강요하기 보다는 그대로 두고 다른 날에 다시 시도해 봐야 한다. 게다가 때로는 이런 동물들이 그들이 있는 곳의 바깥쪽에서 실시하는 레벨 2의 원격 힐링을 받아들인다는 것을 알게 된다. 이런 경우, 당신은 그 동물이 있는 곳의 바깥에서 레이키를 해야 하며, 레이키를 받을지 말지 또 얼마나 많은 레이키를 받을지에 대해서는 그 동물이 결정하도록 놔둬야 한다. 이 점에 대해서는 18장과 19장에서 더 논의할 것이다.

동물들에게 레이키를 하는 목적은 힐링을 위해 신뢰감 있는 파트너십을 만드는 것이지 동물을 힐링에 복종시키거나 다른 선택이 없다고 느껴 받아들이게 만들려는 것은 아

평소에 활기찬 두꺼비 테드는 레이키 힐링을 받는 동안 움직이지 않고 편안하게 앉아 있다.

니다. 이와 유사하게 우리는 동물이 우리를 실망시키지 않기 위해 힐링을 받아들이기를 원하지는 않는다. 우리 문화에서는 특히 동물에게 처음 레이키 힐링을 시작할 때, 동물이 힐링을 받아들이는 아닌지, 그

리고 그 주인이 자기가 그 힐링으로부터 바라는 결과를 얻는지 아닌지에 대해 집중하기 쉽다. 하지만 레이키는 그런 작업이 아니다. 압박과 강압을 느낀 동물들은 레이키 힐링의 최대 역량을 알아채지 못할 것이고 때로는 힐링받기를 거부할 것이다.

힐링을 하는 방법에는 여러 가지가 있고 당신은 거의 항상 자기 동물에게 편안하게 받아들여질 만한 방법을 찾을 수 있다. 직접적으로 힐링받고 싶어 하지 않는 동물의 경우에는 드물게 그 동물의 상황에 대해 레이키를 보낼 수 있고 이것이 그에게 효과적인 도움이 될 것이다. 이것이 18, 19장에서 이야기된 레벨 2의 실행이다.

로즈Rose의 레이키 기적

고양이 시즌이 한창이어서 보호소가 이미 꽉 찼을 때, 나이 들고 사랑스러운 고양이 로즈가 주인 없는 고양이로 보호소에 들어왔다. 로즈는 많은 심각한 건강상의 문제들을 가지고 있었지만 눈을 반짝이고 편안해 보였으며, 분명 아직도 삶을 아주 많이 즐기는 듯 보였다. 그녀는 흠뻑 젖어 털이 엉겨 있었지만 아주 여성스러웠고 거리에 오래 있던 고양이 같아 보이진 않았다. 보호소가 너무 가득 찼고 매일 많은 고양이들이 들어오고 있었으며 로즈의 건강 문제 때문에 그들은 그녀를 안락사 시키기로 결정했다. 이것은 이 보호소에서 드문 일이고 상황이 아주 심각할 때만 있는 일이었다. 자원봉사자 중한 명이 로즈의 이동을 위해 레이키를 보내달라고 부탁했다. 나는 그렇게 했고 기적을 바라면서 그의 상황에 대해 선처를 부탁했다.

다음 날 나는 일이 어떻게 되었는지 물어보기가 두려웠다. 알고 보니 그녀에게 주사를 주기로 한 사람이 마지막 순간에 아파서 집에 가야만 했다고 한다. 다음 날 아침, 보통 때는 보호소의 서류 업무와 관계가 없는 어떤 사람이 로즈의 법적으로 필요한 체류 기간이 충족되지 않았다는 것을 알아냈다. 그래서 로즈에게 며칠간의 유예기간을 주게 되었다. 이틀 후 어느 노부인이 잃어버린 고양이를 찾으러 왔는데 그것은 말할 것도 없이 로즈였다. 둘은 행복하게 집으로 돌아갔고, 로즈는 다행히도 그 곳에서 평화롭게 자신의 생을 마감했다. 레이키를 보낼 때는 결과가 어떨지 절대로 알 수 없지만 때로는 실제로 기적이 존재하는 것 같다.

– 엘리자베스

나누크^{Nanuk}가 자신에게 최상의 장소를 찾다

나누크는 일곱 달 된 썰매 개였는데 길을 잃고 지방의 보호소에 들어가게 되었다. 그는 북부 품종 구제 위원회로 보내졌는데 그곳의 두 자원봉사자 로라^{Laura}와 아담^{Adam}은 그가 힐링받고 좋은 가정을 찾을 수 있도록 돕기 위해 전념했다. 하지만 나누크는 어떤 종류의 훈련도 받지 않았다. 그는 사람 그리고 실내나 차를 포함한 막힌 공간을 두려워했으며 다른 개를 직접적으로 공격하곤 했다. 그는 아주 똑똑하고 뛰어난 탈주 곡예사였다. 처음에 그가 왔을 때, 그는 심한 저체중이었고 먹이 그릇이나 개 줄에 대해 친숙함이 없었다. 로라와 아담은 그의 행동으로부터 그가 밖에서 살았으며 거의 완전히 고립되고 방치되어왔다는 것을 추론했다. 내가 그를 만났을 때 로라와 아담만이 그가 편안해하는 사람이었다. 그들은 그가 입양될 가능성이 높아지기를 기대하면서 나누크에게 세 번의 일련의 힐링을 해 줄 것을 부탁했다.

첫 힐링 중에 나는 단지 나누크의 우리 바깥쪽에 앉아서 항상 그러는 것처럼 그가 편안하게 느끼는 정도의 에너지만 받아들이라고 부탁하면서 그에게 레이키를 하였다. 처음의 가느다란 에너지의 흐름은 보통 정도가 되었지만, 그 외에는 내가 거기 있다는 것을 그가 알고 있는지 거의 알 수가 없었다. 그는 계속 아담을 유심히 쳐다보긴 했지만, 자기 우리 주위를 급하게 빙빙 돌고 반복해서 자기 집 지붕 위로 뛰어 올라갔다가 내려오는 평소의 습관을 계속했다. 내가 힐링하는 시간 동안 두 번 정도 아주 잠깐만 나를 힐끗 쳐다봤고, 돌면서 빨리 지나갈 때 거의 눈치 채지 못할 정도로 한 번 내 손에 대고 킁킁 냄새를 맡았다. 그 외에는 나는 완전히 무시당했다.

거기에 흔들리지 않고, 그리고 나를 통하는 레이키의 흐름으로 그가 힐링을 받아들였다는 것을 알고 있었기 때문에 나는 다음 날 두 번째 힐링을 하러 갔다. 이번에는 내가 도착했을 때 나누크가 잠시 동안 내 눈을 직접 쳐다보고 조금 덜 동요하며 5∼10분 정도 주위를 돌았다. 그런 다음 그는 자기 발 위에 머리를 얹고는 25분 정도 깊이 잠이 들었다. 유난히 큰 소리가 그를 깨웠고, 그는 일어나서 자기 우리를 급히 돌더니 다시 누워서 15분 정도 더 잤다.

나는 강한 에너지의 흐름을 느꼈고 옆에서 "그들에게 어떻게 한 거죠? 전에는 이렇게 조용한 걸 본 적이 없어요."라는 목소리가 들릴 때까지 힐링에 깊숙이 빠져들었다. 나는 얼굴을 들어보니 거기에 있던 모든 개들이 그 시설 안의 소음에도 불구하고 잠이 들었음을 알아차렸다. 나누크가 두 번째로 깨어났을 때 그는 다시 빙빙 돌고 레이키에 대해 더 이상의 관심도 보이지 않으며 아담을 찾았다. 에너지의 흐름은 아주 감소되었고 나는 그가 힐링을 끝마쳤다는 것을 알았다. 내가 떠나려고 하자 그는 나를 따라오려고 했고 로라와 나는 둘 다 거기에 놀랐다.

세 번째 힐링은 특별할 게 없었다. 나누크는 보통 정도의 에너지를 받아들였지만, 레이키가 하고 있던 작업이 어떤 것이든 간에 두 번째 힐링에서 거의 완수되기라도 한 것처럼 과잉되게 느껴졌다. 내가 떠날 때 나누크는 계속해서 눈을 맞췄지만 힐링 결과가 무엇이었는지는 명확하지 않았다.

이틀 후 구제 위원회는 인터넷에서 나누크의 사진과 기사를 보고 그를 좋아하게 된 한 커플로부터 이메일을 받았다. 그들은 그에게 아주 많은 사랑, 인내, 도움이 필요할 거라는 걸 알았고 그들이 그와 함께 하는 동안 그가 그들에게 많은 것들을 가르쳐 주리라고 생각했다.

그들은 1년 내내 시원한 기후로 유명한 캘리포니아의 한 지역(썰매 개에게는 더없이 좋은)에, 넓은 땅이 나무 사이에 자리 잡고 보후림으로 둘러싸이 아름다운 집에 살았다. 그 집은 바닥에서 천장에까지 이르는 창문이 있었고 모든 인테리어 자재는 자연목 또는 돌이어서 집 안에 있는 것이 집 바깥에 있는 것과 비슷했다. 그 커플은 아이나 다른 동물이 없었고 재택근무를 해서 곧바로 그에게 큰 집을 만들어줘서 필요한 만큼 천천히 그에게 실내 공간에 대해 소개를 해 줄 수 있었다. 나누크는 그들과 만난 지 20분을 넘지 않았지만, 로라와 아담이 떠날 때 남편 옆에 딱 붙어 그 옆에 서 있었다.

그 커플은 그와 보낸 첫 날은 내내 불안했다. 나누크는 산책을 하는 동안 개 줄을 빼 버리고는 숲으로 도망을 쳤다. 그러나 몇 시간 후 돌아와서 그들에게 바로 다시 걸어왔다. 이야기를 듣고 나서 나는 레이키가 나누크에게 정말로 완벽한 집을 찾아 줬다고 느꼈다.

– 엘리자베스

레이키 본연innate의 지혜 믿기

레이키가 흐르게 하도록 생각하자마자(만약 그 필요가 강하다면 때로는 그보다 훨씬 빨리), 힐링은 시작될 것이다. 때로는 특정 건강 문제에 대해 힐링을 할 것인데 그렇기 때문에 레이키로 이 특정 문제를 힐링하려는 의도를 가질 수도 있다. 하지만 우리는 단지 힐링 에너지의 전달자일 뿐이라는 것을 명심하는 것이 중요한데, 이 힐링 에너지는 치유가 필요한 것에 대한 자기 본연의 지혜를 가지고 있다.

"큰 그림"에 대한 우리의 이해는 아주 제한적이라는 것을 명심하는 것이 최선이다. 우리는 동물이 가장 원하는 힐링을 레이키가 제공해 줄 수 있도록 문을 활짝 열어두기를 원한다. 그것은 우리가 기대하는 것이 아닐 수도 있다. 예를 들어, 육체적이고 행동적인 장애는 때로는 정서적인 문제 또는 트라우마와 관계있고, 또 동물이 가장 원하는 것이 때로는 그의 상황의 변화이다.

레이키의 가장 대단한 점 중 하나는 그 문제의 근원이 무엇인지 우리가 알 필요가 없다는 것과 그럼에도 힐링은 그것이 가장 필요한 곳에서 일어날 것이라는 점이다. 힐링을 위한 특정 의도를 만드는 것은 아무런 해가 되지 않는다. 그러나 그것이 어떤 것이든 간에 가장 필요한 것에 힐링을 제공해 주는 것이 레이키의 본성이다. 실행을 할 때 우리는 레이키의 힐링 지능이 항상 우리의 제한된 생각보다 우위에 있음을 알기 때문에 단순히 동물을 위한 모든 차원에서의 최고선을 요청한다. 힐링 결과는 수차례 우리가 예상할 수 있었던 것보다 훨씬 더 좋았다.

수용의 표시

손을 통해서나 신체의 다른 부위에 흐르는 에너지를 보고 그 동물이 레이키를 받아들이고 있는지 아닌지를 판단할 수 있을 것이다. 레이키를 할 때 동물들은 자신들이 필요한 비율의 양만큼과 편안하게 느끼는 강도의 에너지를 흡수한다. 동물들이 어떻게 레이키를 받아들이는지에 대해서는 많은 개인차가 있다. 사람을 쉽게 믿고 힐링이 많이 필요한 동물들은 힐링이 시작되자마자 많은 양의 에너지를 받아들일 것이다. 더 예민하거나 경계하는 동물들은 처음에 당신과 새로운 자극을 파악할 때 보통 가느다란 에너지의 흐름을 끌어당길 것이다. 그들은 레이키에 더 편안해짐에 따라 보통 더 많은 양의 에너지를 끌어당긴다. 매우 예민하고 경계하는 동물들은 처음에는 아주 적거나 알아차리기 힘든 에너지 흐름을 끌어당길 수도 있다. 대개 이것은 동물이 새로운 자극을 시험해 보는 것이고, 당신이 참고 계속해서 레이키를 한다면 다음번 힐링에서는 증가될 것이다.

동물들은 또한 힐링을 받아들이고 있는지 아닌지를 자신의 행동을 통해 알려준다. 당신의 동물이 힐링을 받아들이고 있다면 계속해서 눈을 맞추고 자기 몸을 당신 쪽으로 밀어, 옆이나 발아래 또는 다리에 기대어 눕거나 손 또는 입을 핥고 냄새를 맡는다. 그는 큰 한숨, 심호흡, 하품을 할 수도 있고 꾸벅꾸벅 졸거나 잠이 들 수도 있다. 때때로 작은 동물들은 당신의 손에 닿을 수 있다면 그 안에 포근히 자리 잡을 것이고 또는 바로 우리의 창살에 올라서서 당신의 손에 기댈 것이다.

심지어 어떤 동물들은 당신의 손 안에서 자기 몸을 움직여 레이키가 필요한 부분이 직접 손에 닿게 할 것이다. 어떤 동물들은 자신이 레이키 에너지를 받아들이고 있다는 아주 미묘한 신호를 보여줄 것이다. 간혹 가까이에 있는 동물들은 힐링 에너지를 자신들에게 끌어당길 것이다. 예를 들어, 때로는 보호소에서 힐링을 하는 중에 얼굴을 들어보면 시끄러운 소음에도 불구하고 힐링을 받기로 한 리시버뿐 아니라 근처 우리에 있는 모든 동물들이 잠이 든 것을 알게 될 것이다.

대부분의 힐링에서, 신호들을 조합해보면 동물이 어떻게 힐링을 받아들이는지에 대한 가장 좋은 힌트를 얻을 수 있다. 에너지 흐름을 인식하고 동물의 행동을 관찰함으로써 당신은 그 동물에게 힐링이 얼마나 편안하고 받아들일 만한지를 가늠할 수 있고, 필요하다면 그에게 가능한 최고의 힐링 경험을 하기 위해 조정할 수 있다.

예를 들어, 당신은 다른 개에게 공격받아 목과 어깨 부위에 심한 파열을 입어 긴급한 수의과 치료가 필요, 많이 사랑받고 잘 관리된 개를 힐링하고 있을 수도 있다. 그는 일어서지 못할지라도 꼬리를 흔들며 열렬히 당신을 맞이하고 힐링을 시작하자마자 감사히 큰 숨을 쉴 수도 있다. 그는 몸의 부상과 갑작스런 공격으로 인한 정서적 충격과 상처 둘 다를 힐링하기 위해 거의 즉시 많은 양의 에너지를 자신에게로 끌어당길 것이다. 5~10분 후에 그는 하품을 하고 머리를 아래로 내리고는 에너지가 그를 통해 자유롭게 흐르게 하고, 30분 동안 곤히 잠을 잘 수도 있다.

아주 다른 예로 과거 학대받은 많은 표시들이 있고, 직원에 대한 행동을 예측할 수 없는, 보호소에 최근에 들어온 개를 힐링해 달라고 부탁받은 일이 있었다. 이 개의 우리 바깥쪽에 앉아서 레이키를 할 때, 힐링의 첫 20분 동안 처음에는 에너지의 흐름을 거의 식별할 수 없었다. 그런 다음 약간 커지기를 몇 번 정도 했다.

그 사이 개는 눈 맞춤을 피하고 가끔씩 앞으로 걸어 나와, 당신 손에 대고 약간 킁킁거리다 그 옆을 지나쳐서 우리 뒤쪽으로 갔다. 당신이 있는 것에 대해 그가 동요하지 않는 한 계속해서 그에게 레이키를 하였다. 마침내 35분 후 그는 4피트 떨어진 곳으로 가서 가능한 가장 짧은 눈 맞춤을 하며 당신을 쳐다보고 누워 15분간 꾸벅꾸벅 졸았다. 이 시간 동안 에너지의 흐름은 증가하고 적절한 정도로 유지되었다. 차후의 힐링에서 이 개는 거의 처음부터 아주 많은 양의 에너지를 받고 더 빨리 안정된 상태로 접어들었다.

이 예는 당신이 직접적인 힐링을 계속할지 아니면 그 동물이 있는 곳에서 물러나 떨어져서 (18장 참조) 레벨 2를 할지에 대해 어떻게 결정할지 설명하는데 또한 유용하다. 그 개가 가끔 당신을 미묘하게 지나치며 손에 대고 킁킁거리는 것이 짧긴 했지만, 에너지의 흐름이 반복적으로 강해졌다면, 그 개가 그것을 테스트해 보고 그 효능에 대해 고려해보고 있는 것이다. 그러니 조용하고 끈기 있게 레이키 힐링을 계속하는 것이 괜찮을 것이다. 그러나 만약 개가 우리의 다른 쪽 끝으로 물러나, 레이키에 대한 어떤 관심의 표시도 없이 불안이 증가하며 에너지의 흐름이 아주 미미하거나 거의 식별할 수 없다면, 그의 앞에서 레이키 힐링을 그만두고 다른 날 다시 하거나 그가 없는 곳에서 레벨 2의 원격 레이키를 하는 것이 적절할 것이다.

때로 동물들은 (만약 직접 힐링을 받아들이지 않는다면) 레벨 2의 원격 레이키에 마음을 열기 전 직접적인 경험으로부터 진정되는 데 약간의 시간을 필요로 할 것이다. 드문 경우지만 동물이 레벨 2의 원격 힐링도 거부하는데, 그때 동물의 요구는 존중되어야 하고 어떤 힐링도 해서는 안 된다. 대신 당신은 그 동물의 상황에 대해서 원격 힐링을 보낼 수 있고 이것은 간접적인 방법으로 동물에게 효과적인 힐링을 제공할 것이다. 이 예에서 그의 요구가 존중되었기 때문에 나중에 이 개는 직접적인 힐링 또는 원격 힐링을 받는 것이 가능할 수 있다.

케이^{Kay}와 클라렌스^{Clarence}

내가 어떤 말에게 했던 힐링은 손을 두고 하는 레이키를 받아들일지 말지의 선택권을 동물에게 주는 것의 중요성을 나에게 가르쳐줬다. 이 특별한 말은 케이라는 이름의 아름다운 적갈색 암말이었다. 그는 힘든 과거를 보냈고 정서적 기억들을 푸는 것을 돕기 위해 레이키를 필요로 했다. 첫 힐링시 나는 마구간 안에서 그로부터 몇 발자국 떨어진 곳에서 힐링을 했다. 힐링이 끝날 때 쯤, 그는 코를 내 어깨에 가볍게 대고 가슴을 내 손 쪽으로 밀며 깊은 잠에 빠졌다.

하지만, 일주일 후 두 번째 힐링을 위해 마구간으로 다가갔을 때 그는 전처럼 나를 반기는 대신에 저 멀리 가장자리로 가서 나한테서 얼굴을 돌렸다. 나는 마구간 밖에 앉아서 힐링을 하기로 했다. 힐링을 시작했을 때, 나는 그에게 허락을 구했고 그는 나에게로 와서 주둥이를 내 손에 갖다 댔다. 그러고 나서 그는 머리를 아래로 내리고 긴장을 푼 채 다시 멀리 떨어진 벽 쪽으로 돌아갔다.

그때, 너무 독립적이어서 거의 소통하지 않았던 헛간 고양이 클라렌스가 내 무릎 위로 뛰어 오르려고 야옹거리면서 갑자기 내 발 앞에 나타났다. 나는 그를 부드럽게 무릎 위로 올렸고 그는 곧 가르랑거리며 발톱을 만지작거리기 시작했다. 그는 케이가 이따금씩 내 손을 만지려고 가까이 왔던 것에 반해 힐링을 하는 내내 크게 가르랑거리며 거기에 있었다. 힐링이 끝날 때쯤 케이는 자기 코를 클라렌스의 머리 바로 위에 놓고 서 있었고 우리는 모두 서로 가까워져 있었다. 그것은 가장 평화로운 경험이었고 거기서 나는 아름다운 힐링 에너지의 원 안에서 우리 셋을 연결시켜주는 레이키를 느꼈다.

– 캐서린

평화를 원했던 개

나의 레이키 경험 초기에, 개 한 마리가 단지 고요해짐으로써 레이키에 대한 그의 수용과 이해를 보여주었다. 타이거Tiger는 잔인성 때문에 집에서 버려진 18개월 된 독일 셰퍼드였다. 어린 강아지였을 때부터 그에게는 목걸이가 걸려 있었고 그것이 숨통을 조이며 살을 파고들었다. 그것은 수술로 제거되어야만 했고 내가 그를 만났을 때 그 흉터는 막 힐링되기 시작하고 있었다.

처음에 그에게 다가갔을 때, 그는 마치 강아지처럼 들뜨고 부주의하게 행동했다. 나는 그가 레이키에 마음을 열 것인지 궁금했다. 그가 내 주위에서 뛰어오르고 꼬물거릴 때 나는 손을 부드럽게 그의 몸에 두었다. 내가 그의 목 상처에 손을 갖다 두었을 때 손은 불처럼 달아올랐고, 그는 누군가가 리모컨으로 "일시정지" 버튼을 누르기라도 한 것처럼 머리는 내려오고 눈은 반쯤 감긴 채 완전히 조용해졌다. 나는 이 한 가지 포지션만으로 전체 힐링을 했다. 그의 행동의 완전한 반전에 나는 매우 놀랐고 그가 자기 질병 부위에 대한 전체 힐링을 받는 것에 마음을 연 것 또한 놀랐다. 나는 그 때 (그리고 지금도) 레이키가 몸의 상처뿐만 아니라 그의 마음까지도 힐링하면서 깊숙이까지 닿아 있었다고 믿는다.

— 캐서린

5장
손을 올려놓는 힐링

거의 모든 동물들은 첫 경험으로는 근거리 레이키 에너지를 더 좋아한다. 그러나 그 다음 번의 힐링에서 어떤 동물들은 힐링을 하는 동안 당신의 손 가까이로 오거나 손에 닿아 손을 올려놓는 접근을 요청하거나 더 좋아할 것이다. 게다가 손을 올려놓는 레이키를 받을지 근거리 레이키를 받을지에 대한 동물의 선호는 힐링 과정을 통해 종종 왔다 갔다 할 것이다. 가장 좋은 접근은 그 특정 힐링 중에 동물의 요구에 각 힐링을 맞추는 것이다. 물론 이것은 동물이 자신의 선호를 가늠하기 위해 보이는 바디랭귀지와 다른 신호들에 계속해서 면밀히 관심을 가져야 한다는 것을 의미한다.

당신의 동물이 손을 올려놓는 힐링을 원한다고 알려주는 몇 가지 방법이 있다. 그는 신체 일부를 당신의 손 아래 놓고 힐링하는 동안 계속 거기에 둘 수도 있고 또는 힐링하는 중 다른 때에 신체의 다른 부위가 손아래에 올 수 있도록 이따금씩 몸을 움직일 수도 있다. 어떤 때는 손을 동물에 직접 두고 해야 한다는 강한 직감이 들 때도 있다. 이런 경우 만약 동물이 손을 올려놓는 힐링을 받아들일 수 있다면 당신의 손아래에서 가만히 긴장을 풀고 있음으로써 이것을 보여줄 것이고 당신을 통해 동물에게로 전해지는 에너지의 흐름을 알아차릴 것이다. 또한 당신의 동물은 손을 올려놓는 힐링과 근거리 힐링의 병행을 원할 수도 있다. 그가 때로는 당신 손아래나 근처에 자세를 잡고 때로는 힐링 과정 중에 저 멀리 가 버리면서 힐링 주위를 자유롭게 돌아다닐 수도 있다. 많은 힐링들이 이런 모든 시나리오들의 조합으로 이루어진다.

레이키는 힐링을 가속화시킨다

해미쉬Hamish는 레이키를 인지할 뿐만 아니라 힐링을 더 빨리 할 수 있도록 적극적으로 힐링을 지휘했던 개다. 내가 해미쉬를 만났을 때, 그는 왼쪽 뒷다리가 잘린 3살 된 라사 압소 혼합견이었다. 그가 처음 보호소에 왔을 때 너무 심하게 다쳐서 그를 안락사 시키려고 했다. 하지만 끔찍한 고통에도 불구하고 그는 절대 물지 않았다. 그의 변함없는 다정함이 사람들을 굴복시켰고 그들은 그를 구해주기로 했다.

내 소개를 하고 허락을 구한 뒤에, 그는 엉덩이를 나에게로 향한 채 돌아섰다. 나는 그가 손을 올려놓는 레이키를 요구한다는 것을 깨달았다. 나는 절단해서 꿰맨 자국 근처의 왼쪽 엉덩이에 손을 올려놓고 힐링을 시작했다. 그는 곧 누웠고 나는 45분 가량 그를 힐링했다. 손은 아주 뜨거워졌고 그의 다리에 올려놓은 손에서는 심한 고통이 느껴졌으며 끊임없이 경련이 일었다. 힐링하는 내내 그는 이따금씩 크게 숨을 쉬며 가만히 누워서 깨어는 있었지만 완전히 축 처지고 이완이 되어 있었다. 힐링이 끝날 때쯤 그는 돌아서서 처음으로 나를 빤히 쳐다봤다. 그것은 분명 고마움이었다. 차후의 힐링들에서는 나를 보자마자 즉시 돌아서서 왼쪽 엉덩이를 내 손 쪽으로 밀어 넣고는 힐링을 위해 눕곤 했다.

얼마 후 나는 보호소의 자원봉사자 파티에서 나는 해미쉬에 대해 이야기하기 시작한 한 여성을 만났다. 그것은 그가 모든 사람이 좋아하는, 세 다리를 가진 그 보호소의 마스코트가 되었기 때문이었다. 그녀는 내가 그에게 레이키를 해 준 것에 대해서는 아무 것도 몰랐지만 그가 수술로 얼마나 빨리 치료되었는지와 그 놀라운 회복 기간에 대해 사람들이 어떻게 얘기하는지에 대해 나에게 이야기하기 시작했다. 분명 해미쉬는 내가 레이키를 하는 손 안으로 자신을 밀어붙임으로써 자기가 무엇을 하고 있는지를 정확히 알고 있었다.

– 캐서린

_____ 손을 올려놓는 힐링의 이점

당신의 동물이 손을 올려놓는 레이키를 더 좋아한다면 그것은 어떤 경우에는 근거리 레이키보다 유리하다. 가장 큰 장점은 동물의 몸에서 힐링이 필요한 부분에 대해 보통은 더 상세한 정보를 얻을 수 있다는 것이다. 당신은 어떤 부위에서 다른 부위보다 더 강한 에너지의 흐름을 느낄 수 있는데 이것은 이 부위가 힐링을 더 원하고 있다는 것을 알려준다.

이 정보는 힐링이 필요한 것에 대한 당신의 지식과 직관에 도움을 줄 수 있고, 그 동물이 자신의 동물이 아니라면 그 주인이 동물의 보살핌을 어떻게 계속해 나갈지를 결정하는데 도움이 될 수 있다. 이와 똑같은 상세 정보는 18, 19장에 상세히 설명한 것처럼 레벨 2의 원격 레이키와 함께 대리품을 사용함으로써 얻을 수도 있다.

손을 올려놓는 레이키를 통해 더 많은 상세 정보를 알 수 있지만, 동물이 편안해 하고 선호하는 힐링이 손을 올려놓는 것인지 거리를 두는 것인지에 있어서 항상 최우선적으로 고려되어야 한다. 만약 손을 올려놓는 레이키의 눈앞의 이점 때문에 이 고려사항을 무시한다면 동물과의 신뢰와 힐링 파트너십을 구축하는 장기적인 이익을 잃는 위험을 무릅써야 할 것이다.

힐링을 주도한 고양이

내 고양이 중의 하나인 엠마^{Emma}는 대개는 손을 올려놓는 힐링보다 근거리 레이키를 더 좋아한다. 그는 항상 매우 독립적이었고 유능하며 적극적이고 자기가 무엇을 원하는지에 대해 아주 분명했다. 한번은 상황이 아주 위급할 때가 있었는데 그는 레이키 힐링을 주도하고 자기 이익을 위해 그것들을 유도함으로써 이런 특성들을 보여주었다.

하루는 이웃의 고양이와 일상적인 영역분쟁이 있었는데, 엠마는 턱 아래 목 부분에 깊은 자창을 입게 되었다. 이것은 아주 빨리 감염이 되었고, 엄청난 종기를 만들었다. 그 종기는 목 바깥쪽 아래로 안전하게 흘러내리는 대신 침투성 감염을 일으키면서 쉽게 파열되어 몸속으로 흘러 들어가기 쉬운 치명적인 위치에 있었다. 그 종기는 항생제에도 잘 반응하지 않았고, 보통은 외향적인 엠마가 전혀 그러질 않았다. 그는 가장 멀리 있는 아래층 방의 침대 아래에서도 제일 먼 구석에 몸을 숨기고는 먹을 때만 나왔는데 그마저도 자주는 아니었다.

이 기간 동안 나는 하루에 몇 번씩 아래로 내려가 방에 같이 앉아서 침대 아래에서 레이키를 하였다. 그를 볼 수조차 없다는 사실에도 불구하고 나는 앉아서 그와 이야기하곤 했다. 어느 날 밤 그가 더 심해져서 정말 걱정이 되었을 때, 그는 갑자기 매우 결의에 차서 침대 밑에서 나왔다. 그는 내가 앉아 있는 쪽으로 걸어왔고 내 손 아래에 앉았다. 손아래에서 가끔씩 움직임으로써 그는 여러 자세를 통해 자기 몸의 한쪽 면 전부를 다 같이 커버할 수 있도록 아주 체계적으로 힐링을 유도했다. 그런 다음 몸을 돌려 다른

쪽 편도 똑같은 자세를 취했고 결국에는 머리를 내 손 사이에 밀어 넣고는 오랫동안 그대로 있었다. 힐링은 모두 합해서 약 1시간가량 계속되었다. 그 힐링 후에, 내가 방에 갈 때마다 그는 다가와서 똑같은 과정을 거치곤 했다. 그것은 마치 내가 인간에게 사용할 때 그가 본 핸드 포지션을 기억하고는 그것들을 자기 자신의 힐링을 위해 할 수 있는 한 철저히 적용하고 있는 것처럼 보였다.

다행히 상처는 바깥쪽에서 터졌고 고름이 빠지기 시작했다. 엠마는 곧 침대 밑에서 과감하게 나와 다시 집의 다른 부분들을 다니기 시작했다. 그가 레이키를 원할 때(최소한 매일)는 먹거나 밖에 나가고 싶을 때 그러는 것처럼 나에게 달려와서 야옹하고 울곤 했다. 나의 주의를 끌게 되면 아래층에 있는 이 힐링을 처음 시작했던 그 의자로 달려가서 자신만의 적극적인 방식으로 "지금 레이키를 해 주세요!"라고 말하는 것처럼 누웠다.

– 엘리자베스

_____ **손을 올려놓는 힐링의 핸드 포지션**

각각의 힐링은 각 동물의 요구와 기호에 맞추기 위해 조정되어야 하는데, 이것들은 대다수 동물들을 대표하지 않을 수도 있다. 우리는 각각의 동물에 맞는 힐링을 하기 위해서 우리의 레이키 경험으로부터 온 관찰을 포함시켰다. 동물의 지혜와 선호는 항상 힐링에서 최우선시 되어야 하고 그의 요구를 맞춰주기 위한 것처럼 보이면 이런 의견들에서 벗어나 자유로워야만 한다.

동물이 손을 올려놓는 힐링을 받기로 선택하면 대개 그는 힐링이 필요한 신체 부위를 당신 손에 제시할 것이다. 만약 어디에다 손을 놓았으면 좋겠는지 그가 가리키지 않으면 어깨 같은 중립적인 장소에 손을 두고 시작하면 된다. 대체로 당신의 직관과, 어디에 힐링 초점을 맞추면 좋은지에 대한 동물의 피드백에 주의를 집중하고 당신이 사용하는 포지션의 수와 순서에 대해서는 신경 쓰지 않는 것이 가장 좋다. 만약 양쪽 모두에게 편안하게 보이는 핸드 포지션을 찾아낸다면 전체 힐링 동안 그 위치에 머무는 것이 대개는 가장 좋다. 일단 동물이 당신의 손아래에 자리 잡으면 포지션을 바꾸는 것은 보통 힐링을 방해하고 동물을 동요하게 만들 수 있다. 설령 동물이 전체 힐링 동안 하나의 포지션만 받아들인다 할지라도 레이키는 동물을 힐링하기 위해 그가 가장 원하는 방법으로 어느 곳이 가장 힐링이 필요한 지 찾아갈 것이다. 경험상 하나의 포지션으로만 힐링할 때 가장 좋다.

사람에 대한 힐링은 전통적으로 머리에서 아래쪽으로 몸통까지 이동하는 핸드포지션으로 시작하지만 동물에게 머리에 하는 핸드 포지션은 보통은 편안하지 않다는 것을 알게 되었다. 어떤 동물은 그들이 레이키 에너지에 익숙하게 된 후 힐링이 끝날 때가 되어서야 머리에 손을 얹는 것을 받아들일 것이다. 대개는 동물이 자기 머리를 당신의 손으로 들이밀거나 자기가 원한다는 것을 다른 방식으로 알려줄 때만 손을 놓는 것이 더 좋다. 동물들은 보통 머리에 레이키를 원할 때 당신 손 가까이에 1~2피트 정도 떨어져서 눕는데 이것이 그들에게는 더 편한 듯 보인다. 우리는 한 손은 동물의 가슴에 두고 다른 손은 어깨에서 등의 중간에 두는 것이 많은 동물들이 좋아하는 핸드 포지션이라는 것을 알게 되었다. 이것은 또한 가슴에 집중할 수 있는 좋은 포지션인데 대개 정서적 힐링의 중심이 되는 것 같다.

때로는 사람에 대한 힐링과 유사한 핸드포지션의 절차를 통해 진행할 수 있지만, 보통 관절염에 걸린 엉덩이, 오래된 골절 부위 등과 같이 특히 힐링이 필요한 부위는 아주 민감할 것이고, 그 부위에 직접적으로 닿는 레이키의 느낌은 동물에게는 너무나 강렬할 것이다. 이것은 다친 뼈나 관절에서 특히 그러하다. 이런 경우, 영향을 받은 부위 위쪽의 주요 관절에 손을 놓으면 동물이 더 받아들이기 쉽고 편안해할 것이다.

예를 들어, 엉덩이 형성장애(엉덩이 관절이 잘 맞물리지 않는 유전적인 질병)가 있는 개의 경우 보통 손을 어깨에 놓거나 살짝 위에 두는 것이 적당하다. 뒷다리 관절염이 있는 말의 경우는 아픈 다리 위의 척추에 손을 놓거나 그 근처에 두면 좋다. 그에 반해, 동물은 대개 힐링이 필요한 근육, 기관이나 조직에 직접 손을 놓는 것은 받아들이고 이런 경우 레이키의 자극은 보통 부드러운 것 같다.

많이 아픈 동물이나 고통이 심한 동물은 고통스럽거나 불편한 부위로부터 조금 떨어진 곳에만 손을 올려놓게 할 수도 있다. 예를 들어, 복통(소화관의 장애)이 있는 말은 복부에 손을 놓는 것을 원하지 않을 수도 있지만 목이나 어깨에 손을 놓는 것은 받아들이고 인정할 수도 있다. 앞다리에 심한 파열이 있는 동물은 그 부상 부위에 손을 놓는 것을 원하지 않을 수도 있지만 엉덩이에 손을 놓으면 긴장을 풀고 잠에 빠질 것이다.

동물들을 힐링하는 데는 융통성이 중요하다. 각 동물과 각 힐링에 어떤 것이 가장 효과적인지 알아보는 실험을 두려워해서는 안 된다. 때로는 동물이 손을 올려놓는 레이키를 원하고 받아들이지만 자기 몸에 가만히 움직이지 않고 있는 당신의 두 손은 불편하게 느낄 것이다. 이런 경우 같으면 힐링을 하기 위해 한 손을 한 포지션에 그대로 두고 있을 때 다른 손으로 동물을 쓰다듬으면 대개는 훨씬 더 받아들이기 쉽다. 그렇지 않으면, 손바닥을 동물에게 두고 손가락으로 가볍게 긁어주며 어루만지거나 문질러주면 보통 받아들이기 쉽다. 때로는 일부 또는 모든 힐링에서 손을 동물의 몸으로부터 5~10인치 떨어뜨려 놓는 것을 더 좋아할 것이다.

고아

몇 년 전 한 회의에서, 지역 보호소를 위해 고아가 된 고양이를 키우는 한 여성이 있었다. 그녀는 몇몇은 잘 자라지 못하고 생존도 불확실했기 때문에 여러 마리의 갓 태어난 어린 고양이를 힐링해 달라고 우리에게 데려왔다. 그녀는 특히 가장 작은 고양이에게 신경을 썼는데 그는 잘 먹지도 못하고 아주 허약했다. 나는 수건에 싸여있는 어린 고양이들을 손으로 조금 감싸 쥐어 무릎에 올려놓았다. 가장 약한 고양이는 내 쪽으로 몸을 약간 움직여 힐링 내내 거기에 있으면서 자기 몸을 내 손의 굴곡에 맞추었다. 그 주가 끝날 때쯤 고양이들이 어떤지 알아보려고 그 여성에게 전화를 했을 때, 그녀는 모두 잘 먹고 체중도 늘었으며 살 수 있을 것 같다고 전해주었다.

– 엘리자베스

그랜트^{Grant}가 삶에서 자기 길을 찾다

그랜트는 크고 잘 생긴 16개월 된 골든 래브라도였다. 그는 맹인들을 위한 안내견이 될 거라는 생각으로 삶을 시작했지만 한 살 쯤 되었을 때 그런 삶에 적합하지 않다는 결정이 내려졌다. 내가 그를 만났을 때 그랜트는 아주 불안하고 과도하게 경계하며 끊임없이 움직였다. 그는 집중시간이 짧았고 자기 주위에 있는 사람들의 손과 팔을 포함해서 모든 것에 입을 대려는 욕구를 그만두지 않았다. 그는 쉽게 흥분했고 흥분을 하면 너무 심하게 입을 대서 누군가를 다치게 하곤 했다. 그는 공격적이진 않았지만 흥분상태에서는 가끔씩 넋을 잃곤 했다.

그의 조련사 매디^{Maddie}는 그에게 정성을 다했고 그에게 맞는 가정이나 환경을 찾아주는 데 전념을 다했다. 그에게 도움을 주는 것은 너무 힘들었고 그 때까지 예상했던 것보다 진행이 너무 더디었기 때문에 그녀는 시범 힐링 대상으로 그를 선택했다. 우리는 조용한 방을 찾아서 그랜트에게 그가 원하는 에너지만 받아들이라고 하면서 손을 뻗어 에너지가 흐르게 했다.

처음에 그랜트는 습관적인 불안과 동요로 방을 돌아다녔다. 그는 우리에게 돌아와서 잠시 우리 손 근처에 자리 잡다가 방을 돌아다니며 장난감으로 쓰일만한 무언가를 찾으러 가 버리곤 했다. 10~15분 후 우리발 아래로 와서 그는 머리를 내 손 바로 아래에 둔 채 드러누웠다. 그는 곧 크게 숨을 쉬고는 잠이 들었다. 그는 그 뒤로 30분 정도 더, 힐링의 나머지 시간동안 거기에 있었다. 그런 다음 일어나서는 내 눈을 응시하고 내 손을 부드럽게 핥고는 전보다는 불안과 동요가 상당히 줄어든 채 다시 방을 여기저기 돌아다니기 시작했다.

매디는 그녀가 사용했던 다른 훈련기술과 함께 그에게 몇 달 동안 정기적인 레이키 힐링을 해 주었고, 다음에 봤을 때 그는 진정되고 조용하며 조심스런 다른 개로 변해 있었다.

– 엘리자베스

무엇 때문에 아픈지 테스^{Tess}가 나에게 알려주다

테스라는 이름의 아름다운 흰색 조랑말 의뢰인이 있었다. 힐링을 시작했을 때, 나는 테스에게 내 소개를 하고 그의 허락을 얻어 레이키를 하게 될 거라고 설명했다. 이번이 첫 번째 힐링이었고 새로운 에너지 자극으로 놀라게 하고 싶지 않았기 때문에 나는 몇 피트 떨어져서 섰다. 몇 분 후 그는 내 손으로 다가와서 킁킁대기 시작했다. 그가 에너지를 느끼고 그것에 대해 매우 호기심을 가졌음이 분명했다.

그가 계속 나에게 가까이 서 있었기 때문에 나는 그의 절뚝거리는 질병과 관계있을 지도 모를 어떤 에너지의 변화를 내 손에 느낄 수 있는지 알아보기

위해 그 몸의 여러 부위에 손을 올려놓는 포지션을 시도해봤다. 손을 어깨에
댔을 때 그 고통에 대해 나와 공유하고 싶은 무엇인가가 있는지 내가 귀 기울
여 듣고 있다고 그에게 말했다. 어깨에서부터 등을 따라 내려와 엉덩이와 다
리 쪽으로 손을 움직이자 그는 매우 조용해졌다. 그런 다음 나는 오른쪽 앞다
리의 무릎 쪽으로 움직였다. 이 자세를 취했을 때 손에서는 열이 올랐다. 동시
에 테스는 앞다리를 공중에 들어 잠시 그대로 있었다. 그가 다시 발굽을 땅에
내려놓았을 때 그는 주둥이로 무릎을 밀었고 그런 다음엔 내 손을 밀고 다시
자기 무릎을 밀고 했다. 레이키가 문제 부위를 찾아낸 것이다.

나는 이 한 포지션에 20분을 썼고 그의 머리는 거의 땅에 닿아 잠이 들었
다. 다른 편으로 움직이자 그는 무릎 부위에 약간 반응을 했지만 덜 강했다.
그가 이완된 상태에서 깨어나 힐링을 끝내며 내 손에서 멀어져갔다. 마구간
에서 조금 휴식을 취하며 반복적으로 레이키 힐링을 받으면서 그는 빨리 회
복되었다.

– 캐서린

센다드^{Senedad}가 레이키를 요청하다

나의 말 중 하나인 센다
드라는 이름의 아름다운 아
라비아 암말은 레이키가 필
요하다고 느낄 때면 나한테
레이키를 요청했다. 처음에
그의 주인이 되었을 때, 나
는 그에게 가능한 빨리 치료
해야 할 많은 치과상의 문제
가 있다는 걸 알았다. 치과의
사는 이를 두 개 뽑아야 했고

다른 작업도 해야만 했다. 유감스럽게도 센다드는 치과 치료를 하고 나서 잠시 동안 그 전보다 훨씬 더 불편했다.

레이키는 이 시기를 통해 그에게 몸과 영혼에 위안과 힐링을 주는 구명정과도 같아 보였다. 이 불편한 시기동안 그는 자주 레이키를 청했다. 내가 그의 턱에 손을 올려놓고 있는 동안 그는 머리를 내 가슴에 기대어 쉬곤 했고 레이키를 하고 있는 내내 턱을 내 손에 대고 머리를 무릎에 놓은 채 마구간 안에서 누워 있곤 했다. 우리 둘은 레이키로 인해 그가 이 힘든 시기를 헤쳐 나갈 수 있게 되어서 기뻤다.

– 엘리자베스

_____ **언제 근거리 레이키를 사용해야 하는가**

동물들은 힐링 중에 당신 손으로 들어오고 떨어지고 할 것이다. 만약 당신의 동물이 떨어진다면 당신은 서거나 앉아서 레이키를 하기 위해 힐링 장소에서 몇 발자국 떨어진 장소를 찾을 수 있다. 동물은 다시 돌아와 조금 떨어져서 있거나 힐링 내내 왔다 갔다 할지도 모른다. 그가 바로 당신 손 아래에 있든 조금 떨어져 있든 간에 그는 필요한 힐링을 받을 것이다.

6장
힐링 중의 통찰력

    동물들에게 힐링을 하는 과정에서 당신은 힐링이 필요한 것에 대한 통찰력을 가질 것이고 이 통찰력은 다양한 형태를 띤다. 그것들은 힐링 중에 느껴지는 육체적 자극의 형태로 올 수도 있고 힐링 중에 동물들에 의해 전달되는 정서적 정보의 형태가 될 수도 있다. 다양한 통찰력의 형태는 단지 동물에게 필요한 힐링에 관해 당신에게 다양한 방법으로 설명을 해 줄 뿐이다. 보통은 레이키의 지혜가 힐링을 가장 필요한 문제로 인도하기 때문에 당신이 받은 정보에 대해 따로 무엇인가를 할 필요는 없다. 하지만 어떤 때는 통찰력이 힐링을 더 빨리 할 수 있도록 도와주거나 힐링의 범위를 확장시켜주는 조치를 알려줄 것이다.

___ 육체적 자극의 의미

앞 장에서 설명했듯이
손을 놓거나 대리물을 이용
해 (19장 참조) 떨어져서 레이
키 힐링을 할 때 힐링하고
있는 신체 부위에 대한 상
세 정보를 얻을 수 있다. 특

히 손, 팔 또는 신체 다른 부위에서 증가된 에너지의 흐름 또는 (열, 맥
박 또는 얼얼함과 같은) 육체적 자극을 느낄 수도 있다. 이런 증가된 흐름
은 일반적으로 손 아래에 있는 부위가 힐링이 아주 필요하다는 것을
뜻한다. 신체 일부에서의 냉기는 또한 그 부분에 힐링이 많이 필요하
다는 의미일 수 있다. 가끔씩 힐링 도중 손, 팔 또는 신체 다른 부위에
서 고통이나 통증을 일시적으로 느낄 수도 있다. 냉기나 열기와 같은
이런 자극은 보통 그때 동물에게 힐링하고 있는 그 부위가 힐링이 가
장 필요하다는 뜻이다. 이런 통증은 당신의 것이 아니라서 힐링이 끝
나면 즉시 사라질 것이다.

손을 올려놓는 힐링을 할 때에는 다른 포지션으로 옮기기 전에, 증
가한 자극이 가라앉기 시작할 때까지 그 자극을 느낀 포지션을 유지하
도록 하라. 만약 일련의 포지션으로 옮겨 가게 되면, 어떤 부위는 다른

부위보다 힐링이 더 필요하다는 것을 보여준다는 점을 알게 될 것이다. 그러나 레이키에 대해 많이 친밀한 건강한 존재가 또한 많은 양의 에너지를 흡수할 수 있기 때문에 아주 많은 양의 에너지 흡수가 꼭 치명적인 질병이나 부상이 있다는 것을 의미하지는 않는다는 점을 명심하라. 만약 그 동물이 자신의 반려동물이 아니라면 항상 당신이 받은 육체적 정보를 동물의 외모와 행동, 상황에 대한 당신의 직관, 그리고 동물의 주인으로부터 받은 정보 같은 다른 요인들에 비추어 판단해야 한다.

마찬가지로 근거리에서 힐링을 하고 있다면 힐링의 과정 동안에 당신의 몸과 신체 다른 부위를 통해 흐르는 에너지가 증가하고 감소하는 것을 느낄 수 있을 것이다. 힐링이 많이 필요한 동물과 작업할 때는 에너지의 흐름이 처음에는 아주 강할 것이다. 이것은 동물이 인간과의 관계에서 주로 긍정적인 경험을 갖고 있고 비교적 사람을 믿으며 레이키 에너지의 새로운 자극에 즉각적으로 열려있는 경우에 특히 그러하다. 또는 동물이 에너지를 테스트 한다면 낮은 수준에서 시작해서 에너지와 친밀하게 될 것이다. 그것은 일반적으로 힐링을 하면서 동물이 편안해지고 힐링에 자리 잡으며 좀 더 자신 있게 에너지를 흡수하기 시작함에 따라 나중에 더 강해진다. 때로는 에너지에 대한 높은 수준의 편안함은 다음 힐링때까지 일어나지 않는다. 근거리 힐링에서 어떤 때는 마치 손을 올려놓는 힐링을 하는 것처럼 에너지가 동물 신체의 다양한 부위에 대해 일련의 포지션으로 가는 것을 시각화한다. 이렇게 함으로써 손을 올려놓는 힐링을 통해 얻을 수 있는 것과 유사한 수준의 상세 정보를 얻을 수 있다.

메이May와 잭Jack

메이와 잭은 세 살 된 남매 고양이였다. 한 이웃이 오가는 사람이 아무도 없다는 것을 알고 지역 동물 보호소에 전화를 하기 전까지 그들은 2주 동안 아파트에 홀로 남겨져 있었다. 그들은 화장실에서 물을 마셨지만 음식은 하나도 먹지 못해서 매우 야위었다. 메이와 잭 둘 다 사람에게 깜짝 놀랐고 누군가 가까이에 있으면 움츠러들었는데 메이는 특히 겁을 먹었다. 그들이 우리 뒤쪽에 누워있을 때 잭은 최선을 다해 메이를 위험으로부터 보호하려고 하는 것처럼 그 주위를 몸으로 감쌌다.

나는 그들에게 근거리에서 몇 번 레이키 힐링을 했다. 매번 힐링을 할 때마다 부드러운 쿠션이 놓인 창가 의자가 있는 구석자리에 햇빛이 비치는 창과 그 옆의 벽에 비치는 햇빛의 이미지가 머릿속에 떠올랐다. 나는 항상 출입구에서 방을 가로질러 그것을 보는 것 같았다. 그 이미지는 평화로운 느낌, 그런 다음엔 열망의 기분과 함께 수반되었다. 각자의 힐링을 위해 그들에게 레이키를 할 때마다 그들에게 좋은 가정이 생기기를 바라는 마음에 그들의 상황에 대해서도 레이키를 보내곤 했다.

2주 후, 한 남자가 자기의 두 고양이를 찾으러 보호소에 왔다. 그는 출장을 가 있는 동안 믿을만하다고 생각한 사람에게 고양이를 맡겼는데 돌아왔을 때 돌보는 사람도 고양이도 없어져서 깜짝 놀랐다. 그와 메이, 잭은 서로 만나게 되어 너무나 기뻤고 그들이 떠났을 때 나는 그들이 구석에 있는 부드럽고 햇살 가득한 창가의 집으로 가기를 바라고 있다는 걸 알았다.

— 엘리자베스

정서들의 폭풍

프래니Franny를 만났을 때 그녀는 몇 주째 보호소에 있었다. 그녀는 아마도 대부분의 생을 바깥에서 떠돌이로 살았다가 끌려온 어린 고양이였다. 보호소에 도착했을 때 그녀는 임신이 한창 진행된 상태였다. "고양이 시즌"이었고 보호소에는 자리가 모자랐기 때문에 프래니의 고양이들은 낙태되었다.

보호소에 도착했을 때 그녀는 수줍어하고 경계심이 있었지만 경험이 많은 자원봉사자가 다룰 수 있게 되었다. 새끼 고양이들을 잃은 후에는, 아무도 프래니를 건드릴 수 없었다. 그녀는 아주 낙담했고 거의 먹거나 움직이지 않았다. 그녀는 사람과는 아무것도 하고 싶지 않아했다. 직원이 그녀의 심한 우울증을 힐링해 달라고 부탁했다.

나는 프래니의 우리 옆에 앉아 조용히 이야기하고 원하는 만큼의 에너지만 받아들이라고 말하면서 레이키를 했다. 처음에는 레이키의 흐름이 너무 가늘고 약해서 그녀가 힐링을 거절할 것이라고 생각했다. 하지만 결국에 그녀는 엄청난 에너지를 끌어당겼다. 프래니는 일주일 내내 내 마음속에 자리 잡았고 나는 그녀의 상실감을 강하게 느꼈다.

일주일 후 손을 뻗어 에너지가 흐르게 했을 때 나는 거의 정서들의 폭풍에 휩쓸렸다. 나는 강풍이 부는 것을 거의 느낌으로 감지할 수 있었고 그것이 야자수를 거의 땅에 닿게 휘어지게 하는 것을 볼 수 있었다. 나는 빛의 깜빡거림을 여기저기서 볼 수 있었고 그것은 전기폭풍을 생각나게 했다. 나는 이것이 프래니로부터 나오고 있다는 것을 알았고 그녀가 정서적 폭풍을 나에게 맡기는 좋은 징조로 받아들였다. 나는 그 폭풍과 함께 했고 그것이 점차 중형 허리케인으로, 다음엔 강한 폭풍으로, 다음엔 바람 많이 부는 날, 다음엔 산들바람 부는 날, 그리고 결국엔 해변에서 해안에 파도가 부딪치고 따뜻한 태양이 내리쬐는 잔잔한 날이 되는 것을 마음속에 그렸다. 마지막 이미지에 이르렀을 때, 나는 프래니가 많은 정서를 터뜨리고 표출한다는 것을 느꼈다. 나는 나의 종족들이 그녀의 새끼 고양이들에게 했던 일에 대해 그들을 대신해서 진심으로 사과했다.

힐링이 끝날 때쯤 희망적인 부분이 있다는 것을 느끼고 직원에게 이야기했다. 그들은 프래니를 그녀의 우리 밖으로 데리고 나오려고 시도했다. 그녀가 쉽게 나와서 가르랑거리고 드러누워 뒹굴며 처음으로 솔질을 하게 허용해 주고 대체로 아주 사랑스럽게 대하자 놀라워했다. 다음번의 힐링에서 불꽃, 소동 그리고 1분여의 바람의 이미지를 느꼈지만 "폭풍"의 지속적인 강렬함 같은 것은 아니었다.

– 엘리자베스

_____ **정서적 정보**

힐링을 하는 동안 당신은 또한 이전의 상실감 또는 트라우마의 경험을 포함해서 그 동물과 관련된 문제들에 관한 시각적 이미지, 생각 또는 느낌을 갖게 될 수도 있다. 이런 이미지, 생각 또는 느낌들은 보통 힐링을 하기 위해 동물이 무엇을 필요로 하는지와 관련되어 있다. 당신은 이따금씩 동물이 느끼고 있는 것이나 그가 과거에 한 때 느꼈던 것을 느낄 수도 있다. 이런 경험들이 처음에는 때로는 너무 강렬하고 당황스러울 수도 있다. 그런 느낌들이 당신의 것이 아니라는 것을 기억하는 것이 도움이 될 것이다. 그것들은 단지 동물로부터의 정보일 뿐이고 힐링이 끝나면 사라질 것이다.

캐서린이 힐링 중에 받은 가장 강렬한 정서 중의 하나는 공격성 문제를 가진 개로부터 받은 것이었다. 그녀는 그의 옆 바닥에 앉아서 레이키를 하기 시작했다. 그는 캐서린에게 기대어 크게 숨을 쉬었다. 약 20분이 지나서 아주 잠시 캐서린은 머리가 빙빙 돌고 가슴이 찢기는 것 같은 기분이 들었다. 그녀는 그 개가 이것을 자기와 함께 나눈 것을 이제 알았고 감사를 표했다. 그는 곧 일어나서 다른 쪽을 향해 얼굴을 돌리고 멀리 가버렸다. 그는 힐링을 마쳤다.

캐서린은 자기의 경험에 대해 사람들에게 말했다. 그들은 어떻게 그를 데리고 오게 되었는지 그녀에게 말해주었다. 그들은 심한 학대로 인해 머리에 상처를 입은 그를 거리에서 발견했다. 그는 회복한 듯 보였지만 가끔씩 아무 이유 없이 애정과 유순함에서 난폭함으로 바뀌는 정신분열을 겪고 있었다. 이 상처의 기억이 바로 그녀가 힐링하는 동안 경험했던 것이라는 점을 그녀는 알게 되었다.

힐링이 끝난 후 캐서린은 힐링 과정에 도움을 주기 위해 몇 번의 원격 힐링을 보냈다. 그를 관리하던 사람들은 레이키 힐링 후 그의 행동의 즉각적인 개선에 놀랐다. 그는 바뀌었다. 그 후 몇 주 동안, 그는 자신의 공격성이 되돌아오는 것을 막기 위해 매일 레이키 힐링이 필요했다.

특히 초기에는 동물의 의사와 당신의 바람, 선입견, 예상을 구별하는 것이 어려울 수 있다. 우리 모두는 힐러로서 그것들이 우리가 동물에게 하는 힐링과 그들로부터 받는 정보에 영향을 미치시 않도록, 자신의 느낌과 문제를 알아차리려고 최선을 다해야 한다. 동물들은 민감한 본성이 있기 때문에 우리의 정서 상태에 의해 압박감을 받고, 산만해지며 압도당할 수도 있다. 그런 느낌들은 우리가 제공하는 레이키 힐링을 거부하게 만들지도 모른다. 또한 그 동물들에게 실제 일어나고 있는 일에 대한 오해를 불러일으키면서 우리가 자신의 정서적 저항과 문제들을 동물들에게 투사시킬 수도 있다.

이것이 바로 자기 힐링과 다른 사람들로부터 힐링을 받는 것이 레이키 힐러로서의 우리의 성장과 발전에 중요한 이유이다. 우리 자신의 힐링은 더 깊이 힐링할 수 있도록 도와주고, 레이키 에너지의 전달자로서 가능한 더 명확하고 마음을 열 수 있게 해 준다. 우리가 자신을 힐링할 때 에너지는 동물들의 최대의 이익을 위해 가능한 한 강하고 확실하게 우리를 통해 흐를 수 있다.

개를 무서워한 고양이

보호소에서 어느 날 나는 아주 불안해하는 어린 점박이 고양이에게 안내되었다. 직원인 케이티^{Katie}는, 그가 너무 신경과민이라 손도 댈 수 없기 때문에 아무도 그를 입양하고 싶어 하지 않을까봐 걱정을 했다. 그녀는 레이키가 그를 위해 무엇인가를 해 줄 수 있을지 궁금해 했다.

나는 그의 우리 옆에 서서 그에게 레이키를 하였다. 나는 곧 목줄을 한 개가 "위험", "개"라는 단어들과 함께 고양이 건물 문을 통해 들어오고 있는 그림을 얻었다. 나는 또한 그 고양이가 안간힘을 쓰면서, 불안해하고 두려워하며 고양이 구역의 뒤쪽 방을 들여다보려고 하는 것을 알아냈다. 나는 케이티에게 개가 고양이 건물에 들어온 적이 있는지 물었다. 그녀는 절대 그런 일이 있을 수 없다고 말했지만 나의 느낌은 계속되었다.

고양이를 위해 자기가 할 수 있는 일이 없느냐고 케이티가 물었을 때, 가능한 자주 그에게 그곳은 안전하며 개는 절대 고양이 구역에 올 수 없다고 말해달라고 부탁했다. 그를 뒤쪽 방에 데리고 가서 거기에 무엇이 있는지 보게 해 주는 것도 도움이 될 거라고 말했다. 그녀는 그가 우리로 돌아왔을 때 가그렁거리며 그녀의 팔에 자리 잡아 조용히 앉자 놀랐다.

그날 늦게 나는 그 고양이가 여전히 조용하고 다정하다고 말하는 케이티의 전화 메시지를 받았다. 그녀는 얼마 전 고양이가 도착한 바로 직후에, 규칙을 잘 모르는 한 신입 자원봉사자가 고양이 빌딩에 실제 개를 데리고 갔었다는 것을 알게 되었다. 힐링을 하고 뒤쪽 방을 둘러본 후 고양이는 조용하고 다정하며 다루기 쉬웠으며 며칠 내에 쉽게 새로운 가정을 찾았다.

– 엘리자베스

보슬리^{Bosley}의 지혜

보슬리는 뉴욕에 사는 아주 똑똑해 보이는 흰색 고양이로 나는 그에게 원격 레이키 힐링을 보냈다. 그의 아래쪽 턱은 암이 진행된 상태였고 그에게 헌신적인 주인 마크^{Mark}는 그의 마지막 남은 시간을 가능한 한 편안하게 지내도록 도와주기 위해 자신이 해 줄 수 있는 모든 것을 해 주고 싶어 했다.

첫 번째 레이키 힐링은 보슬리에게 많은 도움이 되었나. 마크는 그기 그 후에 훨씬 더 예전의 모습처럼 되었으며 더 편안해 보였다고 말했다. 보슬리가 다시 힘들어 하게 되었을 때, 그는 다시 힐링을 보내 달라고 부탁했다. 이번에는 아주 깊은 명상의 상태에 있을 때, 갑자기 아주 역겨워졌다. 나는 이것이 그가 받고 있는 약물 치료 때문이라는 직감을 함께 받았다. 나는 그 정보를 준 것에 대해 보슬리에게 감사했다.

마크에게 이야기를 해 보고는 나는 그가 지난주에 몇 번씩 토했고 아주 약간의 한의학과 대체의학요법을 받고 있었다는 것을 알게 되었다. 마크는 수의사와 동종요법의사와 상의한 후 보슬리를 편안하게 해 주는 데 도움이 되는 것들을 제외한 모든 약물 치료를 끊었다. 다음번에 내가 힐링을 보냈을 때, 그는 평화롭고 편안해 보였고 마크는 그가 더 활발하며 삶을 더 즐기고 있다고 말해주었다.

– 엘리자베스

문에 서 있는 암사슴

우리 집이 나에게 매력적이었던 가장 첫 번째 요인은 그것이 언덕으로부터 내려와 샌프란시스코만으로 가는 그린벨트 지역까지 올라가 있었다는 점이다. 우리 집 뒤에는 다양한 야생동물들의 천국인 미개발 구획이 있었다. 나는 종종 사슴이 지나가거나 거기 서서 쉬고 있는 것을 보았다. 우리 교외 지역에서의 그들의 삶이 힘들다는 것을 알았기 때문에 그들이 밖에 있는 것을 보면 할 수 있을 때마다 몇 분 정도씩 창문에서 레이키를 보냈다.

어느 이른 아침, 내가 이렇게 한 지 1년 정도 되었을 때 남편이 놀라고 흥분해서 갑자기 침실로 뛰어 들어왔다. 우리 개 조를 산책 시키기 위해 밖에 데리고 나가려고 할 때마다 그는 현관문 바로 앞에 서있는 암사슴에 의해 공격을 당했다. 나는 믿을 수가 없어서 앞 창문으로 가서 내다보았다. 정말로 거기에는 불안해 보이는 암사슴이 눈을 크게 뜨고 코를 벌름거리며 서 있었다.

그녀를 쳐다보자 "아기"라는 단어가 머릿속에 떠올랐다. 처음에는 그녀가 임신을 했고 출산이 임박했다고 생각했다. 나는 그녀에게 괜찮다고, 해치거나 방해할 사람은 없으며 안전하다고 말해 주었다. 그녀는 분명히 긴장을 풀었고 그녀가 그렇게 하자 작고 웅크려 있는 것의 흐릿한 이미지가 떠올랐다. 나는 앞뜰을 둘러보다가 조금 떨어진 곳의 나뭇조각 위에 누워있는, 아직 웅크리고 있고 양수로 덮여있는 새끼 사슴을 발견했다. 우리는 암사슴과 그 새끼사슴을 방해하지 않고 내버려뒀고 남편과 개는 뒷문으로 나갔다. 나는 이런 생각과 이미지가 암사슴으로부터 나온 것을 알았고 이런 영광스러운 생물체와 함께 한 간단한 소통에 아주 흥분했다. 그날 늦게 나는 그들의 안전과 전반적인 행복에 대해 암사슴과 그녀의 새끼에게 레이키를 보냈다.

다음 날 아침, 나는 우리가 또다시 맞닥뜨릴지 알아보기 위해 위험을 무릅쓰고 밖으로 나가보았다. 나는 어떤 때는 나지막이 그녀를 부르고 또 어떤 때는 마음속으로 불러보면서 집 주위를 돌아다녔다. 잠시 후 포기하고 인도로 갑자기 돌아섰을 때, 나는 거의 암사슴과 부딪칠 뻔했다. 그녀는 내 목소리를 듣고 바로 내 뒤에 서 있었던 것이다! 우리는 서로에게 엄청나게 놀랐고 그녀는 길 반대편으로 뛰어갔다. 우리는 오랫동안 서로 쳐다보며 서 있었다. 우리 사이에는 아무런 낱말이나 이미지가 스쳐가진 않았지만 생기 넘치는 에너지와 사랑의 느낌이 우리를 연결해주었다. 나는 우리 둘이 우리 종족들 사이의 관계에 대해 재평기하고 우리 사이에 유대가 생기고 있는 것을 느꼈다.

이 만남이 내가 동물들과 교감하고 있다고 분명히 느낀 첫 경험이었고 나는 계속해서 이 능력을 충분히 발전시켰다. 나는 그 암사슴이 우리 집으로부터 자주 나오는 레이키의 힐링 에너지를 느꼈기 때문에 출산을 위해 우리 집 앞뜰을 선택했다고 지금까지 생각하고 있다. 그뿐 아니라 레이키가 동물과의 의사소통이 일어날 수 있도록 평온한 내면의 상태에 있는 법을 배우게 해주고 "에너지의 언어"를 알게 해준다고 믿는다.

－ 엘리자베스

_____ **직관과 의사소통**

당신의 동물들에게 레이키를 사용할 때 시간이 갈수록 보통 직관은 때로는 급격히 깊어지고, 당신은 동물로부터 특히 힐링에 관한 더 많은 정보를 얻을 수 있게 된다. 동물이 자기의 마음 상태 또는 이전의 삶의 역경에 대한 정보를 공유하게 되면 그것은 당신이 이 지식을 위임받았다는 신뢰와 대단한 영예의 표시이다. 이런 정보를 당신과 공유할 수 있다는 것은 보통 정서적이고 정신적인 힐링을 가속화시키고 그가 자신의 삶을 살아가도록 도와주면서 당신의 동물이 이런 느낌과 기억들을 풀어놓기 시작하게 만들어준다.

게다가 당신의 동물이 이런 유형의 정보를 공유할 때, 그것은 당신이 그와 힐링 파트너십을 구축하는 대단한 일을 하고 있다는 것을 보여준다. 이것이 바로 우리가 사람들에게 그들의 동물과 힐링 관계를 수립하는 데 힘을 쏟으라고 권하는 주요 이유 중 하나이다. 동물에게 가능한 많은 선택과 이동에 대해 자유를 줌으로써 그리고 그의 바람과 관심사에 대해 들어주고 존중해 줌으로써, 당신은 다른 많은 사람들이 여태껏 관심을 두지 않았던 수준에서 그의 문제를 들어주고 이해할 수 있는 사람이라는 것을 그에게 알려주게 된다. 당신의 동물은 전에는 받을 수 없었던 종류의 도움을 당신이 줄 수 있다는 것을 이해하기 시작한다. 더 나아가 그는 자신의 자주성을 포기하거나 스트레스 또는 불편함을 겪지 않고도 이런 도움을 받을 수 있다는 것을 이해하게 된다. 그는 자기가 그 자신의 힐링에서 동등한 파트너가 될 수 있으며 스트레스 없이 필요한 힐링을 얻을 수 있도록 당신을 안내할 수 있다는 것을 안다. 그가 당신에게 알려주고자 하는 방법 중 하나는 정서적 정보를 보내는 것이다. 다른 방법에는 육체적 자극과 힐링이 필요한 신체 부위를 당신 손이나 그 근처에 직접적으로 갖다 두는 것이 있다.

많은 사람들이 그들이 동물들과 깊은 수준의 의사소통을 전달받고 있다는 것을 알게 되면 오랜 꿈을 이루게 되고, 그들이 동물과 힐링 관계를 성립하기 위해 쏟았던 노력이 왜 의미가 있었는지에 대해 명확하게 알게 된다. 그것은 보통 동물과의 관계에서 새로운 차원의 이해와 친밀감을 열어준다. 이 확대된 가능성은 개인의 직관적인 능력을 향상시켜주는 레이키 능력과 그들에게 귀를 기울이고 선택의 자유를 주는 우리 자신의 노력의 식접적인 결과이다.

동물들과 강한 힐링관계를 성립하기 위해 그들로부터 의사전달을 받을 필요는 없다. 모든 레이키 힐러가 자기 동물로부터 의사전달을 받는 것은 아니다. 어떤 사람들은 의사전달을 받는 데 더 자연적인 친밀감을 가지고 있는 듯 보이고 일반적으로 이 능력이 힐러의 직관을 더 깊게 해 줄 때 레이키는 이것의 향상을 가속화시킬 것이다.

그러나 레이키는 당신이 동물로부터 정보를 받든지 아니든지 관계없이 매우 효과적으로 힐링하고, 그런 정보를 받지 못한 사람들도 그것을 받은 사람들만큼이나 효과적으로 힐링이 가능하다. 동물들에게 레이키를 사용할 때 힘의 특정 부분은 또한 당신에게 동물들과의 새로운 가능성을 보여줄 정도까지 향상된다.

레이키 힐링은 당신과 당신의 동물이 함께 보낼 평화로운 시간의 기간을 연장시켜준다. 그것은 당신의 동물이 자신의 육체적, 정서적 행복에 대해 신체 자극이나 정서적 통찰력을 통해 정보를 보냄으로써 자신의 내밀한 걱정거리를 당신과 나눌 수 있을 때 경험할 수 있다. 당신의 동물이 자신의 건강과 정신 상태에 대한 정보를 준 후에 그는 자신이 보였던 증상들에서 즉각적이고도 현저한 향상을 종종 보여준다. 예를 들어, 음식을 거부했던 동물이 갑자기 밥그릇을 찾고 먹기 시작할 수도 있다. 별로 잘 지내지 못했던 당신 가정의 동물들이 힐링 도중이나 후에 평화로운 교제를 해 나갈 수도 있다. 그렇지 않고 동물이 두려워한다면, 그와의 힐링은 안 보이는 곳에 숨어서 시작할 수 있고, 힐링의 과정 중에 당신은 그가 용기를 내어 눈앞으로 나오는 것을 보게 될 수도 있다. 오랜 시간동안 나타난 문제들은 완전한 힐링 효과를 보이기 위해 또는 안정되고 지속적인 향상을 위해 반복된 레이키 힐링이 필요할 수도 있다. 시간이 흘러 당신의 동물이 신체와 정서적 통찰력을 통해 자신의 걱정거리를 당신과 공유하면서 친밀한 레이키 시간을 보낼수록, 당신은 서로에 대한 의사소통과 유대를 더 깊게 하면서 그에 대한, 당신의 이해에 새롭고 중요한 관점을 덧붙일 수 있을 것이다.

평화로운 밤잠

내 고양이 중의 하나인 무 슈^{Mu Shu}가 자기 새끼 고양이들과 헤어진 바로 후에 나에게로 왔다. 그의 주인은 다른 주로 이사를 가게 되어 지역 수의사에게 고양이를 맡겼는데 그는 그들을 떼어놓고 모두를 새로운 집에 보내도 좋다고 동의했다. 무 슈는 빨리 자리를 잡았고 많이 사랑 받는 우리 가정의 새 식구였다. 하지만 그는 특히 밤에 오래 잠을 자지 않았다. 그는 밤 시간의 대부분 을 이 방 저 방을 배회하며 보냈다. 내가 레

이키를 배웠을 때, 무 슈는 "레이키 스펀지"가 되었다. 나는 매일 밤 그가 나를 기다리고 있는 것을 알게 되었고, 그는 내가 레이키를 그에게 할 수 있는 한 그것을 빨아들이곤 했다.

이런 세션 중의 한 번, 내가 깊은 "레이키 상태"에 빠져 있을 때, 갑자기 무 슈가 아직도 자기 새끼 고양이들을 걱정하고 있다는 강한 확신이 들었다. 나는 동물병원에 전화를 걸었고 그들은 항상 자기들이 맡은 동물들을 위해 좋은 가정을 찾아준다고 장담했다. 무 슈와의 다음 번 레이키 세션에서 나는 그의 새끼 고양이들이 안전하며 좋은 가정에 있다는 걸 알게 되었으므로 더 이상은 걱정할 필요가 없다고 말해주었다.

나는 이틀 후에, 내가 그에게 새끼 고양이들에 대해 이야기를 한 후로는 무 슈가 더 이상 돌아다니지 않고 밤에 편안하게 잘 잔다는 것을 알게 될 때까지는 이것에 대해 별로 많이 생각하지 않았다. 지금까지 그는 밤새 깊이 잘 자고, 나는 이것이 그의 마음이 마침내 자기 새끼 고양이들에 대해서 편안해 졌기 때문이라고 생각한다.

－엘리자베스

멋진 닭

어느 날 보호소에서 나는 닭장 뒤쪽에 웅크리고 있는 크고 하얀 닭에게 안내되었다. 직원 중의 한 명이 그는 병아리였을 때 입양되었는데 자라서 암탉이 아니라 수탉이 되어서 그의 주인이 더 이상 그를 키울 수가 없었다고 설명해 줬다. 그 닭은 분명 정서적으로 괴로웠을 것이므로 나는 그에게 정신적 힐링을 해 주었다. 나는 내 소개를 한 후, 그의 힐링을 돕고 나와 나누고 싶은 뭔가가 있는지 들어주기 위해 여기에 왔다고 알려주었다. 솔직히 말하자면, 나는 그 닭이 닭 모이 말고는 많은 것들에 대해 생각할 거라고는 기대하지 않았다.

에너지 흐름이 증가함을 느꼈을 때 나는 갑자기 이 닭의 정서 상태에 대한 선명한 그림이 떠올랐다. 그는 보호소에 있다는 것에 아주 스트레스를 받고 있었는데, 그것은 자기는 아주 착한 닭이었다고 믿었는데 그 주인이 왜 그를 내보냈는지 이해할 수가 없었기 때문이었다. 나는 그 가정이 단지 그에게 꼭 맞는 곳이 아니었기 때문에 그가 여기로 보내졌지만, 그는 모든 면에서 아주 훌륭한 닭이고 실제 매우 아름답다고 정신적으로 말해주었다. 놀랍게도, 내가 이렇게 말해주자 마자 그는 닭장의 구석에서 일어나 닭장 앞에까지 곧장 다가와 나를 보고 꼬꼬댁거리며 기뻐서 앞뒤로 왔다갔다 걸어 다니기 시작했다. 이 경우에 정신적 힐링을 하는 것은 닭을 안심시켰을 뿐만 아니라 어떤 동물의 이해의 깊이도 얕보아서는 안 된다는 중요한 교훈을 나에게 가르쳐 주었다.

– 캐서린

스모키Smokey가 믿는 법을 배우다

스모키는 조금 나이가 든 회색의 떠돌이 고양이로 1년 동안 그를 먹여주던 여성이 3개월 전에 데리고 왔다. 그녀는 이사를 가게 되었는데 아무도 그를 돌봐 줄 사람이 없을 것 같아 걱정이 되었다. 스모키는 보호소를 싫어했고 다루어지는 것을 원하지 않았으며 몇 번이나 도망치려고 했다. 그는 사람들을 매우 경계했고 그를 사회화시키려고 하는 자원봉사자들을 자주 물었다.

내가 그를 만났을 때, 그는 보호소에서 석 달을 보낸 후였다. 그가 구석에 웅크리고 앉아서 전혀 움직이지도 않고 심각하게 우울해 있었기 때문에 직원은 많이 걱정을 했다. 그는 모든 소리와 움직임에 반응했고 가장 숙련된 몇몇의 자원봉사자들이 그를 우리에서 끌어낼 수 있긴 했지만, 그들이 보이자마자 그는 달려들어 사람들의 얼굴을 물곤 했다.

나는 손을 무릎 위에 얹은 채 우리 바깥에 앉아서 몇 주 동안 스모키와 작업했다. 첫 번째 힐링에서 스모키는 레이키를 쉽게 받아들였고 가볍게 졸았지만 소리가 들리거나 내 손에 움직임이 조금만 있어도 정신을 번쩍 차리곤 했다.

두 번째 힐링을 하는 동안, 종종 레이키를 할 때 생기는 깊은 명상의 상태에 있었을 때, 머리에 강한 충격의 느낌을 받았다. 나는 스모키가 빛에 아주 민감하고 이것이 그 충격과 관계가 있음을 확실히 느꼈다. 나는 이것을 말해준 것에 대해 스모키에게 감사했고 이런 일이 그에게 일어난 것에 대해 내가 얼마나 유감스러운지 그가 나에게 다가온 것이 얼마나 용기 있는 것인지를 이야기해줬다.

나는 직원에게 스모키에 대한 나의 직관을 이야기했고 그들에게 불을 끄고, 가까이 있는 방에서 희미한 불빛만 나오게 한 채 그와 작업해보라고 제안했다. 그들이 이렇게 해 봤을 때, 스모키는 쉽게 나왔고 더 이상은 얼굴을 향해 달려들지 않았다. 무는 일도 더 이상 없었다. 그는 여전히 아주 숙련된 자원봉사자들에 의해서만 다루어지는 고양이이긴 하지만 그들에게 있어 그는 천사였다. 그는 자기 우리 주위를 돌아다니고 앞으로 나오고 즐겁게 뒹굴며 앞발로 사람들을 부드럽게 건드리기 시작했다.

여섯 번째 레이키 힐링 중에, 그는 처음으로 자기 주변의 소음과 움직임을 의식하지 못한 채 깊은 이완의 상태로 들어서서 잠을 잤다. 다음번에 갔을 때, 그는 깊이 잠들어 있었는데 너무 깊이 잠들어서 자원봉사자들이 그의 주의를 끌기 위해 우리의 창살을 건드리고 목소리를 높여야만 했다. 그는 눈을 살짝 뜨고 나를 향해 기지개를 펴더니 다시 잠들어버렸다.

스모키는 재발하는 치과 질병을 가지고 있었는데 다음 번 수의사에게 갔더니 그가 거의 눈이 멀었고 시력과 치과 문제는 머리의 충격 때문이라는 것이 밝혀졌다. 턱의 한쪽에는 석회화된 넓은 부분이 있었고 수의사는 그 부분에 충격이 가해졌음을 느꼈다.

스모키가 거의 눈이 멀었다는 것을 보호소에서 알게 되었을 때 그들은 그의 입장을 이해하기 시작했다. 심하게 상처 입은 떠돌이 고양이로 사람을 경계하는 게 당연했다. 이런 경계는 그의 제한된 시야로 인해 악화되었고, 이것이 그에게 항상 무력한 기분이 들게 했다. 사람들이 그를 우리에서 꺼내 무릎에 올려놓을 때마다 그는 그들의 얼굴을 올려다보았고, 작은 방에서 그들의 머리 바로 위의 강한 형광등 불빛에 의해 눈이 멀었다. 그는 보지 못했기 때문에 놀라서 빛의 방향으로 공격함으로써 방어적으로 행동했다.

이제 스모키를 향한 사랑과 연민이 터져 나왔다. 이 사랑과 이해받는 느낌을 누리면서 스모키는 긴장을 풀고 그의 사랑하는 사람들에게 다정하게 되었다. 나는 스모키에게 유난히 애착을 가지게 되어서 힐링 전이나 후에 내 손가락으로부터 아기과자를 그가 핥아먹게 해 주었는데, 이것은 내가 해 본 적이 없는 일이었지만 스모키는 아주 특별했다. 하지만 스모키는 레이키를 좋아했고 보통은 먼저 레이키를 하고 힐링 후에 아기과자를 먹었다. 과자에 집착이 강하고 사람들이 그의 밥그릇을 가져갔다가 다시 채우는 것을 허용하는 게 힘든 고양이에게 있어서 이것은 정말 대단히 칭찬할 만한 일이다.

– 엘리자베스

7장
힐링 끝내기

_____ **언제 힐링이 끝날지 알아내는 법**

이상적으로 당신은 힐링을 할 때 동물이 확실히 이완이 되고 편안해질 수 있도록 당신 자신은 충분한 시간을 쓸 것이다. 동물은 몇 번의 긴 한숨(또는 이른바 "레이키 호흡")을 쉴 수도 있고 일반적으로 많이 이완이 되어 잠에 들 수도 있다. 레이키와 이 정도의 연결이 생기면 힐링의 가장 깊은 효과가 종종 일어난다.

이런 이유 때문에 이 힐링 시점에서 당신이 손을 올려놓는 레이키를 하고 있다면 손을 움직여서는 안 된다. 만약 근거리 레이키를 하고 있다면 단지 조용히 앉아서 레이키가 흐르도록 하면 된다. 종종 당신의 동물이 이 깊은 이완의 상태로부터 나온다면, 동물이 자신에게 필요한 힐링을 충분히 받았을 것이고 힐링을 끝낼 준비가 되었다는 것을 힐러에게 알려줄 것이다.

힐링이 끝났다는 것을 동물들이 말로 알려줄 수 없기 때문에 우리는 그들의 바람을 가능한 더 세심하게 헤아리기 위해서 바디랭귀지와 얼굴 표정 읽는 법을 배워야 한다. 일단 에너지 흐름의 소멸을 느끼게 되면 당신은 동물에게 힐링이 끝났다는 것을 알려주기 위해 몇 분을 주어야 한다. 동물은 흔히 깨어나고 움직이고 다른 것에 관심을 두거나 당신에게 고맙다는 제스처를 함으로써 이것을 알려줄 것이다. 동물은 당신 손이나 얼굴을 핥거나 눈을 그윽이 바라보고, 당신 팔이나 다리에 발을 올려놓거나 머리를 당신 손이나 가슴에 둘 것이다. 말이 울부짖고 고양이가 가르랑거리고 돼지가 꿀꿀거리거나 꽥하는 것처럼 행복하고 만족스러운 소리를 내는 것과 같은 여러 방법으로 고마움을 표현할 수 있다.

어떤 동물들은 특히 첫 힐링에서는 깊은 이완의 상태에 이르지 못하지만 그들은 항상 힐링에서 자신들에게 필요한 힐링을 받을 것이다. 다음번의 힐링에서 레이키에 더 익숙하게 되면 그들은 보통 더 많이 이완될 것이다.

동물이 많이 이완이 되지 않았을 때는 힐링이 끝났음을 알 수 있는 다른 방법들이 있다. 만약 근거리 레이키를 하고 있다면 손이나 신체 다른 부위에서 에너지 흐름의 현저한 감소 또는 중단을 느낄 수도 있다. 만약 손을 올려놓는 힐링을 하는데, 특히 하나의 핸드 포지션만 하고 있다면 에너지 흐름에서 유사한 감소를 느낄 것이다. 연속의 핸드 포지션들을 하고 있다면 마지막 포지션에서 에너지 감소를 느낄 것이다. 아직 에너지의 흐름을 느낄 수 없다면 시계를 보고 약 45분에서 1시간 후에 힐링을 끝내면 된다.

힐링이 끝났다는 것을 알 수 있는 또 다른 방법은 에너지 흐름면에서의 변화 뿐 아니라 당신의 자각 상태에 의한 것이다. 당신이 깊은 명상의 상태에서 나오는 것을 느끼거나 당신의 주의가 힐링과 관계없는 다른 문제들에 쏠릴 때, 이것들은 대개 힐링 작업이 끝나간다는 신호이다.

엠마Emma의 교훈

내 고양이 엠마는 배우는 사람들이 그에게 레이키 힐링을 해 보도록 하면서 가르치는 데 도움을 주며 가끔씩 나의 레이키 수업에 참여한다. 어느 특별한 날에 그는 이 일에 지원자로 나타나지 않았다. 수업이 끝날 때쯤, 그는 교실 바깥쪽 데크에서 기지개를 켰다. 나는 엠마가 힐링하게 해 줄지 알아보려고 배우는 사람과 함께 밖으로 나갔는데 우리가 나가자 엠마는 일어서서 위쪽 데크로 올라가 버렸다. 우리가 따라가자 그는 마지못해 배우는 사람이 자기에게 레이키 하는 걸 허용했다.

몇 분 후 그는 일어나 배우는 사람의 손을 핥고는 걸어가서 1피트 정도 떨어져서 누웠다. 배우는 사람은 자리를 좁혀 엠마에게 손을 얹고는 레이키 보내기를 계속했다. 엠마는 그가 우리에게 보여준 다른, 좀 더 정중한 표현을 무시했을 때 우리에게 명확한 경계선을 그으면서 피부에 상처를 내지는 않고 그녀를 살짝 물었다. 배우는 사람은 바로 이해를 하고서 화를 내지 않고 이것을 좋은 교훈으로 삼았다. 이것은 또한 내가 수업을 하는 데 도움이 되도록 엠마의 가끔씩 보이는 너그러움을 이용하지 말아야겠다는 걸 상기시켜주는 데 유용했다.

– 엘리자베스

동물이 힐링을 끝낼 준비가 되었다는 표시 · 만약 당신이 에너지 흐름의 감소를 느끼기 전에 동물이 충분히 받았다는 표시를 하면, 당신은 동물에게 귀를 기울여 힐링을 끝내야 한다. 자신에게 필요한 것이 무엇인가에 대한 동물의 지혜는 상당히 정확하고, 어떤 경우라도 당신은 동물의 바람에 귀 기울임으로써 앞으로의 힐링을 위한 관계에서 신뢰가 더 커지게 할 것이다. 드문 경우로 동물이 자기는 충분히 받았다고 알려준 이후에도 당신이 힐링을 끝내지 않는다면 경고를 주거나 실제로 물 수도 있다. 때로는 에너지가 소멸되었다고 당신이 느낀 이후에도 동물이 계속해서 잠을 잘 것이다. 이런 경우에는 자연스럽게 깨어날 때까지 계속 자게 내버려 두면서 그냥 조용히 떠나라.

일반적인 힐링 끝의 예 · 당신이 고양이에게 레이키 힐링을 하고 있다고 하자. 처음 30분 동안, 고양이는 반복적으로 일어나고 눕고 하다가 장난감을 가지고 놀고, 때때로 당신 손으로 돌아오거나 그 가까이로 오면서 그 공간을 돌아다닌다. 마침내 30분이 지나면 고양이는 당신의 손 바로 아래에 누워 두 번 한숨을 쉬고 잠이 든다. 그는 움직이지 않고 완전히 평화롭게 30분을 그렇게 있는다. 그러고 나서 갑자기 일어나 당신의 손을 핥고 방을 가로질러 걸어가서 바깥에서 일어나는 일들에 몰두하며 창가에 앉는다. 이것은 보통 충분한 레이키를 받았다는 표시이며 힐링을 끝내기에 적당한 때이다. 당신은 또한 그와 동시에 에너지 흐름의 감소를 감지하고 힐링과 관계없는 일들에 대해 생각하기 시작했다는 것을 알게 될 수도 있다.

레이키에 고마워한 개

몰티Malty는 극도로 소심하고 예민한 다섯 살 된 유기견 몰티즈로 보호소 직원은 그가 "아주 몸이 안 좋은 상태"라고 설명했다. 그는 항상 혀가 나와 있었고 너무 말라서 뼈가 느껴질 정도였다. 그는 체온을 유지하기 위해서 작은 초록색 스웨터를 입었다. 한번은 힐링을 하러 조용한 방으로 그를 데려갔을 때, 그는 정말로 레이키를 원하는 것처럼 보였다. 그는 자꾸 떨리는 것만 빼고는 완전히 꼼짝 않고 서서 나에게 기대어 혀를 가만히 두었고, 내가 다른 손을 꼬리 근처의 등에다 대자 머리를 내 다른 한 손에 얹어 놓았다.

그의 작은 몸집에도 불구하고 나는 아주 엄청난 양의 레이키가 내 손을 통해 흐르는 것을 느꼈다. 한 시간이 끝날 때쯤 그는 떠는 것을 완전히 멈췄고 주기적인 한숨과 함께 호흡은 깊어졌다. 또한 가스(레이키 힐링의 또 다른 일반적 효과)를 조금 배출하기 시작했다. 힐링이 끝날 때 그는 내 시선을 사로잡으며 나를 아주 진지하게 올려다보고는 "고맙습니다"라고 말하기라도 하는 것처럼 한 발을 내 다리에 올려놓았다.

－ 캐서린

_____ **고마움 표현하기**

힐링을 끝낼 때, 손을 가슴에 얹고 레이키에 고마워하면서(우리는 "레이키, 고맙습니다"라고 세 번 말한다) 당신은 단지 이 힐링 에너지의 전달자일 뿐이라는 사실을 명심하는 것이 좋다. 그런 다음, 부드러운 단어로, 마음속으로 또는 밖으로 소리 내어 동물에게 힐링 과정에 자신을 열어준 것과 레이키를 그에게 할 수 있게 허락해 준 것에 대해 고마움을 표현할 수 있다. 작별인사를 하기 전에 동물을 가볍게 쓰다듬어도 좋지만 보통 육체적 접촉은 당신이 떠나기 전에 동물이 원한다면 그가 먼저 하게 해 주는 것이 더 좋다.

_____ **힐링 후**

이상적으로, 당신의 동물은 그가 원한다면 레이키 힐링을 받은 후에 쉴 수 있어야 한다. 힐링은 갈증이 나게 만들 수 있으므로 많은 양

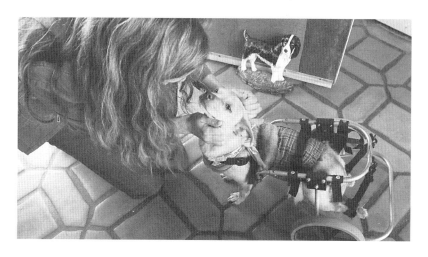

캐서린은 조이가 자신의 힐링 과정에 참여하기로 선택한 것에 대해 고마워한다.

의 신선한 물이 있어야 한다. 만약 당신이 자신의 동물이 아닌 다른 동물을 힐링하고 있고 힐링 중에 동물의 주인과 공유하는 것이 도움이 될 것 같은 어떤 직관적인 정보를 받았다면, 당신은 그것의 일부 또는 전부를 이때에 전달하고 싶을 수도 있다. 17장에서 논의하겠지만 힐링 중에 받은 직관적인 정보를 나누는 것이 항상 유용한 것은 아니다. 이 정보를 전달하는 것은 신중함과 연민을 필요로 하고 경험과 함께 커가는 능력이다. 항상 스트레스를 불러일으키지 않는 방법으로 관계된 모든 이들에게 힐링이 될 수 있도록 신중하게 그렇게 행동하라.

보통은 힐링에 대한 힐링 결과가 몇 시간이나 며칠 내에 즉각적으로 나타난다. 때로는 이미 힐링이 일어난 것을 이해하는 데 조금 시간이 걸릴 수도 있다.

상처받은 마음이 힐링되다

정서들의 폭풍(p.111)에서 이야기된 프래니에 대해 특이한 사항은 그녀가 보호소에서의 시간 내내 자기 고양이 침대에 웅크리고 있으면서 보냈다는 것이다. 그는 보호소가 일과를 마쳐서 주위에 아무도 없을 때에야 먹고 변기통을 사용했다. 그녀가 침대에 누워 있을 때, 털에 있는 짙은 무늬들이 편평한 일정한 흰색 공간에 의해 나뉜 두 개의 반쪽을 나타내어 상처받은 마음의 완벽한 이미지를 만들어냈다. 많은 사람들은 그녀가 자기 새끼 고양이들을 잃은 후 이 무늬가 얼마나 적절해 보이는지에 대해 이야기했다.

매주의 레이키 힐링과 그것에 수반된 정서적 표출 이후에 프래니는 며칠 동안은 사람들과의 상호작용에 좀 더 개방적이었지만 예상한 대로 다시 자기 틀 안으로 들어가 버렸다. 어느 날, 엄마 없는 새끼 고양이들을 돌보는 것이 프래니에게 힐링이 될 지 궁금해졌다. 운명적으로, 다음 번 내가 들렀을 때 한 무리의 아주 어리고, 어미가 없는 떠돌이 고양이들이 도착했다. 그들은 무서워했고 어쩔 줄 몰라 했으며 먹지도 않고 있었다.

나는 직원에게 새끼 고양이들을 프래니에게 소개시켜 주고 그녀가 그들을 돌볼 수 있는지 봐도 될 지 물어봤다. 어미 고양이가 다른 고양이의 새끼는 돌보지 않는 것이 일반적 통념이지만 나는 이번은 예외가 될 거라는 강한 확신이 들었다. 보호소 측은 내가 상황을 지켜보기만 한다면 기꺼이 그렇게 해 주기로 했다.

우리는 그녀가 어떻게 하는지 보기 위해 일단은 한 마리 새끼 고양이로 시작했다. 나는 새끼 고양이를 프래니에게 데리고 가서 무릎에 올려놓은 새끼 고양이를 한손으로 잡고 다른 한 손으로는 상황에 대한 레이키를 보내면서 우리 앞에 앉았다. 프래니는 새끼 고양이에게 신경 쓰지 않는 것처럼 보였지만 고양이가 울 때마다 신경이 날카로워졌다. 마침내 그녀가 새끼 고양이를 해치지 않을 거라는 느낌이 들었을 때 나는 새끼 고양이를 우리에 넣어주었다. 새끼 고양이는 비틀거렸고 프래니는 계속해서 새끼 고양이를 무시했다. 결국 문 닫을 시간이 다 되어서 나는 프래니에게 이것이 어미가 되는 하나의 기회가 될 수도 있고 마음의 결정을 내릴 시간을 5분 더 주겠지만 그러고 나서는 새끼 고양이를 다시 데리고 갈 거라고 말했다. 4분쯤 지나 새끼 고양이가 울기 시작했고, 내가 새끼 고양이를 잡으려고 하자 프래니가 몸을 기울여 새끼 고양이를 핥아주기 시작했다. 새끼 고양이는 바로 조용해졌고 프래니 옆으로 바싹 달라붙었다. 프래니는 새끼 고양이를 자기 턱 밑에 끼고 그 위에 머리를 기댔다. 그의 표정에는 먹먹한 의아함과 완연한 기쁨이 복합적으로 나타났다.

직원이 왔고, 우리는 새끼 고양이를 밤새 거기에 두는 것이 안전하다고 느낄 때까지 프래니와 함께 있었다. 다음 날 아침, 프래니와 새끼 고양이는 완전히 만족스러운 그림 속에서 서로에게 달라붙어 있었다. 우리는 다른 고양이들도 프래니에게 데리고 갔다. 그녀는 약간 멍하니 바라보았지만 곧 그들을 받아들였다. 직원은 새끼 고양이들은 사람들과 편하게 지낼 수 있게 키워지는 게 중요하다고 생각했기 때문에 그들은 떠돌이로 남지 않고 결국엔 좋은 가정을 찾을 수 있었다. 그래서 이제 새끼를 기르는 프래니의 능력은 적절한 양육 가정을 찾는 데 달려있었다. 나는 집에 가서 그 상황에 대해 다시 한 번 레이키를 보냈다.

다음 날 친절하고 너그러운 자원봉사자 헨리^{Henry}가 자기 새끼 고양이들을 키우기 위해 프래니를 집으로 데려가겠다고 했다. 며칠 뒤 그녀는 놀랍게도 프래니가 낙태한 지 6주나 그 이상이 지났음에도 불구하고 젖이 나와 모든 새끼 고양이들을 먹일 수 있었다고 전했다.

프래니는 훌륭한 어미였다. 헨리는 새끼 고양이들과 자주 소통을 했고 그들은 사람들에게 다정하도록 키워졌다. 나는 계속 프래니를 방문해서 매주 레이키를 하였다. 그녀는 엄마로서의 자기 역할에 푹 빠졌지만 헨리나 다른 사람들에게는 대체로 따뜻하게 대하지 않았다. 그녀는 내가 어루만지고 헨리가 빗질을 하고 수의사에게 데려가는 건 허용했지만 본질적으로 천성은 야생인 상태로 다른 소통은 사양했다. 프래니는 헨리의 집에서도 밤에 헨리가 잠이 들어서야 밖으로 나올 뿐, 자기 침대에 웅크리고 있었다.

몇 달 후, 모든 새끼 고양이들이 좋은 가정을 찾았다. 나는 사랑하는 아기들과 이별한 프래니를 돕기 위해 레이키를 보냈고 그녀는 그 상실에 잘 대처했다. 그러나 프래니는 여전히 대체로 야생의 상태였고 인간의 반려동물로 사는 것에 흥미가 없었다.

새끼 고양이들이 그들의 새 가정으로 가고 헨리는 이사를 가게 되어 프래니는 보호소로 돌아왔다. 보호소가 다시 한 번 꽉 차게 되었을 때, 그녀는 안락사당할 위기에 처했지만 자원봉사자 메리Mary가 나서서 집으로 데려가 밖에서 살게 해 주었다. 메리가 프래니를 밖에 내어놓고 마음대로 가라고 하자 프래니의 눈이 반짝였다. 그녀는 잠시 메리 옆에 앉아서 고마운 듯 쳐다보더니 나뭇잎들 속으로 사라졌다. 프래니는 이제 매일 메리가 주는 음식을 먹기 위해 돌아오고 가끔씩은 메리의 다리에 몸을 비비고 메리가 그녀를 쓰다듬게도 해 준다. 캐리어로부터 나왔기 때문에 프래니의 상처받은 마음의 자국은 이제 다시 보이지 않았고 나는 정서적인 차원에서 그녀의 마음 또한 치유되었다고 믿는다.

― 엘리자베스

_____ **차후 힐링의 빈도와 기간**

경험을 쌓을 때, 직관을 사용하고 힐링의 기간과 빈도에 대해서 실험해 보기를 바란다. 그러는 동안 레이키로 동물들 힐링을 시작할 때 출발점으로 사용할 만한 몇 가지 제안들이 있다. 만약 이런 이상적인 가이드라인이 가능하지 않다면, 처음에는 상황이 허락하는 한에서 비슷하게 따라야 된다.

- 레이키 힐링들의 힐링 효과는 그 힐링들이 시간 내에 연속으로 주어질 때 서로 더 크게 만들어준다. 따라서 어떤 상황에서도 가능하다면 며칠 연이어 4번의 힐링으로부터 시작하는 것이 가장 좋다.

- 덜 중요한 건강 문제에 대해서는 연속적인 4번의 힐링이 최선이지만 가능하지 않다면 문제가 해결될 때까지 일주일에 한 번 하는 힐링이 적절하다.

- 심각하거나 만성적인 문제는 며칠 연이어 4번의 힐링을 하는 것이 효과적인데 가능하다면 그 후에 문제가 해결될 때까지 적어도 일주일에 한번이나 두 번은 해야 한다.

- 아주 심하게 아픈 동물이나 깊은 정서적 또는 정신적 상처가 있는 동물에 대해서는 특히 힐링 과정의 초기에 가능한 많은 레이키를 하는 것이 가장 좋은 접근법이다. 때로는 그가 건강을 되찾기 위해 필요한 만큼 깊숙이까지 닿기 위해서 매일의 힐링이 필요하다. 다른 경우에는, 한 번이나 두 번의 힐링이 기적으로 보이는 작용을 할 것이지만

간혹 건강을 이끌어내기 위해서는 엄청난 노력과 대단한 헌신이 필요하다.

- 일반적인 에너지의 균형과 건강 유지에 대해서는 모든 동물이 정기적으로 매주 또는 격주의 힐링으로 혜택을 볼 것이다. 물론, (5분~10분 정도일지라도) 매일 정기적인 힐링을 하면 매일의 자기 힐링이 당신에게 도움이 되는 것만큼이나 동물에게도 많은 도움이 될 것이다.

_____ **힐링의 결과 받아들이기**

우리는 레이키 힐러로서 레이키가 힐링을 하고 우리는 단지 이 대단한 힐링 에너지의 전달자일 뿐이라는 것을 항상 명심한다. 물론, 우리가 현재 있고 힐링을 한다는 의도를 가진다는 사실이 그 과정의 중요한 부분이지만 힐링을 하는 것은 우리 자신의 능력이 아니다. 그리고 우리가 모든 문제에 대한 드라마틱한 치유^{cure}를 하려는 최선의 의도를 가지고 있을지는 몰라도, 힐링은 항상 치유를 의미하지는 않는다. 돌이켜 생각해보면 우리는 레이키가 어떻게 그 상황에 가장 필요한 힐링을 가져오는지 보통 알 수 있다.

선샤인Sunshine이 자기의 의사를 분명히 하다

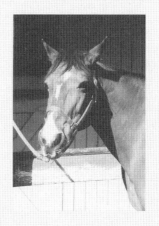

나의 레이키 경험 초창기에, 힐링이 끝났음을 분명히 알려준 첫 번째 동물들 중 하나는 선샤인이라는 이름의 아름다운 클라이데스데일(짐마차용 말)이었다. 그는 아주 영리했고, 내가 그 당시 말을 두었던 마구간에서 사람과 친구가 되기도 했다. 처음 그에게 레이키 힐링을 하였을 때, 그는 힐링의 초기에는 신중하게 내 손에 대고 킁킁거리며 대단한 호의를 베풀기라도 하는 것처럼 손을 자기 머리에 두게 해 주면서 힐링을 이끌었다. 그는 30분 정도 좋았고 힐링을 즐기는 것처럼 보였다. 그러고 나서 갑자기 온몸을 한 번 떨고 나를 골똘히 쳐다보더니 내가 손을 치우지 않자 꼬리로 모질게 때리고는 가버렸다. 이것이 내가 그 날 받은 가장 확실한 신호 중 하나였다.

– 엘리자베스

part 03

특 정 동 물 에
대 한 레 이 키

8장
개의 레이키

사회적 동물인 개는 대개는 어떤 만남에서도 주도권을 잡는다. 그들은 인사를 하기 위해 똑바로 걸어가서 당신과 물리적인 접속을 할 것이다. 개에게 힐링을 하기에 가장 좋은 장소는 개의 크기와 태도에 따라 다를 수 있다. 예를 들어, 방 한 가운데를 선택하고 바닥에 바로 앉거나, 개가 크고 활동적이라면 의자에 앉고 싶을 수도 있다. 이 방법으로 당신은 개의 덩치에 눌리지 않을 것이다.

일단 편하게 자리 잡았으면, 그에게 힐링을 하는 것에 대해 허락을 구하고 그가 받아들이기에 편한 레이키만 받아들이면 된다고 알려줄 수 있다. 만약 이 힐링의 재량권이 그에게 있고 자신의 통제 하에 있다는 것을 알려주면 그는 레이키에 대해 훨씬 더 궁금해 하고 관심을 가질 것이다.

이제 얼마나 많은 레이키를 받아들이고 싶은지 결정하는 것이 그에게 달렸다는 것을 알려주고 나면 손에서 에너지가 흐르게 하고 개가 자기 방식대로 원하는 때에 당신에게 접근하도록 할 수 있다. 개의 바디랭귀지를 관찰하라. 어떤 개들은 전체 힐링 동안 당신의 손아래에서 바로 조용히 있는다. 또 어떤 개들  은 긴장을 풀 수 있을 때까지 이따금씩 앉거나 누우면서 당신 주위를 서성거리거나 빙빙 돌 수도 있다.

개가 에너지를 받아들이는지 아닌지 구별하는 또 다른 방법은 손에서의 에너지 흐름에 주의를 기울이는 것이다. 만약 에너지 흐름이 안정적이라면 개는 레이키를 자신에게로 끌어당기고 있고 그 혜택을 알기 시작하는 것이다. 당신은 강압적인 방법으로 에너지를 보내지 말고 계속해서 에너지를 보내면 된다. 이것이 그 개가 레이키 힐링에 계속해서 참여하고 받아들이게 하는 비결이다.

레이키를 할 때 개가 놀고 싶어 한다면, 그를 부추기지 않도록 하라. 단지 가만히 그리고 조용히 있으면서 개가 킁킁거리고 손을 살펴보는 것을 허락해주라. 이것은 개가 에너지를 감지하면 보통 그렇게 할 것이다. 당신의 느긋한 행동을 관찰하고 에너지의 고요함을 느끼게 되면, 그는 휴식에 들어가거나 잠이 들 것이다. 어떤 개들은 처음에 "힐링의 반작용"을 경험할 수도 있다. 예를 들어, 당신의 개가 불편한 피부 질환을 가지고 있다면, 힐링 에너지는 처음에 그에게 가려움을 느끼게 하고 긁게 만들 것이다. 계속해서 레이키를 보내면 이것은 지나갈 것이고 그는 실제 안심하면서 그 증상으로부터 결국 안정된다. (힐링의 반작용에 대한 더 자세한 정보는 p.16 참조)

개가 어떻게 레이키 힐링을 "받아들이는가"는 개마다 다르고, 심지어 같은 개도 다시 힐링을 받을 때엔 다르다. 어떤 개들은 곧바로 당신에게 와서 무릎 위로 기어오르고 거의 곧바로 "레이키 잠"에 빠질 것이다. 어떤 개들은 다른 방향을 보고 있으면 더 편하게 느끼기 때문에 당신 뒤쪽에서 쉬려고 누울 것이다. 다른 개들은 당신을 쳐다보거나 힐링이 필요한 신체 부위를 당신에게 가장 가깝게 위치시킨 채로 10∼15 피트 떨어져 자리 잡는 것을 더 좋아한다.

많은 개들은 힐링을 위해 당신의 손 바로 아래에 있으면서 당신에게로 다가올 것이다. 가끔씩은 당신이 한 손을 개들 위에 살짝 얹어 놓은 채 레이키를 보내며 다른 손으로 부드럽게 쓰다듬어 주면 더 편안해 한다. 다른 개들은 한 손의 손바닥을 그들에게 살짝 얹어 놓은 채 레이키를 보내며 다른 손의 손가락으로 가볍게 긁어주는 것을 더 좋아한다. 당신의 개가 가장 좋아하고 그가 힐링에 완전히 편안해질 수 있는 포지션(들)을 찾을 때까지 실험해 보라.

다코타Dakota, "탁월한 레이키 티쳐"

다코타는 지난 13년간 나의 반려견이었고 1998년으로 거슬러 올라가 내가 처음 레벨 1을 배웠을 때 이후로 매일 레이키를 요청하고 받아왔다. 사실 그는 레이키 티쳐이자 힐러로서의 나의 경력을 쌓음에 있어 정말로 자극을 주는 존재였다. 처음 레이키를 배웠을 때 나의 티쳐는 자기 힐링과 사람에 대한 힐링을 강조하셨다. 나는 내 건강문제에서 본 결과에 아주 흥분해서 레벨 1을 배운 후 매일 밤 자기 힐링을 하기 시작했다.

다코타는 내가 방에 있을 때마다 항상 방에 있기를 좋아했는데 나는 레이키를 배우고 나서야 그의 행동에서의 변화를 감지했다. 내가 자기 힐링을 시작할 때마다 (나는 거실에 있는 소파에 보통 앉아 있곤 했다) 그는 나에게로 다가와서 아주 어색한 자세로 바로 내 발쪽에 누웠다. 그것은 마치 내 자신에 대한 힐링에서 나오는 "유출" 에너지를 흡수하려고 하는 것 같았다.

이런 행동을 한 지 며칠 밤이 지나, 어떤 생각이 문득 떠올랐다. 다코타가 레이키를 해 달라고 나에게 요구하고 있을지도 모른다는 생각이 든 것이다. 그래서 다음번에 그가 방을 가로질러 누우려고 나에게로 왔을 때, 나는 소파에서 내려와 바닥에 앉아서 손을 그에게 얹었다. 내 손은 아주 뜨거워졌고 다코타는 곧 몸을 쭉 뻗어 편안하게 만들었으며 크게 숨을 쉬고 눈을 감았다. 나는 내가 작업했던 다른 사람들이나 나와 비슷한 양의 많은 레이키를 다코타가 받아들이고 있다는 것을 알았다. 그리고 더욱 더 놀라운 것은 그가 레이키가 무엇인지 이해할 뿐만 아니라 힐링을 위해 스스로 그것을 요청했다는 것이다.

이 깨달음은 나에게 있어서 인생의 변화였다. 나는 항상 동물들과 깊은 공감의 관계를 맺어왔는데 그들에게 레이키의 선물을 줄 수 있다는 것을 갑자기 깨달았다. 그 이후 여러 장소에서 여러 종의 동물들과의 몇 년의 시행착오가 있었고... 이런 동물 티처들로부터 배운 많은 교훈들, 그리고 결국엔 이 책을 쓰는 동기부여가 뒤따랐다.

나는 배우는 과정에서 내가 가장 사랑하는 개 친구이자 티처인 다코타가 보여 준 인내심과 나에게 길을 알려 준 그의 의욕에 대해 깊은 감사를 느낀다. 요즘에 그는 종종 나의 레벨 1을 배우는 사람들에게 티처 역할을 하고 또한 그가 대단한 열정을 가지고 하고 있는 직업으로, 이 장의 삽화로 쓰인 대부분의 사진의 모델로 활동한다.

– 캐서린

_____ **힐링 개요**

접근 · 항상 개에게 그가 편안하다고 느끼는 만큼의 에너지만 받아들이라고 요구하면서 시작하고 힐링 내내 이런 존중하는 자세를 계속 유지하라. 손을 올려놓는 레이키를 할 것인지 원격 레이키를 할 것인지 결정하기 위해서 그리고 그가 언제 충분한 레이키를 받은 것인지 알기 위해 직관과 바디랭귀지의 관찰을 이용하라. 단지 레이키를 "제공"하고 그 개가 편안하다고 느끼는 만큼만 받아들이게 하라.

떨어진 곳에서 힐링하기 · 만약 당신의 개가 조금 떨어진 곳에서 레이키 받는 것을 더 편하게 여긴다면 그에게 이런 공간을 허용하라. 가장 중요한 것은 그가 돌아다닐 수 있게 해 주고 힐링 조건을 결정하게 하는 것이다. 당신 손의 근접과 배치가 아니라 당신의 의도, 당신 개의 수용, 그리고 레이키의 에너제틱한 본질이 효과적인 힐링을 만들어낸다.

기본적인 바디 포지션들 · 어깨에서부터 시작해서 몸으로 내려가라. 만약 개가 긴장을 풀고 존다면, 손을 움직이거나 몸의 양쪽을 다 하려고 하여 그를 방해하고 싶지 않을 수도 있다. 당신의 개에게 가장 효과 있는 포지션만 사용하라. 만약 그것이 그에게 가장 편안한 것이라면 레이키는 하나의 포지션만 해도 된다.

그 외 포지션들 · 정서적/정신적 힐링을 위해서는 한 손은 그의 가슴에 다른 손은 머리에 두거나, 정신적 힐링을 하기 위해서는 어깨 사이의 등에 두어라. 많은 동물들은 머리에 손을 두지 않는 것을 더 좋아하기 때문에 당신의 개의 기호가 어떤지 알아보기 위해 직관을 사용하라.

힐링 끝내기 · 레이키의 힐링과 당신 개의 참여에 감사하라. 만약 개가 개방적이라면 그를 어루만지고 마사지하는 데 약간의 시간을 쓰고

싶을 수도 있다. 이것은 유대감을 형성하기에 좋은 때이다. (자세한 정보
는 4장과 5장 참조)

개의 협조와 수용 얻기

힐링을 시작하기 전에 "레이키 힐링을 좋아하니?"라고 개에게 물어보라. 그런 다음 그가 편하게 느끼는 만큼의 에너지만 받아들이라고 요구하라. 이것은 중요한 단계이다. 만약에 잊어버리고 바로 힐링을 시작하면, 당신의 개는 참여하고 싶어 하지 않을 수도 있다.

당신의 개가 힐링을 원한다면 그는 바디랭귀지와 당신 손에서의 에너지 흐름을 통해 알려 줄 것이다. 캐서린이 디코디Dakota에게 허락을 구하자마자 그는 곧바로 누워서 흥미를 가지고 그녀를 쳐다보았다. 분명한 "네, 좋아요!"였다.

여기서 다코타가 하품을 하고 있는 것을 볼 수 있다. 이 "레이키 하품"은 동물들이 긴장을 풀고 힐링을 즐길 때 에너지의 수용을 보여주는 흔한 방법이다. 깊은 한숨은 레이키가 작용하고 있다는 또 다른 일반적인 신호이다.

많은 개들은 약간 떨어진 곳에서 전체 힐링 받기를 좋아한다 (P.151 의 사진 1 참조). 때로 그들은 당신 손이 있는 곳으로 오고 다른 곳으로 가고 어쩌면 쉬기도 하면서 돌아다닌다. 그들은 이런 것을 몇 번씩 할 지도 모른다. 당신은 자신의 손이 개의 몸 바로 위에 있지 않을 때에도 레이키는 효과적이라는 것을 믿으면 된다.

실험은 당신의 개가 레이키 힐링을 받고 싶어하는 방식으로 하라. P.151의 사진 2에서 한 손은 올려놓고 다른 손은 떼는 다른 대안을 찾 을 수 있다. 때로는 개가 스스로 자세를 취하기 때문에 당신은 두 손 다 그에게 닿을 수 없다. 이런 경우, 그를 움직이게 하거나 그에게로 더 가까이 움직일 필요는 없다. 그냥 한 손을 그에게 살짝 얹어 가장 가까이에 두고 다른 손은 무릎에 편안히 놓아라.

레벨 2를 배우면 자신의 개를 방이나 마당 건너편에서, 심지어 더 떨어진 거리에서도 힐링을 할 수 있다. P.151의 사진 3에서 다코타가 보여주는 이완을 주목하라. 직접적인 손의 접촉 없이도 그는 매우 이 완되었고 레이키 힐링을 받고 있음을 볼 수 있다.

힐링을 끝내기 위해서는 개에게 수용과 참여에 대한 감사를 표하

라. 아래의 사진 4에서 캐서린은 "고마워, 다코타! 착하구나!"라고 말하면서 잠시 동안 시간을 보냈다.

떨어진 곳에서 하는 레이키 힐링

1. 많은 개들이 약간 떨어진 곳에서 하는 힐링을 더 좋아한다.

2. 어떤 개들은 한 손은 올려놓고 다른 손은 떼는 것을 좋아한다.

3. 레벨 2를 사용하면 더 멀리 떨어진 곳에서도 힐링을 할 수 있다.

4. 레이키 힐링이 끝날 때에는 개에게 고마움을 표하라.

_____ 손을 올려놓는 힐링

어디서 어떻게 레이키를 받을 것인지 개가 결정하도록 하라. 만약 개가 서 있는 자세로 힐링을 시작한다면 그는 아마도 곧 이완되어 누울 것이다.

가끔씩 작은 개가 레이키를 원할 때, 그들은 당신의 무릎 위로 기어올라오고, 당신은 거기서 하나 또는 두 개의 포지션으로 전체 힐링을 할 수 있다. 개들은 일단 힐링으로 긴장이 풀리게 되면 보통 눕게 된다.

개가 누워 있을 때 · 만약 당신의 개가 손을 올려놓는 레이키를 택한다면, 에너지의 자극을 처음 느끼게 하는 장소로는 어깨가 좋다(옆 사진 1). 압력을 가하지 말고 손을 개의 몸 위에 살짝 내려놓아라. 몸 위에 손을 올려놓거나 움직일 때 언제라도 만약 개가 의심스러워하거나 불편해하면 전체 힐링을 한 포지션으로 하거나 떨어진 거리에서 하면 된다. 마찬가지로 만약 손을 움직이는 것이 개의 이완을 방해하거나 그를 불안하게 만든다고 느껴지면 전체 힐링동안 한 포지션에 머물러도 된다.

개가 누워있을 때의 레이키 힐링

1. 개가 손을 올려놓는 레이키를 택하면 시작하기에 가장 좋은 장소는 어깨이다.

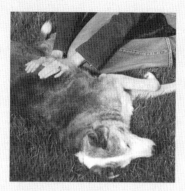

2. 몸을 따라 엉덩이 쪽으로 손을 부드럽게 움직이면서 힐링을 계속하라.

3. 그가 움직이면 핸드 포지션을 융통성 있게 하라.

4. 꼬리 근처의 엉덩이를 힐링하는 것은 힐링을 끝내기에 좋은 방법이다.

계속하면서 손을 몸 쪽에서 엉덩이 쪽으로 움직여라. 항상 압력을 가하지 말고 손을 살짝 내려놓아라. 만약 이것이 개에게 더 편하다고 느낀다면, 그의 몸으로부터 손을 몇 인치 떼어놓아도 된다. 개가 손을 올려놓는 레이키를 편안해 한다면, 손을 옆구리에 두거나 옆구리 가까이(p.153의 사진 2 참조)에 놓아도 되고, 또는 몸을 따라 손을 아래로 움직일 때 척추 가까이에 두어도 된다. 이것은 개가 당신과 관련해서 선택한 포지션과 당신이 손을 놓기에 어디가 가장 편안한지에 따라 좌우된다.

손을 개에게 부드럽게 올려놓았는데 만약 개가 움직인다면(p.83의 사진 3 참조) 융통성 있게 대처하면서 계속해서 손을 엉덩이 쪽으로 움직여라. 정확한 핸드 포지션을 유지하는 것보다 개의 편안함이 더 중요하다.

꼬리 근처의 엉덩이를 힐링함으로써 세션을 끝마칠 수 있다. 이것은 힐링을 끝마치기에 좋은 방법이다(p.153의 사진 4 참조). 이 시리즈로 알 수 있듯이 개의 양쪽을 다 힐링하는 데 신경 쓸 필요는 없는데, 어떤 개는 특정 부위에 레이키를 받으려고 몸을 뒤척일 수도 있다. 어깨에서 엉덩이까지 움직이거나 한 위치에 있으면서, 몸의 한 쪽 면에만 전체 힐링을 하는 것도 가능하다. 레이키는 그것을 필요로 하는 곳에 찾아갈 것이다.

어깨에서 엉덩이까지 측면을 따라 손이 아래로 움직인 후에는, 한 손은 개의 머리에, 다른 손은 꼬리가 시작되는 부분에 두는 것이 힐링

이것은 당신의 개가 누워있는 동안 레이키 힐링을 하기 위해 선택할 수 있는 마지막 포지션이다.

을 끝내는 또 다른 좋은 방법이다. 척추의 양 끝 쪽에서 동시에 레이키를 하는 것은 개가 에너지의 균형을 느끼게 해 준다.

개가 앉아 있거나 서 있을 때 · 어깨에서 출발하는 것은 개가 앉아 있거나 서 있을 때에도 좋다(P.156의 사진 1 참조). 이것은 힐링을 시작할 때 대부분의 개가 에너지와 당신의 손을 느끼기에 편안한 장소이다. 손을 개에게 살짝 올려놓아라. 그는 곧 긴장을 풀기 시작할 것이다.

개가 당신 손의 움직임을 편안해 한다면 척추의 양쪽으로 등을 따라 엉덩이까지 계속해서 내려오면 된다(P.156 사진 2 참조).

개가 앉아 있거나 서 있을 때의 레이키 힐링

1. 시작할 때는 개의 어깨에 손을 살짝 올려 놓아라.

2. 척추의 양쪽으로 등을 따라 엉덩이까지 계속 내려가라.

3. 만약 개가 엉덩이에 손이 있는 것을 편안해 한다면 그곳에서 힐링을 끝내라.

4. 개가 어느 신체 부위에 레이키를 원할 때는 서서 그 곳이 당신의 손에 들어오게 할 수도 있다.

개가 당신의 손이 엉덩이에 있는 것을 편안해 한다면 그곳에서 힐링을 끝내라(위의 사진 3 참조). 관절염이나 엉덩이 형성장애가 있는 개는 관절에 너무 가까운 에너지는 너무 강렬하다고 느낄 수 있다. 이런 경우에는, 전체 힐링을 몇 인치 떨어지거나 또는 가까운 거리에서, 어깨 포지션에서만 할 수도 있다. 당신은 개에게 가장 좋은 것이 어떤 것인지 알아보기 위해 실험을 해야 할 수도 있다. 레이키는 필요한 부위에 손이 직접 있지 않더라도 필요로 하는 곳에 자석처럼 흐를 것이다.

그가 특별히 어느 부분에 레이키를 원할 때에는(P.156의 사진 4 참조) 일어서서 그 부위를 당신의 손에다 둘 수도 있다.

한 손은 개의 가슴에, 다른 손은 머리에 두는 것은 정서적 힐링에 집중하기에 좋은 방법이다.

정서적, 정신적 힐링 · 가끔씩 당신의 개를 힐링할 때, 그가 정서적인 문제에 대한 힐링이 필요하다는 느낌을 받을 때가 있다. 당신의 직관과 개의 기호에 따르도록 하라. 앞 사진에 보이는 두 포지션이 정서적 힐링에 초점을 맞추기 위한 좋은 방법이다. 한 가지 접근법은 그가 편안해한다면 한 손은 그의 가슴에 다른 손은 그의 머리에 두는 것이고 그렇지 않다면 한 손은 그의 가슴에 다른 손은 어깨 사이의 등에 두는 것이다.

정서적 힐링에 집중하는 또 다른 방법은 한 손은 개의 가슴에 다른 손은 어깨 사이의 등에 두는 것이다.

당신의 개는 어떤 때에는 배를 내 줄 수도 있는데, 어떤 개들은 이 포지션을 좋아한다. 손이 닿는 정확한 포지션에 대해서는 걱정하지 말라. 단지 손을 두기에 그에게 편안한 위치를 찾아라.

콜비는 손을 올려놓는 레이키를 받아들인다.

정서적 문제가 있는 더 작은 개들은 테리어 잡종 콜비Colby처럼 당신의 무릎에서 레이키를 받을 수도 있다. 콜비는 그의 첫 주인들로부터 양도받아서 에밀리Emily와 그녀의 가족에게 입양되었다. 처음에 그는 아주 신경과민이었다. 그는 끊임없이 몸을 떨었고, 혼자 남겨지면 으르렁거리고 울었다. 시간이 흘러 새로운 가족의 사랑과 돌봄으로 그는 덜 두려워하게 되었지만 여전히 사람들이 혼자 내버려 두는 것을 싫어했다. 그러나 콜비의 커져가는 확신은 레이키 힐링을 어떻게 받을 것인지 선택하는 데서 입증되었다. 그는 두려움이 있는 다른 많은 개들이 좋아하는 것처럼 조금 떨어진 거리에서 레이키를 받기보다는 실제 캐서린의 무릎에서 손을 올려놓는 레이키 받기를 선택했다. 그는 진짜 레이키 스펀지처럼 그 에너지를 빨아들였다.

개의 다리 힐링하기 · 아래 포지션은 다리와 발에 영향을 주는 부상이나 질병이 있는 경우에 유용하다. 그러나 개가 그것에 편안해 하고 손을 올려놓는 레이키에 동의한 경우에만 이런 포지션들을 사용하라. 먼저, 개가 누워 있는 것과 같이 편안한 자세에 있는지 확인하라. 다음의 핸드 포지션들을 부드럽게 시도해 보라.

앞다리 · 한 손을 팔꿈치에 대고 다른 손은 앞발에 두어라.

뒷다리 · 양손 다 엉덩이에서 시작하라. 그런 다음 한 손을 위쪽 다리에 두고 아래쪽 다리에 다른 손을 놓으면서 손을 뒷발 쪽으로 옮기면 된다.

앞다리의 레이키

뒷다리의 레이키

9장
고양이의 레이키

_____ **고양이는 레이키를 갈망한다**

고양이는 독립적인 본성을 가
지고 있다고 알려져 있듯이, 자기
방식대로의 레이키를 더 좋아한
다. 많은 동물들과 같이 만약 당
신이 그들에게 힐링에 참여하기
를 강요한다고 느끼면 그들은 그
것에 참가하지 않을 것이다. 만
약 고양이에게 레이키의 힐링 에
너지를 제공하고 그가 원하는 만

큼만 받아들이라고 요구하면서 힐링을 시작한다면 그는 보통 에너지를 받아들이는 데 아주 개방적일 것이다. 시작하기 전에 당신이 힐링에 대해 가지고 있을 지도 모를 어떤 선입견으로부터도 자신을 떼어놓고 정서적으로 자신을 집중시키는 것이 도움이 될 것이다. 고양이의 신뢰와 수용을 얻어내는 가장 좋은 방법은 방에서 그로부터 조금 떨어진 편안한 장소를 찾아내어 그가 받아들이기에 편하다고 느끼는 만큼의 레이키만 제공하고 있다는 것을 그에게 알려주며 단지 조용히 앉아 있는 것이다.

조금 떨어진 곳에서 레이키를 함으로써 당신은 그에게 자기 나름의 방식과 그것이 편안하다고 느끼기에 필요한 충분한 시간을 가지고 그것을 평가할 기회를 줄 수 있다. 그가 압박이나 강요받는다고 느끼지 않을 때, 당신은 고양이가 레이키 힐링의 요청을 즐기고 당신과 그 둘 사이의 힐링을 특별한 시간으로 받아들여 빨리 습득한다는 것을 알게 될 것이다.

레이키 힐링은 당신이 손으로부터 그 에너지가 흐르게 하자마자 시작될 것이다. 고양이는 즉시 에너지의 존재를 감지하고 보통은 살펴보게 될 것이다. 예를 들어, 그는 직접 당신의 손으로 와서 킁킁거리거나 당신에게 와서 아주 골똘히 또는 신기한 듯이 쳐다볼 수도 있다. 그가 힐링에 개방적인지 아닌지는 바디랭귀지나 당신 손의 에너지 흐름을

통해 구별할 수 있을 것이다. (동물의 바디랭귀지와 손의 에너지 흐름에 대한 더 상세한 정보는 4장 참조)

고양이가 힐링을 받는 방법은 고양이마다 그리고 힐링마다 다르다. 어떤 고양이는 침대에 웅크리거나 자기가 가장 좋아하는 낮잠 장소로 가서, 꿈속에서 씰룩거리고 달리기도 하면서 깊은 잠이 들 것이다. 다른 고양이는 당신의 무릎이나 심지어 가슴으로 올라와서 크게 가르랑거리기 시작할 것이다. 이때 고양이는 손을 올려놓는 힐링을 하기를 바라는 것일 수도 있는데 만약 그런 경우라고 느낀다면 손을 고양이에게 두고 이것에 대한 그의 반응이 어떤지 알아보면 된다. 그가 이것을 받아들인다면 다른 손도 올려놓고 다시 그의 반응을 살펴보라. 어떤 고양이는 힐링 중에 움직이는 것을 더 좋아하는데, 아마도 처음에는 잠이 들었다가 당신 손에 대고 쿵쿵거리고, 그런 다음에는 몇 분간 당신 앞에 누웠다가 등에 대고 비비고, 당신 앞에 가로눕거나 결국 힐링의 마지막 몇 분 동안 손을 올려놓는 레이키를 해 달라고 무릎으로 기어오를 수도 있다.

당신의 고양이는 이런 것들 중의 어떤 것 하나만 또는 복합적으로 할 수도 있고 그에게 적합해 보이는 다른 어떤 것들을 같이 할 수도 있다. 고양이가 어떻게 레이키를 받아들이는지에 대해서는 걱정할 필요가 없다. 만약 고양이가 힐링 중에 돌아다닌다면 그는 개의치 않고 아주 효과적으로 레이키를 받아들이고 있는 것이므로 그가 무엇인가를 "잃어버리고" 있다고 느낄 이유가 없다. 이번 힐링에서 다음 힐링으로 가더라도 고양이의 기호는 바뀔 수 있다는 것을 유념하라.

가정에 고양이가 한 마리 이상이 있다면 그룹으로 모든 고양이에게 같이 레이키를 할 수도 있다. 그룹힐링은 매우 효과적이고 한 마리 이상의 고양이를 가지고 있는데 각각에게 힐링을 하기에 시간이 없는 사람들에게 편리할 수 있다. 보통 고양이들은 누가 먼저 힐링을 받을 지 결정하고 순서대로 돌아갈 것이다. 다른 경우에 고양이들은 당신이 힐링을 할 때 주변으로 몰려들 것이고 당신은 결국 각 손을 다른 고양이에게 둘 수도 있고, 아니면 모두 에너지를 흡수할 수 있도록 한 고양이는 손 아래에 다른 고양이들은 근처에 모여있을 수도 있다.

고양이들이 충분한 레이키를 받았다면 그들은 당신에게 알려줄 것이다. 예를 들어 그들은 깨어나서 하품을 하고 몸을 쭉 뻗으며 물을 마시고 다른 활동에 빠지며 방을 떠나거나 밖으로 나갈 수도 있다. 당신의 손을 통하는 레이키의 흐름 또한 거의 동시에 줄어들 것이다. 당신은 고양이가 아직 잠을 자고 있는 중에도 손에서 에너지의 흐름이 줄어드는 것을 느낄 수도 있는데, 이런 경우에는 고양이가 레이키 힐링으로 수반된 깊은 잠을 즐기도록 조용히 방을 나가면 된다.

닥터 무 슈^{Mu Shu}

나의 사랑스러운 점박이 고양이 무 슈는 동네 고양이 깡패와 맞닥뜨려 귀에 피가 딱딱하게 굳어진 채 집으로 돌아왔다. 다음날 귀는 부풀어 올랐고 분명히 별로 안 좋아 보여서 수의사에게 귀 진찰을 받으러 데려갔다. 의사는 면도를 하고는 고양이 깡패가 귀를 관통하여 물어 거의 1/2인치 가량의 자상을 내며 귀를 찢어 놓은 것을 발견했다. 고양이의 귀에는 혈류량이 비교적 거의 없기 때문에, 치료가 잘 되지 않고 영구히 못 쓰는 귀가 될까봐 의사는 걱정을 했다. 그는 항생제를 주사하고 우리를 집으로 돌려보냈다.

다음 몇 주 동안 무 슈는 나를 어디든 따라다녔고, 내가 앉을 때마다 레이키를 해 달라며 내 무릎 위로 뛰어올랐다. 나는 아주 바쁘고 일에 너무 몰두해 있어서 무 슈의 바람에 응하긴 했지만 당면한 다른 문제들에 대부분 마음을 쓰며, 무 슈의 레이키 요구에 주로 기계적으로 응대했다. 며칠 동안 나는 컴퓨터 작업을 하고, 읽고, 전화하고, 심지어 때로는 먹는 것까지 한 손으로 모든 것을 했으며 다른 손은 무 슈의 고집대로 레이키 "꼭지"가 완전히 틀어진 채 무 슈에게 달라붙어 있었다.

5일째 되는 날, 무 슈가 내 무릎 위에 행복하게 앉아 레이키에 접속하고 있었을 때, 내가 그의 귀를 쳐다보니, 최근의 아주 끔찍한 부상에 대한 어떤 흉터나 표시도 없이 아주 작은 핀 머리 크기의 딱지만이 그 곳에 상처가 있었다는 것을 알려주기 위해 남아있음을 알게 되었다. 레이키 힐링의 베테랑인 무 슈는 자신이 필요하다고 느끼는 힐링을 얻는 법을 정확히 알았고 내 역할에 대한 많은 의식적인 관여 없이도 그것을 얻어내는 것을 해냈다. 나는 단지 닥터 무 슈의 훌륭한 힐링 계획을 따랐을 뿐이다.

– 엘리자베스

여러 마리의 고양이 힐링하기

여러 마리의 고양이에게 동시에 손을 올려놓는 레이키를 하는 것이 가능한데, 이때는 누구도 배제되었다고 느끼거나 질투하지 않도록 모든 고양이에게 힐링을 오픈한다. 오른쪽 사진에서 바비 Bobby가 손을 올려놓는 힐링을 받고 새미 Sammi가 함께한다. 캐서린은 손을 직접적으로 새미에게 올려놓을 필요는 없다. 그는 가까이 있는 것만으로도 에너지를 흡수하고 있다. 에너지는 가야할 필요가  있는 곳으로 간다는 것을 기억하라. 당신이 레이키를 제공할 때 당신 고양이 스스로 어디에 자리를 잡는지를 보여줌으로써 어떤 힐링을 원하는지를 알려줄 것이다. 당신은 그들이 이완된 것을 보고 레이키를 받고 있다는 것을 알 수 있을 것이다.

_____ **힐링 개요**

접근 · 항상 허락을 구하고 원하는 만큼의 에너지만 받아들이면 된다는 것을 고양이에게 알려주는 것으로 시작하라. 그가 어떤 힐링을 더 좋아하는지 알아보기 위해 고양이의 바디랭귀지를 지켜보라. 당신의 고양이 친구에게 레이키를 강요하지 않도록 명심하라. 단지 제공하고 그가 선택하는 것을 보라.

떨어진 곳에서 힐링하기 · 대부분의 고양이들은 떨어진 곳에서의 레이키를 더 좋아한다. 당신의 고양이는 힐링 중에 아마도 가까이(어쩌면 당신에게 기대어) 자리 잡거나 몇 피트 떨어져 있을 것이다. 힐링 중에도 역시 종종 움직임이 있다. 고양이는 힐링 시간 동안에 당신에게로 와

손의 냄새를 맡고 나서 방을 가로질러 가서는 침대에 편하게 자리 잡을 수도 있다. 그의 힐링에 대해 얼마나 가까이에서 하기를 원하는지는 고양이가 결정하게 하라.

기본적인 바디 포지션들 · 고양이는 일반적으로 개보다 작아서 보통 힐링 중에 하나 또는 두 개의 핸드포지션으로 충분할 것이다. 고양이는 대개 당신의 손이 몸의 양쪽에 닿는 걸 좋아하는데 한 손은 가슴에 다른 손은 등에 놓거나, 두 손을 등이나 엉덩이에 놓는 것을 좋아한다. 고양이의 기호를 민감하게 파악하라.

그 외 포지션들 · 가끔씩 고양이에게 특정 건강 문제가 있을 때, 예를

들면 힐링 중에 자기 머리나 앞발을 당신의 손에 놓는 것처럼 그는 자기 몸에서 발병한 부위를 당신의 손 안에 둔다. 그냥 유연하게 있고, 당신의 고양이가 손을 올려놓는 레이키가 필요한 부위를 당신에게 보여줄 수 있게 하라.

힐링 끝내기 · 고양이가 힐링을 끝냈을 때 그는 다가와서 쿡 찌르거나 뽀뽀를 하는 것으로 고마움을 표현할 수 있다. 그가 일상을 재개하기 위해 떠나기 전에 힐링을 받아들여준 것에 대해 고마워하고 어쩌면 고양이를 어루만지면서 그의 참여에 대해 당신이 얼마나 감사해하고 있는지 잠깐 동안 시간을 내어 그에게 알려주라. (더 자세한 정보는 4장과 5장 참조)

시몬Simon 더 편하게 숨쉬기

처음 시몬을 만났을 때, 그는 힘든 시기를 보내고 있었다. 시몬은 만성 천식으로 고생하고 있었고 어떤 날들은 숨쉬기에 힘들었다. 그날 나는 브라이트헤이븐BrightHaven 동물 보호구역에서 내가 가장 좋아하는 고양이 중 하나인 크리스탈Crystal에게 레이키를 하기 위해 그곳을 방문하러 갔다. 크리스탈은 생이 끝나가고 있었고 그 후 레이키의 많은 도움으로 평화로운 죽

캐서린이 손을 시몬의 가까이에 두지만 직접 올려놓지는 않음으로써 그의 이완에 방해를 주지 않고 레이키를 할 수 있다.

음을 맞이했다. 크리스탈과의 마지막 힐링을 끝냈을 때, 부끄러움 많은 아름다운 검은 고양이가 방으로 뛰어 들어와 자기 머리를 내 팔, 다리 그리고 옆구리 전체에 비비면서 말 그대로 나에게 몸을 던졌다. 시몬은 마치 내가 그의 힐링을 곧 시작해주기를 원하는 것처럼 성급하게 야옹야옹 울었다.

캐서린이 손을 자기 가슴에 올려놓을 수 있도록 시몬이 그녀의 손 쪽으로 물러난다.

나는 바닥에 앉아 내 손이 폐 부위를 감쌀 수 있도록 시몬의 몸을 내 무릎에 놓았다. 손은 즉시 뜨거워졌고, 그는 힐링을 준비하며 깊고 가르렁거리는 한숨을 쉬었다. 힐링을 반쯤 했을 때, 그가 심한 기침을 하였다. 코는 심하게 막힌 소리가 났고 콧물이 흐르기 시작했으며 호흡을 가다듬지 못하는 것처럼 들렸다. 잠시 후 기침이 그의 폐를 깨끗이 해 준 것 같았다. 시몬은 심호흡을 하고 잠이 들었다. 나는 거의 한 시간 동안 힐링을 계속했는데 다른 곳에서의 약속 때문에 결국 끝마쳐야만 했다. 그를 무릎에서 내려가게 하는 것은 힘들었다. 그는 나에게 발로 매달려 애달프게 울었다. 나는 진심으로 더 오래 머물고 싶었다. 집에 왔을 때 나는 그를 정기적인 그룹 원격 힐링을 받을 동물들을 적어 놓은 원격 고객 리스트에 올려놓았다.

그날 이후, 브라이트헤이븐을 방문할 때마다 나는 항상 하루 중 어느 시간에 시몬이 나를 찾는 것을 기대할 수 있다. 그는 항상 방으로 달려 들어와 기쁨과 기대에 차 내 무릎 위로 뛰어오른다. 그는 매 힐링 때마다 일종의 "힐링 반작용"인 기침 사건을 겪는 것처럼 보이지만, 천식에 대해 레이키

캐서린은 시몬이 레이키 힐링에 참여해 준 것에 대해 고마워한다.

로부터 엄청난 위안을 찾는 듯 보였다. 이런 힐링 반작용들이 약간은 불편해 보이지만 그는 항상 힐링이 끝날 때쯤엔 훨씬 더 건강하고 더 편안해 보인다.

― 캐서린

그래디Grady 놀라운 회복

처음 그래디를 만났을 때 그는 고열에다가 아주 무기력했다. 그래디는 수의사에게 가는 길이었는데 그의 약속시간 전에 겨우 시간을 내어 나는 짧은 레이키 힐링을 했다. 그는 레이키에 매우 개방적이었고 얼마동안은 긴장을 풀지 못했지만 힐링 중에 빨리 잠이 들었다. 동물병원에 가자마자 그래디는 농흉 또는 폐와 흉부벽 사이의 늑막 감염을 진단받았다. 그에게는 즉시 산소 탱크가 끼워졌고 수술하기에는 건강이 좋지 않다는 말을 들었다. 그의 예후는 좋지 않았다.

나는 계속해서 매번 믿을 수 없을 만큼 엄청난 양의 에너지 흐름을 느끼면서 그래디에게 매일 원격 레이키를 보냈다. 놀랍게도 그는 수술을 받을 수 있을 만큼의 힘을 회복했다. 나는 수술 당일에도 그에게 레이키를 보냈고 그 다음 며칠 동안도 그렇게 했다. 수술은 대성공이었고 그는 이제 완전히 회복되었다. 지금 그

그래디가 "레이키 낮잠"에 빠졌다. 그의 이완을 방해하기 보다는 캐서린은 이 포지션으로 전체 힐링을 한다.

는 아주 크고 힘세고 잘생겨서 그가 죽음의 문턱까지 갔었다는 것을 당신은 절대 알지 못할 것이다. 사람들이 손을 두는 것에 대한 관심에 항상 개방적이진 않지만 그는 내가 방문할 때마다 하는 손을 올려놓는 레이키는 즐겁게 받아들인다.

― 캐서린

힐링을 시작하기 전에 방에 자리 잡고 레이키를 원하는 고양이가 다가오도록 하라. 고양이는 어떻게 레이키를 받을 지 선택하기를 좋아한다. 앞의 사진에서 여러 명의 고양이가 이완되어 있고 근처에 있는 것을 주목하라. 다른 고양이들은 더 멀리 가 버렸다. 그들은 에너지를 느끼고 자신들이 힐링을 원하는지 아닌지 결정하며 편안한 장

방에 들어가서 레이키와 집촉하기를 원하는 고양이들이 오도록 하세요.

소인 레이키를 받기에 더 좋은 거리를 찾고 있다. 당신이 참을성을 가지고 동물이 당신에게 오도록 한다면 고양이들은 때로는 손을 올려놓는 레이키를 선택할 것이다.

_____ 손을 올려놓는 힐링

고양이들은 주로 레이키 힐링의 초기에는 자신들에게 가장 좋은, 당신 손에서의 포지션을 찾으며 "레이키 낮잠"에 빠지기 전에 이리저

리 움직인다. 당신의 손을 움직이면서 고양이가 움직일 수 있도록 하라. 손을 고양이의 어깨에 얹어 시작하고 그가 당신을 어디로 이끄는지 살펴보라.

주의 · 고양이를 강제로 자리 잡도록 하지 말라. 참을성을 가지고 어떻게 힐링이 펼쳐질지 고양이가 선택하도록 만들어라. (P.173의 사진 1) 만약 고양이가 힐링 중에 주기적으로 계속해서 움직인다면 고양이가 선택한 핸드 포지션을, 그가 원하는 순서대로 사용하라. 숫자와 순서에 대해서는 너무 걱정하지 말고 단지 고양이의 리드를 따라라. 당신은 하나 또는 두 개의 포지션으로 결국 힐링을 끝낼 수도 있고, 아니면 당신의 고양이가 자기 머리, 몸 그리고 다리 위로 계속해서 당신의 손을 움직일 수도 있다. 레이키는 가야할 곳으로 찾아갈 것이다.

어떤 때는 고양이들이 힐링 기간 중에 깊은 잠에 빠지면서 진정되기도 한다. 이런 경우, 당신이 고려해 볼 수 있는 바디 포지션들이 몇 개 있다. 어깨에서 출발하라(P.173 사진2). 척추 양쪽으로 몸을 따라 손을 아래로 이동하라(P.173 사진 3). 척추 중심에서 끝내라(P.173 사진 4).

고양이가 자리를 잡거나 잠을 잘 때, 그는 레이키 힐링을 깊이 흡수하고 있다는 것을 명심하라. 만약 손을 움직이는 것이 그의 휴식을 방해하거나 신경 쓰이게 만들고 불편하게 한다면, 그때는 잠시 기다려 손을 올려놓고 고양이에게 가장 편안해 보이는 포지션으로 전체 힐링을 하는 것이 더 낫다.

새미^{Sammi}의 손을 올려놓는 힐링

새미는 브라이트헤이븐 이전에 있었던 곳에서 돌아다니며 살았다. 어느 날 그는 자진해서 집 안으로 들어오기로 결정했다. 처음 도착했을 때는 비쩍 말랐고 사람들을 두려워했다. 그의 변화는 놀라웠다. 그는 이제 항상 손을 올려놓는 레이키에 나서는 아주 사랑스럽고 다정하며 느긋한 고양이이다.

– 캐서린

1. 새미가 레이키 힐링을 위해 자리를 잡는다.

2. 캐서린이 새미의 어깨에서 힐링을 시작한다.

3 캐서린이 새미의 척추 양쪽으로 몸을 따라 손을 아래로 움직인다.

4. 레이키 힐링은 새미의 척추 중심에서 끝이 난다.

바비^{Bobby}와 린다^{Linda}

바비가 브라이트헤이븐에 도착했을 때, 그는 매우 병들고 잘 먹지 못했다. 시간이 흘러 그가 엄청나게 좋아졌지만 여전히 그는 만성적 구강 질환으로 고통 받고 있다. 아주 사랑스럽고 다정한 고양이 바비는 레이키 힐링을 아주 좋아한다. 그는 또한 정기적인 침술 힐링으로도 효과를 보고 있다.

린다는 어느 날 그의 짝과 다섯 마리의 새끼 고양이를 게일^{Gail}의 집에 머물기 위해 데려왔던 떠돌이 고양이였다. 처음에는 사람들을 매우 두려워했지만 그는 이제 사람들에게 아주 다정하고 항상 무릎에 앉을 준비가 되어 있다. 린다는 브라이트헤이븐에서의 레이키 힐링 중에 그룹으로부터 배제되는 것을 원하지 않고 항상 내 무릎 위에 바로 자리 잡거나 그 일원이 되기 위해 아주 가까이에 있곤 한다. 그의 만성 비염은 또한 동종요법과 침술로 도움을 받았다.

- 캐서린

마음씨 고운 고양이, 올리버 Oliver

나는 브라이트헤이븐에서 유명한 올리버를 처음 만났다. 모든 역경을 딛고 살아남은 그의 이야기는 텔레비전 시리즈 동물의 기적에 소개되었다. 올리버는 몇 년 전 죽을 뻔한 경험(다시 말하자면, 포식자) 때문에 다리가 세 개밖에 없지만 그가 돌아다니는 것을 보면 당신은 그걸 눈치 채지 못할 것이다. 그는 당신을 꿰뚫어 보는듯한 매우 아름다운 파란 눈을 가지고 있다. 올리버의 특별한 재능은 다른 이들을 향한 연민과 사랑이다. 브라이트헤이븐에서는 가장 도움이 필요한 동물들을 입양하는데 대개는 생이 끝나가는 이들로, 그는 마지막에 그들의 가장 좋은 친구가 되어준다.

올리버는 그와 레이키가 몇 년 동안 오랜 친구이기라도 했던 것처럼, 바로 첫 힐링에서부터 레이키를 받아들였다. 그는 힐링 동안에 아주 편안하고 평화로워 했다. 그것은 마치 그가 가장 필요로 하는 바로 그 방식으로 레이키가 자기를 힐링해 주고 있다는 것을 이해하는 것 같이 보였고 그는 단지 긴장을 풀고 에너지를 받아들이는 것에 고마워했다. 나는 올리버에게 레이키를 할 때 마음이

올리버는 대부분의 고양이와 마찬가지로 한 손은 가슴에, 다른 한 손은 어깨에 두는 것을 좋아한다.

아주 넓어지고 사랑으로 채워지는 것 같은 느낌이 든다. 나는 그것이 올리버의 마음, 그의 끝없는 친절함과 연민을 향해 흐르는 에너지임에 틀림없다는 것을 느낀다. 그것은 마치 가장 도움이 필요한 동물을 위해 거기에 함께 있어주는 올리버의 임무를 레이키가 지원해 주고 있는 것처럼 보인다.

— 캐서린

10장
말의 레이키

말은 에너지 면에서 호기심이 많고 민감한 특성이 있다. 말들은 당신의 손을 살펴보기 위해 손으로 직접 다가와 그들에게 주는 에너지를 즉각적으로 감지할 것이다. 힐링에 대한 선입견을 버리고 앞으로 어떻

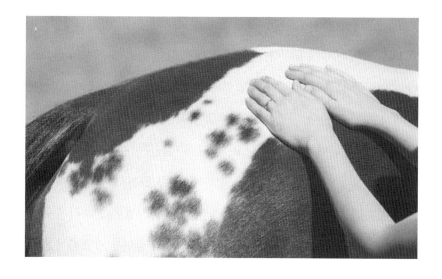

게 할 것인가는 그들이 결정하도록 하라. 힐링은 그들에게 다가갈 때
보다 그들이 당신에게 다가오도록 할 때 훨씬 더 성공적일 것이다.

힐링을 시작하기 전에, 말이 편하게 느끼고, 움직이기에 자유로우
며 당신이 방해받지 않을 만한 장소에 있는지 확인하라. 그가 다른 말
들과 목초지에 있을 때에도 힐링이 가능하지만, 이런 경우 대개는 우
두머리 말이 다른 말들이 가까이 접근하는 것을 허용하지 않으면서 자
신이 먼저 레이키를 받으려고 할 것이다. 결국 모든 말들을 동시에, 아
마도 상당히 떨어진 거리에서 힐링하게 될 것이다. 레이키는 멀리서도
작용하고 여러 마리의 말들을 동시에 힐링할 수 있지만, 특히 처음 배
울 때 당신의 말을 따로 힐링하는 것이 당신과 말 모두가 더 완전히 긴
장을 풀 수 있고 말의 반응과 그가 힐링을 어떻게 받아들이는지에 대
한 자신의 직관에 더 집중할 수 있기 때문에 더 낫다.

따로 떨어진 방목장이나 가축 우리는 힐링을 하기에 최적의 장소이
다. 여기서, 당신의 말은 다른 말이나 사람들로부터 방해받지 않고 자
신에게 가장 편안한 거리에서 긴장을 풀고 레이키를 받아들일 수 있
을 것이다. 레이키는 마구간 담요, 텐트 비막이 천, 붕대, 포장지를 통
과하여 작용할 수 있으므로, 말을 편하게 할 수 있는 것이라면 어떤 덮
개가 있더라도 괜찮다. 방목장으로 들어가 당신은 말에게 허락을 구하
고 원하는 만큼의 에너지를 받아들이면서, 그의 참여를 강요하지 않을

것임을 알려준다. 처음에는 두 손을 양 옆에 아래로 내린 채 단지 레이키가 흐르기 시작하도록 하면서 말에서 10~15피트 떨어져 서 있어라. 말이 당신 손을 핥으러 가까이 다가와 머리를 내리고 뒷다리를 굽혀 핥고, 오물거리거나 낮잠을 자려고 자리를 잡는다든지 하는 수용의 신호를 살펴보라.

같은 말도 두번째 힐링에서는 다르듯이 모든 말은 다르므로, 당신이 자기 말을 잘 알고 있고 정기적으로 힐링을 한다 하더라도 각각의 힐링은 항상 떨어진 거리에서 시작하는 것이 중요하다. 말이 당신 손으로부터 오고 가고 하는 것은 아주 흔한 일이므로 그들이 멀리로 갈 때 따라가지 말고 그렇게 하는 것을 허용해 줘야 한다. 당신이 손에서 에너지가 흐르고 서서히 약해지는 것을 느끼는 것처럼 그들이 힐링을 받아들이는 방식에도 "일진일퇴$^{ebb\ and\ flow}$"가 있다. 그들은 당신 손에 기대어 자리를 잡았다가 다른 쪽으로 갔다가 다시 돌아오고 하면서 당신에게 가까이 오거나 멀어질 수 있는데, 이 패턴은 힐링 도중에 몇 번씩 되풀이될 수 있다.

말은 보통 손을 올려놓는 레이키를 즐긴다고들 한다. 이런 경우 그들은 당신에게 와서 조용히 자리 잡고 전체 세션 동안 잠을 잘 것이다. 그 말이 손을 올려놓는 힐링에 개방적이라면 일련의 (다음에 나올 사진에서 설명된) 핸드포지션들은 당신의 말이 처하고 있을 지도 모를 문제에 대한 피드백을 줄 뿐만 아니라 그의 에너지를 힐링하고 균형을 맞추는 데 아주 효과적일 것이다. 힐링이 필요한 부위를 찾기 위해서는 말의 행동 뿐 아니라 당신의 직관도 따르라. 말은 레이키 힐링을 위해 몸을 돌리거나 그의 신체 특정 부위를 당신의 손 쪽을 향해 뒤로나 옆으로 직접 갖다 댈 수도 있다. 그는 불편한 발을 쿵쿵거리고 아픈 발로부터 체중을 다른 쪽으로 옮기거나 힐링이 필요한 곳이 어딘지에 따라 발이나 전체 척추를 위로 올리고 쫙 뻗을 수도 있다. 그는 정서적 힐링을 위해 움직이지 않고 조용히 서서 머리나 가슴을 당신에게 내어 줄지도 모른다. 그리고 힐링이 끝나면 그는 더 일상적인 말의 행동으로 되돌아가기 위해 당신에게서 멀어지기 전에 아마도 뽀뽀, 코로 살짝 밀기 또는 센 콧김으로 고마움을 표할 것이다.

파란 리본을 단 숙녀 테스^{Tess}

나의 레이키 고객들 중에 테스라는 친절한 마음을 가진 앙증맞고 아름다운 조랑말이 있다. 그 말은 어린 아이들에게 말 타는 법을 가르쳐 준다. 그녀는 가장 어린 아이에게도 참을성이 있고 친절하며 상냥하다. 그녀가 첫 공연에서 어린 아이들로부터 받은 수십 개의 파란 리본을 세는 것은 불가능할 것이다. 그녀는 정말 많은 아이들의 삶에 영향을 미치고 풍요롭게 해 주었다.

테스와 캐서린

테스는 자신의 삶이 품위와 위엄이 있고, 설명하기는 어렵지만 말을 아는 사람이라면 누구라도 내가 무슨 말을 하려는지 알 만한 그런 상냥한 영spirit을 가진 삶을 받아들이는 것처럼 레이키 힐링을 받아들인다. 테스의 만성적인 건강상의 문제는 소화이다. 나는 레이키 힐링 동안 내 바로 옆에 누워 뒹구는 그때 그녀의 위가 걱정스럽다는 것을 알았다. 그때 그녀는 구르다가 머리를 들어 올려 나를 쳐다보며 거기에 누웠다. 힐링이 끝날 때쯤에 그녀는 훨씬 더 기분이 좋아져 일어서서 큰 한숨을 쉬고 몸을 털 것이다.

- 캐서린

쇼니Shawnee

나는 늘 말을 사랑했고, 평생동안 탔지만 나의 첫 번째 말이라고 부를 수 있는 쇼니는 나에게 가장 특별한 동반자 말이다. 나는 약 4년 전에 그를 발견했다. 내가 타고 도와주던 말이 은퇴를 하게 되어 그 주인이 그를 몇 시간 거리에 있는 은퇴농장으로 보냈다. 그에게 작별을 고하기란 가슴 찢어지는 일이었지만 나는 그것이 나의 "말과 함께 한 삶horsey life"에서 새로운 장을 시작할 시간이라는 것을 알았다. 나는 내 말을 가질 준비가 되었다. 나는 적절한 말이 나를 찾을 것이고 그를 만나면 알아볼 수 있을 거라 믿으면서 이 상황에 대해 원격으로 레이키 힐링을 보내기 시작했다.

놀랍게도 몇 달 후, 엘리자베스가 최근 자기 말을 옮겼던 새로운 농장을 함께 방문했을 때 쇼니를 소개받았다. 그의 주인이 병이 나 쇼니를 돌볼 수 없어서 그를 팔고 싶어 했다. 그냥 털을 다듬고 (그의 발의 털은 너무 자랐고, 물때가 있었으며 갈기와 꼬리는 털이 엉겨 붙어 있었다) 그가 풀을 뜯을 때 함께 시간을 보내며 그와 보낸 첫날에 나는 그의 상냥한 성격과 그가 가진 고요한 에너지에 깊이 감명 받았다. 며칠 후, 나는 다시 돌아갔지만 (내가 모르는 사이에) 쇼니는 목장의 다른 곳으로 옮겨지고 없었다. 그를 찾으러 목초지에 갔을 때, 나는 갑자기 뒤에서 큰 울음소리를 들었다. 나는 돌아보았고 거기, 목장 건너편에서 그가 기대감으로 두 귀를 앞으로 쫑긋 세우며 나를 빤히 쳐다보고 서 있었다. 나는 믿을 수가 없었다. 단지 몇 시간 함께 있었는데, 그가 나를 알아본 것이다. 그것은 마치 쇼니가 이미 나를 선택한 것 같았다!

우리는 며칠을 더 함께 보냈다. 심지어 나는 경기장과 근처 오솔길에서도 쇼니를 탔다. 그는 아주 자발적이고 사랑스러워서 나는 그가 나를 위한 말이라는 것을 깨달았다. 안타깝게도 수의사의 검진에서 쇼니의 다리 세 개가 관절염 후기인 것 같았다. 그는 아주 어렸을 때부터 목장용 말과 몰이용 말이었고 그것을 입증하는 관절염이 생겼다. 이 소식에도 불구하고 나는 그를 사서 일주일에 세 번에서 다섯 번 정도 레이키 힐링을 하기 시작했다.

매번 타고 나서 정기적으로 레이키 힐링을 하면서 나는 그를 천천히 훈련 프로그램에 다시 데려왔다. 평생 서부 말이었던 그에게 이제는 마술 훈련으로 바뀌었고 그것을 쉽게 받아들였다. 몇 달 내로 쇼니는 완전히 건강하고 멋진 체격을 가지게 되었으며, 그의 털은 새로 나온 동전처럼 빛이 났다. 나는 그것을 과장하지 않으려 조심했고 우리가 함께 있는 것을 본 사람들은 그가 관절염이 있었다는 것을 믿지 못했다. 그는 레이키 힐링을 아주 좋아했으며 내가 그를 탈 때마다 힐링을 기대하면서 왔다. 나의 레이키 힐링의 일이 헛간에서 확장되면서 그는 내가 다른 말들에게 레이키 힐링을 할 때 자기 차례를 기다리며 참을성 있게 나를 지켜보았다. 이윽고 나는 쇼니에게 레이키 힐행을 하기 위해 배우는 사람들을 헛간으로 데려 오기 시작했다. 때로는 이것이 사람이 말 근처에 있는 첫 경험일 수도 있는데 쇼니는 상냥하고 참을성 있었으며 언제나 그랬듯이 훌륭한 레이키 티쳐였다.

최근에 나는 쇼니를 승마로부터 은퇴시키기로 결정했다. 나는 그가 목초지에서 많은 사랑, 털 손질, 산책, 그리고 풀을 뜯어 먹으며 한가한 삶을 보냈다고 생각한다. 하지만 나는 그가 가끔 몇몇 레이키 배우는 사람들을 가르치는 것을 싫어하지는 않을 거라는 것을 안다.

– 캐서린

힐링 개요

접근 · 항상 말에게 그가 원하
는 에너지만 받아들이면 된다는
것을 알려주면서 먼저 허락을 구
하라. 대부분의 말들은 시작하기
전에 말로 하는 가벼운 인사와 쓰
다듬어 주는 것을 좋아한다.

말의 다리를 힐링할 때는, 근처나 옆에 쪼그리고
앉는다.

떨어진 곳에서 힐링하기 · 힐링은
떨어져서 시작하고 힐링을 할 때 얼마나 멀리 떨어져 있어야 하는지는
말이 결정하도록 하라. 그가 가 버려도 따라가지 말고 단지 에너지가
계속 흐르게 하라.

기본적인 바디 포지션들 · 어느 쪽이든 한 쪽 어깨에서 시작해서 척추
양쪽을 따라 아래로 움직여라. 엉덩이에서 끝내라.

그 외 포지션들 · 관절에 초점을 맞추면서 다리를 추가할 수도 있고
만약 말이 머리에 핸드 포지션을 요구한다면 그것을 해도 된다.

힐링 끝내기 · 말에게 힐링에 참가해 준 것에 대해 고마움을 표하고

만약 그가 좋아한다면 얼마 동안 어루만지고 잠깐 동안 마사지하는 시간을 가져라. (더 자세한 정보는 4장과 5장 참조)

_____ **떨어진 곳에서 힐링하기**

많은 말들이 떨어진 곳에서 레이키 하기를 더 좋아한다. 레이키는 손을 올려놓는 것만큼이나 떨어져서 할 때도 똑같이 효과적이다. 레이키는 에너지이기 때문에 당신이 에너지를 주겠다는 의도를 가지고 있고 말이 기꺼이 힐링을 받으려고 한다면 그것은 쉽게 거리를 가로질러 갈 수 있다. 말들은 일반적으로 에너지에 매우 민감하고 영리하

스웨슨은 레이키 힐링으로 깊이 이완된다.

기 때문에 말이 에너지를 느끼고 또 즐기고 있다는 것을 당신에게 매우 분명히 보여준다는 것을 일반적으로 알게 될 것이다.

어떤 힐링에서건, 허락을 구하는 것으로 시작하는 것이 중요하다. P.185의 사진 1에서 볼 수 있듯이 코디액Kodiak은 풀을 뜯어먹는 것에 매우 관심이 있어 이때까지 캐서린이 목초지에 있는 것을 몰랐다.

떨어진 거리에서 힐링하기

1. 캐서린이 코디액에게 레이키 힐링을 한다는 허락을 구한다.

2. 코디액이 레이키를 감지하고 캐서린의 손으로 다가온다.

3. 힐링 중에 코디액은 아마도 에너지를 즐기면서 그녀의 손에 입을 비빈다.

4. 코디액은 캐서린이 그의 엉덩이에 집중 하도록 해 준다.

그녀가 코디액에게 레이키 하기를 시작하자마자 그는 곧바로 에너지를 느낀다. 이런 경우, 코디액은 풀 뜯어먹는 것을 그만두고(에너지는 그에게 있어 먹는 것보다 훨씬 더 흥미롭다) 바로 캐서린의 손으로 다가온다(위의 사진 2).

코디액은 아주 어리고 매우 예민하다. 그는 계속해서 몇 분 동안 캐서린의 손에 입을 댔다(위의 사진 3). 그가 레이키 힐링의 초기에 종종 이런 행동을 보여주는 것은 아마도 에너지가 그의 입을 간질이는 것 때문인지도 모른다.

얼마 후, 그를 다시 쳐다보니 긴장을 풀고 이번에는 캐서린에게 더 가까이에 서서, 계속해서 힐링을 의식하며 에너지와 연결되어 있었다. 그는 결국 에너지가 그의 엉덩이에 집중할 수 있도록 몸을 돌렸다 (P.185 사진 4).

때때로 당신은 레이키가 아주 많이 필요한 시간과 장소에 자신이 있음을 알게 될 것이다. 그런 한 예가 어느 가을 날 엘리자베스가 그녀의 말과 마구간에 있을 때 일어났다. 그녀는 힘든 상황이 펼쳐지는 것을 지켜보았다. 한 부부가 어미 말과 망아지를 타서 그들을 다른 시설 쪽으로 데려 가려고 했었다. 망아지는 태어난 이후로 많이 다루어지지 않아 사람에 대해 매우 경계적이었다.

남편은 어미 말을 타서 트레일러에 실었고 아내는 망아지를 타려고 했다. 망아지는 엄마를 부르고 있었고 시간이 지날수록 점점 더 공황 상태가 되고 있었다. 망아지는 아내를 스쳐 지나 1에이크 정도의 넓고 확 트인 곳으로 나가 완전히 공황상태에서 거칠게 달렸다. 어미 말은 망아지 때문에 소리를 지르며 트레일러에서 일어서 밖으로 나가 망아지한테 가려고 했다. 그 부부는 망아지의 공황상태를 부추기며 뒤쫓기 시작했다. 몇 분 뒤 관련된 말, 망아지, 그리고 사람들 모두가 극도로 흥분해서 그 상황에 대한 평화로운 해결책이 없을 것 같이 보였다. 엘리자베스는 마음속으로 레벨 2 원격 상징을 그렸고 에너지가 그 상황에 대해 흐르도록 했다.

몇 분 내로 상황은 점차 축소되었다. 부부는 망아지 쫓기를 멈추었고 어미 말은 소리 지르며 다리를 들어 올리는 것을 그만두었다. 망아지는 남편이 고삐를 잡고 굴레를 씌워 어미 말이 있는 트레일러로 데리고 갈 수 있을 만큼 진정되었다. 그들은 안전하게 차를 타고 갔고, 엘리자베스는 다시 한 번 레이키의 부드럽지만 강력한 작용에 대해 감사했다.

코디액. 파란 눈의 아기

코디액과 나는 2005년 2월 서로를 알게 되었다. 최근에 네 살이 된 그는 실제 "1000파운드의 아이"이다. 그의 집중 시간은 아주 짧고 모든 것을 입으로 가져가며 "아니오"라고 말하고 어떤 일이 일어나는지 지켜보는 것을 좋아한다. 그의 성장의 일부가 된다는 것은 나에게 새롭고 흥미로운 경험이다. 나는 그의 유치가 빠지는 것과 그가 매일 새로운 것들을 배우는 것을 거기서 지켜볼 수 있었다. 그는 아주 영리하고 호기심 있어서

모든 새로운 경험들을 열정을 가지고 흡수한다. 그가 내뿜는 반짝이고 활기찬 에너지는 주위의 모든 사람들에게 전염되었다.

코디액은 그가 삶을 살아가는 방식으로 레이키를 받아들인다. 그는 110퍼센트의 열정을 가지고 그것을 흡수하고 그런 다음 몇 분 후에는 다음 모험을 할 준비가 되어 있다. 그를 집으로 데려온 지 며칠이 지나서 코디액은 펜스에서 발을 헛디뎌 코가 베었다. 수의사가 꿰맨 후 나는 그의 치유를 돕기 위해 레이키를 했다. 레이키가 흐르기 시작하자 그는 계속해서 하품을 하고 눈을 감고 머리를 아래로 떨어뜨려 잠이 들었다. 15분 정도가 지나자 그는 깨어나서 마치 "좋아요, 이제 됐어요. 다음은 뭐죠?"라고 말하는 것처럼 나를 쳐다봤다. 내가 계속해서 허락을 구하고 그가 힐링 기간을 결정하도록 하는 한, 코디액은 매우 자발적인 "레이키 스펀지"이다.

– 캐서린

손을 올려놓는 힐링

손을 올려놓고 몸 전체를 힐링하는 데 평균 시간은 60분이 적당하다. 일부 추천 핸드 포지션은 여기에 설명되었지만 이것들은 단지 권장사항일 뿐이다. 손을 올려놓는 힐링을 할 때는 말의 기호가 가장 중요한 고려사항이니 기억하라. 말은 당신이 민감한 부위를 건드려 그 포지션이 불편하다고 느끼면 당신에게서 떠나는 것으로 불편함을 알려준다. 말이 힐링 기간과 과정을 결정하도록 하라. 많은 말들은 손을 올려놓는 레이키를 좋아한다. 그들은 당신이 힐링 중에 핸드 포지션을 바꾸고 이쪽에서 저쪽으로 움직이면서 돌아다닐 때 풀을 뜯어먹거나 심지어 졸면서 가만히 서 있을 것이다.

몸 전체에 손을 올려놓는 힐링

1. 어깨는 손을 올려놓는 힐링을 시작하기에 적당한 곳이다.

2. 척추를 따라 내려가라.

3. 한 손은 엉덩이 끝에, 다른 손은 엉덩이에 갖다 두어라.

4. 한 손은 무릎 관절에, 다른 손은 넓적다리에 갖다 두어라.

말의 어깨는 손을 올려놓는 힐링을 시작하기에 적절한 곳이다(위의 사진 1). 대부분의 말은 어깨를 만져주면 편안하게 느끼기 때문에 그곳은 그들이 손으로 하는 레이키의 느낌에 익숙해지는 좋은 포지션이다. 손에 압력을 가하지 말고 말 위에 살짝 놓아라. 만약 이 포지션이 편하지 않다면 말은 당신의 손에서 떠날 것이다. 그가 가면 따라가지 말고 떨어진 곳에서 레이키를 하는 것이 더 편할 수 있다는 것을 기억하라.

계속해서 손을 부드럽게 말에게 올려놓고(또는 말이 떨어진 것을 더 좋아한다면 피부에서 몇 인치 정도 떼어놓고) 척추의 한쪽 면, 어깨에서 내려와 엉덩이까지 가는 작업을 시작하라. 양손을 척추 한쪽 면에 두고 다음에는 다른 쪽에 두면서, 양쪽을 번갈아 하라(P. 189의 사진 2).

엉덩이에 둘 때에는 두 가지의 기본 포지션을 추천한다. 첫 번째는, 한 손은 엉덩이 끝에 다른 손은 엉덩이 근육에 갖다 두어라(P.189의 사진 3). 두 번째는 한 손은 무릎 관절에 다른 손은 엉덩이에 갖다 두어라. 그렇게 하면 등, 엉덩이 그리고 무릎관절 부위가 커버된다(P.189의 사진 4). 종종 말들은 아래쪽의 다리를 따라 건강상의 문제가 있을 때, 그들은 당신이 이 위쪽부터 힐링하기를 더 좋아한다. 레이키는 가야 할 곳을 찾아가는데 부상 부위에 직접적으로 주어지면 너무 강렬하게 느낄 수도 있다. 당신의 말은 자신에게 어떤 것이 더 편한지 알려줄 것이다.

만약 힐링 시간이 30분밖에 없다면 손을 더 넓게 벌리는 변형 포지션을 시도하라. 더 넓게 벌리는 포지션은 더 넓은 지역을 더 빨리 커버한다. 이 포지션은 또한 큰 말에게 더 좋다.

큰 말은 당신의 손을 좀 더 떨어뜨려서 하는 것이 더 편할 수도 있다.

시간을 절약하는 또 다른 포지션은 척추 양쪽을 동시에 같이 힐링하는 것이다(옆의 사진). 이 포지션은 조랑말이나 작은말에게 좋다. 더 큰 말에게는 어깨부터 엉덩이까지 하라.

손을 척추 양쪽에 두는 이 포지션은 조랑말이나 작은 말에게 더 효과가 있다.

(각각의 뒷다리를 개별적으로 하는 대신에) 뒷다리 둘을 동시에 힐링하기 위해서는 손을 척추 위에 두어라(옆의 사진 참조). 보통 뒷다리의 문제는 한 손은 엉덩이에 다른 손은 꼬리심에 두는 핸드 포지션에 강하게 반응한다. 게다가 당신의 조랑말이나 말이 다리에 직접적으로 레이키를 받는 것에 대해 편안

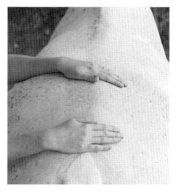

뒷다리 각각에 두 개의 포지션을 행하는 것보다 두 다리를 동시에 힐링하기 위해 손을 척추 위에 두어라.

해하지 않을 때도, 이 포지션은 보통 받아들인다.

말의 다리 힐링하기 · 말의 몸통 힐링을 끝낸 후에는 다리에 손을 올려놓는 힐링이 괜찮은 추가 선택이다. 그렇지 않고 완전한 힐링을 하기에는 시간이 없고 말에게 특별한 다리 부상이 있다면 아픈 다리에 초점을 맞춘 짧은 힐링을 할 수 있다.

말의 다리를 힐링할 때에는 항상 근처나 옆에 쪼그리고 앉아야 한다. 말의 바로 앞이나 뒤에 있지 말라. 또한 땅에 앉지도 무릎을 꿇거나 스툴에 앉지도 말라. 만약 말이 쿵쿵거리면 당신은 재빨리 달아나 발 아래에 갇히는 것을 피한다. 극도로 흥분한 말이나 너무 많이 돌아다니거나 걷어차는 말에게는 다리를 직접적으로 힐링하려 하지 말라.

앞다리부터 시작하고(P.193의 사진 1-4) 그런 다음 뒷다리로 옮겨가라 (P.193의 사진 5-8). 앞다리나 뒷다리 모두 관절에 초점을 맞추면서 몸통에서 시작해서 엉덩이까지 내려가라. 당신의 말이 관절이 아니고 특정 부상이 있는 곳을 편하게 여긴다면, 그 부위에 직접적으로 힐링을 시도할 수 있다. 그러나 관절은 말의 몸에서 에너지가 거의 모이지 않기 때문에 손을 올려놓는 레이키를 집중하기에 좋은 곳이다. 관절을 커버하는 구체적인 방법은 당신과 말에게 편한 것이 어떤 것인지에 따라 다르다. 당신은 손을 관절 주위 앞, 뒤 또는 옆쪽에 놓을 수도 있다. 어느 것이 가장 효과가 있는지 보기 위해 실험을 하라.

다리에 손을 올려놓는 힐링

1. 앞다리. 팔꿈치

2. 앞다리. 무릎

3. 앞다리. 구절(발목 위)

4. 앞다리. 발굽

5. 뒷다리. 무릎관절과 넓적다리

6. 뒷다리. 비절(무릎)

7. 뒷다리. 구절(발목 위)

8. 뒷다리. 발굽

11장
작은 동물의 레이키

토끼, 기니아 피그, 생쥐, 쥐, 흰 담비, 개구리, 뱀, 도마뱀과 같은 작은 동물들은 보통 사람이 집어올리고 잡기가 쉽다. 하지만 사랑으로 잡고 쓰다듬는 것과 레이키를 위해 잡는 것은 아주 다른 것이다. 레이키가 당신 손을 통해 흐르기 시작하면 이 작은 생명체는 이것을 너무 강렬하게 느껴 불편하거나 힐링을 강요한다고 느낄 수 있다.

일단 당신이 그들에게 힐링을 "강요하고" 있다고 느끼면 그들은 레이키를 받지 않고 당신에게서 도망려고 할 것이다. 이것이 바로 이 귀여운 작은 생명체들과 작업할 때 항상 떨어진 곳에서 힐링을 시작하는 것이 특히 중요한 이유이다. 그들을 우리, 새장 또는 수족관에 두든지 무릎에 올려놓든지 아니면 바닥이나 소파에서 당신 가까이에 두든지 간에 항상 그들이 원하는 에너지만 받아들이면 된다는 것을 알려주

고 그들에게 강요하지 않을 거라고 보장하면서 허락을 구하는 것으로 시작하라. 이 힐링은 그들의 선택이고 그들이 바라는 대로 할 것이다. 그런 다음 손을 무릎에 올려놓고, 레이키가 흐르기 시작하도록 하라.

　그들은 당신에게 다가와 무릎 위나 손 아래로 기어 들어갈 수도 있다. 그들은 힐링 도중 자기들에게 가장 좋다고 느껴지는 부위에 레이키의 직접적인 접촉을 받기 위해 당신 손 아래에서 이따금씩 자기 몸을 이리저리 돌릴 수도 있다. 힐링 도중 자리를 떠나 자기 침대로 기어가 잠을 잘 수도 있다. 만약 그들이 새장이나 수족관에 있다면 아마도 당신이 앉아있는 곳에서 가장 가까운 곳으로 다가와 잠이 들 것이다.

　그들이 힐링을 받기 위해 어떤 방법을 택하든지 간에 그것은 그들에게 알맞는 방법이다. 그들의 가벼운 한숨 소리, 잠이 들거나 그저 매우 조용해지고 진정되지만 당신에게서 눈을 떼지 않는 것등 이완된 행동에서 수용의 신호를 살펴보라. 단지 그들이 작다는 것으로 그들이 적은 에너지나 더 짧은 힐링의 필요를 의미하는 것은 아니라는 점을 명심하라. 아주 작은 생쥐를 힐링하더라도 평균 30~60분은 소비하고 많은 레이키 흐름을 느끼도록 준비하라.

집에 한 마리 이상의 작은 동물이 있다면 각 동물에게 개별적으로 레이키를 하거나 모두에게 같이 할 수도 있다. 그룹 힐링은 아주 효과적이고 당신이 개별적인 힐링을 하기에 시간이 없을 경우 편리할 수 있다. 때때로 동물들은 힐링을 받을 때 누가 먼저 받고 순서대로 할지 결정할 것이다. 어떤 때는 당신이 힐링을 할 때 주위에 모여 각 손을 다른 동물에게 얹어야 할 수도 있고, 한 동물은 한 손아래 두고 근처에 모여든 다른 동물들은 에너지를 흡수하게 할 수도 있다.

당신의 동물이 조용하고 이완된 상태에서 빠져나와 다른 활동에 몰두하게 되면 힐링이 끝나고 있다는 것을 알 수 있을 것이다. 그가 당신에게 감사의 제스처를 하면 이것은 그가 힐링을 마쳤다는 또 다른 신호이다. 보통 거의 동시에 당신은 손을 통하는 에너지 흐름의 강도가 줄어드는 것을 의식할 것이고, 당신의 주의가 다른 문제들로 돌려지기 시작하는 것을 발견할 수도 있다. 힐링이 끝날 때는 항상 레이키가 가져다 준 힐링과 동물의 참여에 감사하라.

멜빈Melvin과 모니카Monica

멜빈과 모니카는 아름다운 얼룩무늬와 긴 털을 가진 4개월 된 기니아 피그로 보호소에 양도되었다. 멜빈이 중성화 수술을 하지 않았기 때문에 그들은 각각의 우리에 격리되었지만 종종 앞발로 우리에 기대 꼿꼿이 서서 서로를 쳐다보고 이야기를 나누며 끊임없이 상호작용을 했다. 그들은 서로 아주 사랑하고 있었고 새로운 집으로 가게 되면 같이 있고 싶어 하는 것이 분명했다. 같은 우리에 있게 되면 상호작용이 더 많이 일어날 것 같았기 때문에 멜빈을 중성화 수술을 하기로 결정했다.

다음날의 수술을 위해 그에게 레이키를 보냈을 때, 나는 멜빈에게 왜 그가 수술을 받는지 이야기해 주었다. 나중에는 모니카와 함께 있을 수 있을 거라 설명해 주었을 때, 그는 공중에서 작은 피루엣을 하며 공중으로 계속해서 점프를 하기 시작했다. 전에는 그에게서 그런 행동을 본 적이 없어서 그가 모니카와 함께 있을 수 있다는 소식에 반응하고 있는 것이라 느꼈다. 손을 무릎에 얹고 수술에 대한 레이키를 하며 그의 우리 옆에 앉았을 때 그는 잠시 동안 나를 바라본 후 그의 우리 바닥에 누워서 몸을 쫙 펴며 눈을 감고는 20분 정도 졸았다. 깨어났을 때 그는 자기 우리의 옆에 모니카 근처로 잽싸게 달려가 그녀에게 아주 활발하게 찍찍거렸다. 다음 날 수술은 잘 되었고 그는 빨리 회복해서 마침내 두 마리의 기니아 피그가 함께 살 수 있게 되자 둘은 매우 기뻐했다.

– 엘리자베스

새 거북 친구

어느 날 여름캠프에 딸을 데리러 갔을 때 그 날 30분의 추가 활동이 계획되어 있었고 내가 빨리 갔다는 것을 알게 되었다. 기다리는 동안 시설을 이리저리 둘러보며 다니다가 큰 거북이 있는 우리를 발견했다. 나는 우리 옆에 앉아 거북을 살펴보니 그는 우리의 저쪽 끝에서 쉬고 있었다. 잠시 후 나는 기다리는 동안 그에게 레이키를 하기로 했다. 거북에게 내가 무엇을 하려는지 설명하고 그가 받아들이고 싶은 에너지만 받아들이라고 말했다. 그런 다음 손을 무릎에 올려놓고 에너지가 그에게로 흐르도록 했다. 약 10분이 지나자 거북이가 내 쪽으로 오기 시작했다. 그는 우리의 반쯤을 가로질러 와서 1, 2분 정도 멈춰 있었다. 결국 그는 나와 가장 가까운 구석자리까지 와서 내 손 아래 자리 잡고 그제서야 나는 손바닥이 그를 향해 아래로 향하게 하면서 무릎 높이에서 그의 위에 손을 유지하고 있었다. 그는 내 딸이 도착할 때까지 거기에서 평화롭게 쉬었고, 그때 힐링을 마쳤다.

– 엘리자베스

물고기와 수중 생물들 · 레이키는 물고기, 장어, 올챙이, 성게, 말미잘, 그리고 다른 수중 생물들에게 훌륭한 힐링 방법^{modality}이다. 물고기와 다른 수중 생물들은 모든 것들에 대해 아주 섬세하고 민감한데, 레이키는 그들에게 힐링을 제공하는 부드럽고 효과적인 방법이다. 물고기들이 살고 있는 수중 환경은 매우 아름다운 에너지 수용체이자 송신기이다. 지난 몇 세기동안 물리학, 화학 분야에서 물이 에너지를 흡수하고 물이 받아들인 에너지에 대한 기억과 특성을 간직하고 있다는 것을 증명하는 많은 연구가 있어 왔다. 더 최근에는 마사루 에모토^{Masaru Emoto} 박사가 인간의 생각, 말 그리고 감정 에너지는 물에 의해 흡수되어 그 기본 구조에서 변화를 야기한 것을 증명하였다.

가정에서 키우는 물고기가 사는 수중 환경은 그 주변의 에너지를 흡수하고, 물고기들은 아가미를 거쳐 자기 몸을 통해 계속 이 물을 보내고 있다. 물고기에게 레이키를 하는 것은 그들 존재의 모든 차원에 대해 힐링을 제공하는 것이고 덧붙여 그들 건강에 좋지 않을 수도 있는 어떤 에너제틱한 영향의 수중 환경을 깨끗이 하는 능력을 가지고 있다. 물고기, 특히 금붕어는 자기 환경에 있는 사람들에 맞춰질 수 있기 때문에 당신 자신과 물고기와 함께 있는 상황에 대해 레이키를 보내는 것은 그들에게 힐링을 하는 매우 효과적인 방법이 될 수 있다. 다른 동물들과 마찬가지로 물고기도 가정 내의 긴장과 정서에 의해 스트레스를 받게 될 수 있고 레벨 2를 한다면 정서적, 정신적 힐링으로 큰 혜택을 입을 수 있다.

물고기는 아주 민감하기 때문에 대개는 그들에게 약간 떨어진 거리에서 레이키를 하는 것이 가장 좋다. 물고기에게 힐링을 할 때 우리는 다른 동물들을 힐링할 때 사용하는 동일한 원칙을 따른다. 물고기에게 레이키가 무엇인지 설명하고 그들이 받고 싶은 만큼의 레이키만 받아들이라고 요청한다. 힐링은 그들의 통제 하에 있으며 그들이 원하는 만큼의 에너지를 스스로에게 끌어당길 수 있다는 것을 말해준다. 그런 다음 탱크나 수족관으로부터 약간 떨어진 곳에 손을 두고 에너지가 물고기에게 흐르도록 한다.

다른 동물에게서 볼 수 있는 레이키 수용에 대한 모든 지표는 또한 물고기에서도 볼 수 있다. 그들은 처음에는 에너지를 경계하고 당신 손에서 벗어날 수도 있지만 결국에는 에너지에 더 가까워지기 위해 수족관의 가장자리 쪽으로 다가올 것이다. 이런 일이 일어나면 당신은 손을 탱크 더 가까이로 옮기고 싶어 할지도 모른다. 물고기와 그들의 수중 환경은 서로 밀접하게 관련되어 있기 때문에 탱크에 손을 얹는 것이 처음에는 물고기에게 너무 강렬할 수도 있다. 그들은 당신이 손을 탱크에 대면 에너지가 너무 강하다고 느낄 것이고, 그들이 멀리서 에너지에 익숙해지는 기회가 없었다면 그 강렬한 느낌은 그들을 놀라게 할 수도 있다. 물고기와 다른 수중 생물들은 아주 극도로 예민하기 때문에 아래에 소개된 키 코이^{Ki Koi}처럼 레이키 힐링에 아주 빨리 반응할 수도 있다.

키 코이

한 번은 병이 들고 오랫동안 먹지도 못한 아주 작은 코이를 힐링해 달라는 부탁을 받았다. 물고기가 너무 작고 연약해서 그 주인은 그가 회복하지 못할까봐 걱정했다. 처음에 그 물고기를 봤을 때, 그는 심각하게 아파서 그릇의 바닥에 45도 각도로 누워 있었다. 나는 약 6인치 정도 떨어진 그릇 근처에 손을 올려놓고 레이키를 보내기 시작했다.

아주 작은 물고기지만 그는 믿을 수 없을 만큼의 에너지를 받아들였다. 30분 정도의 힐링이 끝난 후 나는 에너지가 소멸되는 것을 느꼈다. 그는 덜

> 힘들게 숨을 쉬고 있는 것 같아 보였지만 여전히 헤엄을 치지 않았고, 심지어 꼿꼿이 서 있었다. 다음 날 주인이 힐링이 끝나고 한 시간이 지나지 않아 그가 벌레를 세 마리 먹었으며 하루가 지난 지금은 다시 활발하게 헤엄치고 있다는 사실을 알려주려고 이메일을 보내왔다. 레이키 에너지에 대한 그의 친밀감과 반응 때문에 그녀는 그에게 키 코이라는 이름을 붙이기로 했다. 그는 여전히 잘 해 나가고 있고 매일 점점 커가고 있다.
>
> – 캐서린

파충류와 양서류 · 다른 동물들과 같이 파충류와 양서류도 레이키의 부드러운 힐링에 끌린다. 야생에서 많은 파충류와 양서류들은 뭐라 말할 수 없는 정서적이고 영적 차원에서의 그들의 욕구뿐 아니라 육체적인 욕구들을 위해 태양의 에너지와 열에 의존한다. 파충류와 양서류들이 가두어져서는 훨씬 좋은 인공조명을 이용할 수 있다 해도 태양의 혜택과 자연과의 연결은 잃어버리고 있다.

파충류와 양서류에게 레이키를 할 때, 동물이 자유롭게 움직이고 당신 손으로 올지 멀리 떨어진 채 있을지 선택할 수 있다면 레이키 힐링 하기에 이상적이다. 이것이 가능하지 않다면 동물의 우리 바로 바깥에 조금 떨어져 앉아서 그 곳에서 레이키를 해도 된다. 다른 동물들에게처럼 당신이 무엇을 하고 있는지 설명하고 그가 원하는 만큼의 에너지만 받아들이라고 하는 것이 그가 힐링을 받아들일 가능성을 더 높여줄 것이다.

레이키는 가두어진 실내 생활로 인해 잃어버린 것의 일부를 제공할 수 있다. 그것은 육체적, 정서적 차원 모두에서 양육하고 힐링할 수 있는 능력이 있다. 다른 동물들과 같이 포유류와 양서류도 가정 내의 긴장과 정서적 혼란에 의해 스트레스를 받을 수 있는데 레벨 2를 한다면 정서적, 정신적 힐링으로 크게 혜택을 볼 수 있다.

당신의 손으로부터 레이키 에너지가 흘러나오도록 하면 힐링은 시작될 것이다. 다른 동물들처럼 포유류와 양서류는 새로운 에너지에 접근하는 데 시간이 좀 걸릴 것이고 그들이 그렇게 하는 동안 당신에게로 가까워졌다가 다시 멀어지고 할 것이다. 결국 그들은 자주 새로운 자극과 레이키의 많은 혜택을 즐기며 근처에서 평화롭게 잠이 들 것이다. 어떤 뱀들은 레이키 에너지에 가까워지기 위해 당신에게 다가와서 손에 감길 수도 있다.

고디바Godiva의 놀라운 회복

트라우마가 있는 동물이라도 힐링에 대한 통제권이 주어지면 레이키에 잘 반응한다. 내 여동생이 처음 입양한 고디바는 어두운 벽장에 갇혀서 아이에게 거칠게 다루어진 아주 내향적인 기니아 피그였다. 그는 다른 기니아 피그와는 달리 사람을 볼 때마다 자기 집 안으로 들어가서 거의 움직이지 않았으며 놀지도 않고 거의 아무 소리도 내지 않았다.

여동생은 그가 너무 무반응이었기 때문에 일종의 뇌 손상이 있는 건 아닌지 걱정했다. 내가 나 자신을 소개하고 우리 바로 밖에서 레이키를 보내기 시작했을 때 그는 자기 집에서 내가 보이지 않게 웅크리고 있었다. 나는 그에게 어떤 종류의 접촉도 강요하지 않을 것이고 만약 그가 힐링 에너지를 원한다면 그것을 받아들이기만 하면 된다는 것을 재확인시켜 주었다. 나는 그가 지금 안전한 장소에 있다는 것을 마음속으로 알려주었다.

힐링을 시작하자 그는 머리를 집 밖으로 내어 힐끗 훔쳐보더니 눈을 맞추고 머리를 발 위에 놓고 작은 한숨을 쉬었다. 나는 레이키의 흐름을 아주 강하게 느꼈다. 그는 나를 쳐다보며 그 자리에 계속 있었고 30분 후 나는 에너지의 흐름이 소멸되고 힐링이 끝났음을 느꼈다. 나는 레이키에 감사하고 그런 다음 고디바가 기꺼이 힐링에 응해준 것에 대해 고마움을 표했다.

힐링에 대해 의논하려고 소파에 앉자 고디바가 갑자기 자기 집에서 나오더니 앞다리를 나에게서 가장 가까운 쪽의 우리 창살에 올려놓고 계속해서 크게 찍찍대기 시작했다. 그가 가장 좋아하는 상추를 주었을 때만 한 번이나 두 번 그런 소리를 내었기 때문에 여동생은 깜짝 놀라 소리쳤다. 그것은 분명히 "레이키를 해 주셔서 고맙습니다!" 였다.

여동생의 참을성 있는 보살핌, 새로운 신선한 식품의 식이요법, 그리고 적당량의 신선한 공기와 햇빛을 병용한 잦은 레이키 힐링으로 고디바는 놀라운 회복을 보였다. 그는 사람 손의 접촉을 좋아하게 되었고 긁어주면 가르랑거리거나 찍찍거리까지 했다.

그의 힐링 경과는 가장 최근에 대형 제작팀이 HGTV의 Design Remix의 방송분을 촬영하기 위해 이틀 정도 여동생의 집에 왔을 때 테스트 받았다. 모든 낯선 사람들, 장비와 소음에도 불구하고 고디바는 당황하지 않고 있었다. 촬영이 끝날 때쯤 팀원 중 한 명이 여동생에게 "당신은 내가 본 중에 가장 외향적이고 다정한 기니아 피그를 가지고 있네요."라고 말했다. 이 꼬마 아가씨가 얼마나 놀라운 과정을 이루어냈는가! 레이키, 고맙습니다.

– 캐서린

접근 · 항상 제일 먼저 동물에게 그가 원하는 에너지만 받아들여도 된다는 것을 알려주며 허락을 구하고 당신에게 오게 하라.

떨어진 곳에서 힐링하기 · 떨어진 곳에서 힐링을 시작하라. 당신이 우리 바깥에서 레이키를 하더라도 그것은 작은 동물 친구에게 효과적일 것이다. 가장 중요한 요소는 당신의 의도와 동물의 수용이지 그의 신체에 대한 손의 근접이 아니다.

기본적인 바디 포지션들 · 동물 가까이에 앉아서 그가 당신 손을 살펴보며 다가오게 하라. 그가 당신 손이나 무릎에 기어오르려고 한다면 그것은 손을 올려놓는 레이키를 원한다는 신호이다. 단지 손을 그의 몸 위에 직접 두거나 몇 인치 떨어져 두어라. 동물에게 가장 편해 보이는 것이면 어느 것이든 괜찮다. 그가 힐링 공간을 돌아다니도록 해 주고 그가 택하는 대로 당신 손으로 다가오거나 손으로부터 멀어지도록 허용하라.

힐링 끝내기 · 레이키가 가져다 준 힐링에 대해 레이키에 감사하고 동물에게 참여해 준 데에 대한 고마움을 표하라. 힐링이 끝날 때는 그에게 애정을 주고 긁어주며 쓰다듬어 주려고 약간의 시간을 보내고 싶

을 수도 있다. (더 상세한 정보는 4장과 5장 참조)

_____ **기본 힐링**

어떤 동물들은 특히 레이키를 처음 경험한다면 떨어진 곳에서의 힐링을 더 선호한다. 힐링을 시작하겠다는 허락을 구하고 난 후 당신의 동물은 고디바가 아래 사진 1에서 그랬던 것처럼 당신의 손을 관찰하기 위해 다가올 수도 있다. 그는 에너지를 받아들이고 있고 훨씬 더 그것에 호기심이 있다는 것을 이런 방식으로 보여준다.

당신의 동물이 우리 없이 자유롭게 움직일 수 없다면 우리 밖에서 팔을 아래로 내리고 손바닥을 위로 향한 채 힐링을 하는 것이 가장 좋다. 우리에 손을 기대어 잡고, 그것이 동물 쪽을 향하게 하는 것은 동물에게 강압적이라고 느끼게 할 수 있고, 동물이 앞으로 나오면서 당

1. 고디바가 레이키 힐링을 받아들인다.

2. 고디바가 "레이키 낮잠"을 자려고 눕는다.

신 손을 우리에 두도록 불러들이는게 아니라면 이것은 좋은 방법은 아니다.

그러고 나면 당신의 동물은 "레이키 낮잠"을 자려고 눕는다(P.206의 사진 2 참조). 손을 그의 위에 직접적으로 두려고 하기보다 동물이 긴장을 풀고 멀리서 레이키를 받아들일 수 있도록 하면서 손을 무릎에 올려놓아라.

잠시 동안 쉬고 졸거나 자고 나면 당신의 동물은 일어나서 물을 좀 마시고 다른 활동에 관여하거나 고마움의 제스처를 취할 수도 있다. 이것은 보통 힐링이 끝났다는 신호이다. 동물에게 잠깐 동안 힐링 에너지를 받아들인 것에 대한 고마움을 표현하는 시간을 가져라.

레이키 힐링은 예로 든 두꺼비 테드[Ted]의 이야기에서처럼 손을 올려놓고 하거나 떨어져서 하거나 할 수 있다. 무릎 아래부터 뒷다리가 없

1. 캐서린이 두꺼비 테드에게 인사한다.

2. 테드는 레이키 힐링을 받는다.

고 스스로 먹을 수도 없는 상태로 브라이트헤이븐 동물 보호구역에 온 테드는 누군가 잡는 것을 싫어하지 않는다. 하지만 이런 경우에도 캐서린은 그가 손을 올려놓는 레이키를 원한다고 가정하지 않았다. 그녀는 테드에게 인사를 하고 힐링을 시작하기 위해 그의 허락을 구한다 (P.207 사진 1). 그런 다음 그녀는 힐링 중에 테드가 있기에 편한 장소를 찾는다.

테드로부터 조금 떨어져 손을 놓음으로써 그녀는 그가 힐링을 받을지 말지 자유롭게 선택하게 해 준다(P.207 사진 2). 레이키가 흐르기 시작하면, 테드는 캐서린의 오른손 쪽으로 가까이 뛰어와 눕고 완전히 멈추어 긴장을 풀게 됨으로써 에너지를 환영한다. 게다가 테드는 마음대로 뛰어가도 되기 때문에 힐링이 얼마나 오래 지속될지 결정할 수 있다.

많은 애정 어린 보살핌과 따뜻하고 안전한 가정환경이 있은 후, 테드는 이제 스스로 먹을 수 있고 뒷다리의 일부가 없이도 실제 아주 잘 돌아다닌다. 사실, 테드는 가만히 앉아 있는 것을 좋아하지 않기 때문에 그가 전체 레이키 힐링 동안에 움직이지 않고 어떻게 이완된 상태로 있었는지 모두가 놀랐다.

12장
농장 동물의 레이키

소, 돼지, 염소, 닭과 같은 농장 동물들은 보통 인간으로부터 많은 TLC^tender loving care를 받는 것에 익숙하지 않다. 만약 당신의 농장 동물들이 공장이나 상업 농장으로부터 구조된 동물이라면, 그들은 인간 손의 학대에서 살아남은 것일 수도 있어서 가까운 접촉을 원하지 않거나 인간이 접근하면 두려움을 보일 수도 있다. 이것이 바로 레이키가 농장 동물들의 회복을 돕기 위한 이상적인 힐링요법인 이유이다. 레이키를 하면 당신은 그들의 축사 바깥에 앉아서 그들이 원하는 에너지만 받아들이면 된다는 것을 알려주며 허락을 구하고 레이키가 흐르도록 할 수 있다. 그들이 대부분의 사람들을 믿지 않고 인간 접촉에 대해 결코 긍정적인 기억을 가지고 있지 않더라도 당신으로부터 나오는 힐링 에너지를 감지하면, 강요가 없이도 그들은 당신이 제공하려는 것에 관심을 가지게 될 것이다.

당신이 조용히 앉아서 억지로 눈을 맞추려 하지 않으면, 그들은 당신에게로 와서 펜스 사이로 당신 손의 냄새를 맡거나 단순히 아주 골똘하게 쳐다볼 수도 있다. 결국 반복된 힐링을 통해 당신은 잃어버린 신뢰를 다시 구축할 수 있고 동물이 그의 과거로부터 치유되는 것을 도울 수 있을 것이다. 레이키가 그런 동물들에게 필요한 정서적 힐링을 할 뿐만 아니라 레이키 "제공자"로서의 당신의 역할도 그들이 인간 접촉에 대한 새롭고 긍정적인 기억을 만드는 데 도움을 줄 것이다.

당신과 친밀한 관계에 있는 농장 동물이 있다면, 어쩌면 심지어 당신이 그들을 이 세계로 넘겨줬을지도 모르지만, 레이키는 그들이 가장 필요로 하는 방법으로 힐링할 뿐만 아니라 그들과 당신의 관계도 풍부하고 가치 있는 방법으로 더 깊게 할 것이다. 자신들에게 제공할 힐링 에너지가 당신을 통해 흐른다는 것을 그들이 알게 되면 힐링이 필요할 때 그들은 당신에게 오기 시작할 것이다. 많은 경우에서 그들은 자신의 특정 부위를 직접적으로 당신의 손에 놓거나 힐링 기간 중에 조용히 있음으로써 정확히 어디에 레이키가 필요한지를 당신에게 알려줄 것이다.

레이키로 농장 동물들을 힐링할 때 당신이 받게 될 멋진 선물은 힐링 가능성과 이 동물로부터의 따뜻한 반응을 경험하게 된다는 데 있다. 당신은 그들의 세계를 잠깐 들여다보게 될 것이다. 당신은 그들의 정서의 깊이와 그렇지 않았다면 당신이 간과했을지도 모를 그들 삶의 완전함을 실제로 알아보게 될 것이다.

상냥한 거인 할리^{Harley}

할리는 누군가의 돼지고기 제품으로 될 뻔한 위기에서 간신히 구조되어 2002년에 브라이트헤이븐 동물 보호구역에 왔다. 도착했을 때 어린 돼지였기에 할리는 에너지가 넘쳤는데(특히 땅파기와 뒤지기를 좋아했다), 그 특성은 직원과 자원봉사자들에 대한 도전으로 입증되었다. 하지만 그의 상냥한 본성은 커져갔고 그의 몸집 또한 그러했다.

이제 거의 800파운드나 되는 할리는 브라이트헤이븐의 방문객 사이에서 가장 인기가 많다. 그는 관심, 긁어주기 그리고 포옹을 좋아한다. 처음 할리에게 레이키를 시도했을 때 나는 그의 몸집 때문에 다소 겁을 먹었다. 나는 그가 있는 곳 건너에서(펜스 바깥쪽에서 안전하게) 그에게 말을 걸었고 레이키를 좋아하는지 물어봤다. 그런 다음 펜스 라인 옆에 앉아서 에너지를 보내기 시작했다.

할리는 졸고 있던 자리에서 벌떡 일어나 일부러 들판을 가로질러 걸어가서 펜스에 코를 박고 주둥이로 내 손을 밀었다. 약간 흥분해서 꿀꿀거리고 나더니 그는 돌아서서 뒷다리를 내가 앉아있는 펜스 쪽으로 밀어 넣으며 누웠다. 그것은 분명 손을 올려놓는 레이키를 원하는 것이었다. 내가 다리에 손을 두자마자 그는 머리를 땅에 축 늘어뜨리고는 잠이 들었다. 그의 작은 꼬리는 완전히 긴장이 풀려 내내 쭉 펴져 있었다.

힐링을 마쳤을 때, 나는 할리에게 고마움을 표했고, 내가 떠나자 그는 머리를 들어 내가 가는 것을 지켜봤다. 그러더니 즉시 일어나 자기 집으로 낮잠을 자러 들어갔다. 게일에게 힐링에 대해 말하면서 나는 할리의 육체적 건강에 대해 흥미로운 몇 가지를 알게 되었다. 지난 몇 년간 그는 엉덩이에 고통과 불편함이 있었다. 그것은 일부 육중한 무게 때문에 생긴 것이고 동종요법 힐링으로 상당 부분 도움을 받았다. 할리가 레이키가 어떤 것인지 그렇게 빨리 이해하고 그가 집중해야 할 필요가 있는 곳을 정확히 안다는 것은 참으로 놀라웠다. 이제 내가 오는 걸 할리가 보면 그는 내가 왜 거기 있는지를 알고 긴장을 푸는 힐링을 하려고 눕는다.

– 캐서린

염소 도로시^{Dorothy}

브라이트헤이븐 동물 보호구역은 2001년 유기견 보호소에서 안락사로부터 도로시를 구해냈다. 그는 거기서 유선염으로 힐링받고 있었고 그를 안락사 시켜달라는 부탁을 받은 병원 수의 전문가에 의해 구조되었다. 그는 심한 영양실조에 오른쪽 앞다리에 상처를 입은 채 도착했다. 시간이 지나 영양가 있는 음식, 사랑 그리고 동종요법으로 그의 번뜩이며 완고한 성격과 함께 체중과 체력은 회복되었다. 놀랍게도 그를 구조했던 수의 전문가는 브라이트헤이븐의 자원봉사자가 되었다.

흥미롭게도 도로시는 일정 기간동안 아무런 증상이 보이지 않았음에도 불구하고 오래된 다리 부상에 대해 레이키를 해 주길 바라는 것처럼 보였다. 레이키 힐링을 받을 때 그는 오른쪽 앞다리에 손을 올려놓는 레이키를 받는 데, 그 시간의 일부를 쓰고 싶어 했지만 또한 저쪽으로 가서 일부 힐링은 떨어진 곳에서 받는 것도 좋아했다. 그가 참여하는 데 강요받고 있지 않고 어떻게 힐링을 받을 지에 대해 자기가 선택하도록 해 준 것을 알게 되면서 그는 내가 다리에 손을 둘 때 대개 머리를 내리고 긴장을 풀면서 바로 내 손으로 돌아왔다. 도로시는 자기 친구인 염소 팔로마^{Paloma}가 힐링 중의 손을 올려놓는 부분을 공유하려고 하는 것 같으면 샘을 낸다. 일을 해결하기 위한 박치기도 있었다. 하지만 그는 멀리 떨어져서 할 때는 팔로마와 함께 레이키 받는 것을 좋아하는 것처럼 보인다.

– 캐서린

접근 · 시작하기 전에는 항상 동물에게 그가 필요한 에너지만 받아들이면 된다는 사실을 알려주며 허락을 구하라. 당신이 작업하고 있는 동물과 당신의 편안한 정도에 따라 우리 바깥쪽에서 작업할지를 선택할 수 있다.

떨어진 곳에서 힐링하기 · 대부분의 동물들과 같이 농장 동물들은 당신이 떨어진 곳에서 힐링을 시작하면 그것을 인정하는데, 그들이 손을 올려놓는 힐링을 원한다면 그들은 접근을 허용한다.

기본적인 바디 포지션들 · 큰 동물들은 어깨에서부터 시작해서 엉덩이 쪽으로 양쪽을 번갈아하며 작업하라. 작은 동물들은 한 손 또는 양손을 몸에 두고 하는 포지션을 택하라(P.131에 있는 닭 푸들Poodle의 힐링 참조). 어떤 경우라도 그것이 동물의 이완된 상태를 방해한다면 포지션을 바꾸지 말라. 가끔 동물들은, 특히 작은 동물들은, 한 손만 두는 것을 더 좋아한다. 그 동물이 그것을 더 편안하게 여기는 것처럼 보이면 한 손으로 시작해서 나중에 다른 손을 보태라.

그 외 포지션들 · 동물이 힐링을 위해 머리나 다리를 내민다면, 그 부위에 손을 두는 핸드 포지션을 택할 수도 있다.

힐링 끝내기 · 동물에게 참여해준 것에 대해 고마움을 표하라. 동물이 좋아한다면 TLC 타임을 잠시 가질 수도 있다. (상세한 정보는 4, 5장 참조)

_____ **기본 힐링**

어떤 농장 동물들은 인간에게 아주 다정하고 가까워서 손을 올려놓는 레이키를 좋아할 지도 모른다. 하지만, 항상 허락을 구하고 동물에게 그가 원하는 에너지만 받아들이면 된다는 것을 알려주면서 힐링을 시작하는 것이 가장 좋다. 승인에 대한 그의 바디랭귀지를 유심히 관찰하라. 레이키가 흐르기 시작하면 당신의 동물은 에너지를 느끼면서 당신의 손을 살펴볼 수도 있다. 동물이 힐링에 동의하면 이완의 신호를 보게 될 것이다. 일단 이 승인을 받아들이면 힐링을 할 수 있는 편안한 자세를 잡으면 된다. 당신의 손 아래에 동물이 조용히 자리 잡거나, 힐링하는 내내 당신 손으로부터 왔다 갔다 하는 동물에게 마음을 열라. 가장 중요한 것은 동물이 자신에게 가장 편안한 방법으로 힐링을 받아들일 수 있는 자유를 가지는 것이다.

P.216의 돼지 할리의 힐링은 힐링시간에 조용히 자리 잡기를 택한 동물에게 하는 전형적인 레이키 힐링이 어떤 것인지를 보여주는 좋은

예이다. 할리는 손을 올려놓는 레이키를 좋아하는 아주 다정한 돼지이

다. 그럼에도 캐서린은 항상 허락을 구하고 그가 원하는 에너지만 받

아들이면 된다는 것을 알려주며 시작하고 승인에 대한 그의 바디랭귀

손을 올려놓는 힐링

1. 할리가 레이키 힐링에 동의한다.

2. 할리는 레이키 에너지의 근원에 대해 계속해서 알아본다.

3. 할리가 편안한 "레이키 낮잠" 상태로 들어간다.

4. 할리가 깨어난다. 힐링이 끝난다.

지를 유심히 관찰한다. 레이키가 흐르기 시작하면 그는 캐서린의 손을 살펴본다. 그는 레이키에 대해 yes라고 말하면서 매우 편안하게 있고 힐링 시간 동안 편안한 포지션으로 들어간다(P.216의 사진 1).

P.216의 사진 2에서 할리는 힐링의 첫 부분에서 심지어 캐서린의 손에 기대기까지 하면서 매우 관심을 가지고 몰두하고 있다. 그는 마치 "거기에 뭐가 있어요?"라고 묻기라도 하는 것처럼 계속해서 그녀 손바닥을 냄새 맡고 싶어한다. 10분에서 15분이 지나 할리는 "레이키 낮잠"을 자려고 자리를 잡는다(P.216의 사진 3). 보통 가장 강력한 힐링이 일어날 수 있는 시간이 이때이다.

힐링 도중, 할리는 주어지고 있는 힐링에 대해 열려있고 받아들이고 있다는 것을 보여주는 또 다른 방법인 하품을 여러 번 한다. 그가 낮잠에서 깨면 힐링이 끝난다(P.216의 사진 4). 고마움을 표현하면 할리는 캐서린의 힐링에 대한 감사함에 보답하는 듯이 즐거운 꿀꿀 소리를 크게 내며 반응한다.

할리같은 일부 농장 동물들은 레이키를 받으면서 같은 자리에 머물러 있을지 몰라도 다른 동물들은 힐링 내내 돌아다니는 경향이 있다. 염소 도로시의 경우, 캐서린이 허락을 구하고 에너지 보내기를 시작하자마자 바로 다가와서 오래된 상처가 있는 오른쪽 앞다리를 보여준다

(옆의 사진 1).

도로시는 멀리 갔다가 다시 캐서
린의 손으로 돌아온다. 이것은 동물
들에게 정상적인 행동이고 캐서린
은 그가 요구한 것보다 더 많은 사리
를 내어주며 펜스 쪽으로 물러난다.
캐서린이 자기를 따라오고 있지 않
다는 것을 느끼면 그는 캐서린에게
로 돌아와서 그녀의 손을 살짝 민다
(옆의 사진 2). 이것은 도로시가 힐링
을 받아들인다는 것과, 에너지를 어
떻게 받을 것인가를 자신이 선택하
도록 해 준 것에 대한 고마움을 표현
한다는 것을 보여준다.

1. 염소 도로시는 앞 다리를 힐링 받고 있다.

2. 도로시는 힐링동안 캐서린의 손을 살짝
민다.

13장
새의 레이키

새는 아주 똑똑하고 활발한 생물이고 보통 좋아하는 것과 싫어하는 것에 강한 개성을 가지고 있다. 그들은 자기에게 특별한 사람과 친구 새에게 친밀한 애착을 가지고 가끔씩 가정에서 다른 사람과 동물에게 강한 질투와 경쟁의 느낌을 보이기도 하는 매우 정서적인 존재이다. 새에게 레이키를 사용하는 것은 그의 건강을 유지하고 발생하는 어떤 질병이나 부상의 힐링도 도우며 서로간의 유대를 깊게 하고 강화시키는 하나의 방법이다. 이것은 또한 다른 사람 또는 새들에 대해 생기는 상황을 힐링하는 방법이기도 하다. 레이키를 통해 당신의 새와 연결되는 것은 또한 그의 세계와 관점에 대한 더 깊은 이해를 가져올 것이다.

당신이 집안에 있는 다른 사람을 좋아하고 당신을 특별히 좋아하지는 않는 새와 함께 살고 있다면, 그 새에 대해 또 그와 당신의 관계

에 대해 레이키를 보내는 것은 그것을 힐링하는 방법이 될 수 있다. 레이키를 사용하면 또한 새와 집에 있는 다른 동물들 사이의 관계에서도 조화를 가져올 수 있다. 레이키는 스트레스로서 생긴 깃털 뽑기와 같은 질병에도 도움을 줄 수 있다. 또한 친구나 짝을 잃어 낙심해 있을지도 모르는 새에게 평안과 위안을 줄 수 있다.

새로운 시작

새들은 좋은 보살핌을 받으면 오래 살고 때로는 주인보다 더 오래 살기도 한다. 만약 당신이 주인이 죽은 새를 입양했다면 레이키는 그 새가 슬픔을 헤쳐 나가고 내려놓으며 당신과의 새로운 관계에 대해 마음을 열 수 있도록 도움을 줄 것이다. 사람들이 더 이상 새를 돌봐줄 수 없어 새로운 가정을 찾아야 할 때, 레이키는 그가 분리의 결과로 가지게 될 수도 있는 비통함과 슬픔에 대해 위안과 힐링을 가져다 줄 수 있다. 만약 레벨 2를 한다면 당신은 그 새가 당신에게 오기 전 일어났던 일들의 결과로 가지고 있을 지도 모를 어떤 정서적 문제에 대해서도 새에게 정서적이고 정신적인 힐링을 보내줄 수 있다.

레이키 힐링 중에 당신의 새는 자기가 안전하다고 느끼고 둘 모두가 방해받지 않을 그런 장소에 있어야 한다. 가능한 장소로는 그의 우리나 새장, 또는 당신과 함께 있는 방에서 제일 좋아하는 횟대 같은 것이다. 가장 이상적인 장소는 당신이 앉거나 설 수 있고 새는 자유롭게 돌아다닐 수 있는 그런 곳이다. 만약 새가 한 마리 이상이라면 둘에게 함께 레이키를 할 수 있고 힐링을 받을지 말지, 어떻게 받을지에 대해서는 각 새가 결정하도록 한다.

새가 레이키를 위해 당신에게 접근하도록 하는 것이 그 반대의 경우보다 훨씬 더 힐링이 성공적일 것이다. 힐링에 대한 예상 같은 것은 버리고 일의 추이는 그가 결정하도록 하는 것이 가장 좋다.

레이키를 보내기 전에 새에게 그가 원하는 에너지만 받아들이라고 말하라. 그가 힐링을 관장할 것이며 당신은 그의 참여를 강요하지 않을 것임을 알려 주어라. 힐링을 시작하기 위해 손을 양옆에 내려놓거나 무릎에 놓고 레이키 에너지가 그를 향해 흐르도록 한 채 그에게 약간 떨어져 앉거나 서도 된다.

　새들은 아주 민감한 생물이어서 당신의 새는 에너지를 즉각적으로 느낄 것이다. 오래지 않아 당신은 새가 당신 손을 살펴보기 위해 가까이 접근을 하고, 호기심을 가지고 쳐다보고, 머리를 아래로 떨어뜨리고, 털을 부풀리고, 만족스런 소리를 내거나 "레이키 낮잠"을 위해 자리를 잡는 것 같은 관심과 수용의 신호를 그에게서 볼 수 있을 것이다. 레이키를 새에게 보내면서 또한 관계와 상황에 대해서도 보낸다면 레이키를 보낼 때 당신의 생각을 이것에 집중할 수 있다. 새가 당신 손으로 오고 다른 데로 가고 하는 것은 흔한 일이므로 그들이 그렇게 하도록 하고 그들이 가더라도 따라가는 일을 삼가야 한다. 당신이 종종 손에서 에너지가 들어갔다 나갔다 하는 것을 느끼는 것처럼 동물들이 힐링을 받아들이는 방법에서도 "일진일퇴"가 있다. 예를 들어, 그들은 당신에게 더 가까이 왔다가 더 멀리 가 버리거나 당신 손에 기대어 자리를 잡았다가 멀리 가서는 다시 돌아올 수도 있다. 그 양상은 힐링 중에 여러 번 되풀이 될 수 있다.

　새들은 일반적으로 근거리에서 하는 레이키를 더 좋아하지만 때로는 손을 올려놓는 힐링을 즐기는데, 특히 레이키에 익숙해지고 난 후에 그러하다. 선택은 항상 그들의 몫이어야 한다. 당신의 새가 떨어진 곳에서 힐링 받기를 택하면 그는 당신 근처나 조금 떨어진 곳에 조용히 자리를 잡고 졸거나 잠이 들 것이다. 당신이 자기에게 손을 올려놓기를 원한다면 새는 다가와서 당신 손 아래에 조용히 자리 잡고 전 세션 동안 보통 낮잠을 잘 것이다. 새는 당신에게로 걷거나 날아와서 머리나 몸을 직접 당신 손에다 놓을 수도 있고, 아니면 레이키 에너지에 가까워지기 위해 낮잠을 자려고 당신의 어깨 근처에 앉아 쉴 수도 있다. 만약 새의 날개가 잘려져 있고, 레이키가 그가 원하는 것이라는 느낌을 받는다면, 그가 레이키를 위해 당신에게 가까이 오도록 도와줄 필요가 있다.

새가 조용하고 이완된 상태에서 벗어나 노래하고, 놀고, 휘파람 불고 먹거나 마시는 등의 다른 활동에 관여하게 되면 힐링이 끝나고 있다는 것을 알게 될 것이다. 만약 새가 감사의 제스처를 한다면 이것은 그가 힐링을 끝냈다는 또 하나의 신호이다. 새가 충분한 레이키를 받았다면 그들은 당신에게서 떠나 다른 일들로 돌아가기 전에 종종 뽀뽀, 코 비비기 또는 부리로 밀기를 통해 고마움을 표현하거나 즐거운 소리를 낸다. 그와 동시에 대개 당신은 손을 통해 흐르는 에너지의 강도가 줄어드는 것을 느낄 것이다.

레이키는 항상 그것을 필요로 하는 곳으로 가기 때문에 만약 새가 힐링 내내 한 손 포지션을 편해 한다면 당신은 그의 의견을 듣고 그가 이 한 포지션으로 그가 필요한 만큼의 레이키를 받아들일 것이라는 사실을 믿으면 된다. 당신이 레이키에 익숙해지면 새의 행동은 적절한 힐링을 하는 법을 당신이 배우도록 해 줄 것이다. 그리고 당신의 레이키 경험이 많아질수록 그의 정신적이고 정서적 상태에 대한 당신의 이해 뿐 아니라 새의 건강과 기호에 대한 직관도 더 깊어질 것이다.

션샤인Sunshine의 이야기

몇 년 전, 내 여동생 모린Maureen이 션샤인이라는 이름의 아름다운 왕관앵무새를 입양했다. 그녀는 전 주인이 "너무 시끄럽고 너무 많이 어지럽힌다"고 생각해서 어두운 차고에서 지내고 있었다. 모린이 그녀의 참상에 대해 들은 날, 모린은 바로 가서 그녀를 구해냈다. 처음에는 그녀의 과거 때문에 션샤인은 사람들에게 아주 겁을 먹었다.

모린의 남자친구이며 레이키 힐러인 마이크Mike는 션샤인이 공포를 극복하도록 도와주기 위해 그녀에게 레이키 힐링을 하기 시작했다. 시간이 지나 새 집에서 그녀에게 퍼부어진 빛, 사랑, 레이키 그리고 관심, 이 모든 것으로 인해 션샤인은 정말로 "자기 껍질에서 빠져나오게" 되었다. 새가 가장 좋아하는 것은 작은 물통에서 목욕을 하는 것이었고 뺨에 있는 밝은 오렌지 빛의 원을 문질러주면 좋아했다. 그녀는 부리를 사용해 가구 가장자리를 기어오르면서 온 집안을 돌아다녔다. 마이크는 같이 생활하기 위해 새를 자기 집으로 데리고 가기까지 하면서 그녀와 많은 시간을 보내기 시작했고, 그들은 깊은 유대를 형성했다. 마이크는 애정을 담아 새를 "판스워스"라 칭하기 시작했다.

모린과 마이크는 밤에 그녀와 까꿍놀이 하는 것을 좋아했다. 밤마다 그들은 션샤인을 새장 밖에 두었고 그녀는 돌아다니며 새장 뒤에 숨곤 했다. 새는 모서리 쪽에서 머리를 빼꼼히 드러내고 보곤 했는데 그들이 션샤인을 발견하면 그들은 "까꿍!"하며 소리치곤 했다. 그녀는 급히 머리를 숨겨 새장 뒤로 갔다가 다시 다른 쪽 모서리로 머리를 살짝 내밀었다. 놀이를 할 때 그녀가 귀여운 구구구 소리를 내면서 이 놀이는 매일 밤마다 몇 분간 계속되었다.

급기야 션샤인은 마이크가 자기의 짝이라 생각하며 마이크와 사랑에 빠졌다. 새는 너무 행복하고 편했기 때문에 알을 낳기를 좋아했고 종종 새장 바닥에 앉아 있거나 여동생이 그녀에게 준 바깥에 있는 담요에 앉기도 했다. 내가 방문했을 때 나는 가끔씩 션샤인 근처에 앉아서 그녀에게 레이키를 보내며 시간을 보내곤 했다. 그녀는 힐링 중에 항상 똑같은 행동을 했다. 그녀는 깃털을 부풀려서 눈을 감고 잠이 들곤 했다.

어느 날 밤, 마이크가 늦게 집에 와서는 션샤인이 새장의 열린 문에 앉아 절대 오른쪽은 보지 않고 앞뒤로 흔들흔들 하고 있는 것을 보았다. 그는 너무 걱정이 되어 손가락에 새를 올려놓고 침대로 갔다. 그는 누워서 션샤인을 자기 배 위에 놓았다. 그녀는 전혀 움직이지 않았는데, 그것은 평소답지 않은 행동이었다. 그는 새가 머리를 살짝 내밀어 볼 수 있도록 손을 새의 몸 위쪽에 두고 10분 정도 레이키를 보냈다. 갑자기 새가 그의 셔츠로 달려들어 가슴까지 파고들어서 거기서 마이크에 대한 애정의 표현으로 자주 보여주었던 행동인, 목걸이와 귀걸이 깨물기를 시작하며 엄청난 에너지와 활발함을 분출했다. 그것은 마치 레이키 힐링에 대해 그에게 고마워하고 있는 것처럼 보였다. 그는 안심했고 새는 훨씬 나아진 것처럼 보여서 다시 새장에 넣어주었다.

그날 밤, 션샤인은 수의사도 알지 못하는 원인으로 죽었다. 아마도 새는 알을 낳는 것 때문에 합병증이 생겼거나 어쩌면 날면서 다쳤을 수도 있다. 새의 죽음은 새를 너무 사랑했던 모린과 마이크에게는 엄청난 충격이었지만 그들 둘은 레이키가 새의 마지막 밤과 그리고 새의 삶도 더 편안하도록 도와주었다는 것을 알고 위안을 얻었다.

— 캐서린

왕관 앵무새의 사랑의 선물

파멜라Pamela는 동쪽 해안에 있는 조류 보호구역의 소장이다. 그녀는 자기의 가장 친한 새인 왕관 앵무새 레노레Lenore의 생명이 다해 가서 이동을 할 때가 가까워졌을 때 나에게 연락했다. 레노레는 파멜라가 구조한 첫 새였으며 그녀가 12년 전 보호구역을 시작하게 된 이유였다. 레노레는 큰 무리의 새의 여자 우두머리였고 대부분의 상황에서는 모든 새들이 그녀를 따랐다. 파멜라와 레노레는 친밀한 관계를 가졌고, 레노레가 다른 새들과 관계를 맺고 그들과 함께 진지하게 자신의 지위에 있지만, 다른 어떤 새들과 함께 하는 것보다 파멜라와 함께 하는 것을 더 좋아했다.

파멜라는 레노레가 새와 그들을 보살피는 일에 대해 자신에게 알려준 모든 것에 대한 보답과 그녀의 마지막 날들과 이동을 가능한 편안하고 쉽게 만들어 주기 위해 그녀에게 모든 것을 해 주고 싶어했다. 파멜라는 그녀의 이동을 돕기 위해 일련의 네 번의 근거리 레이키 힐링을 해 달라고 부탁했다. 각각의 힐링에서 나는 몇 분 동안 지속되는 강한 슬픔의 파동을 느꼈고, 레노레가 자신의 사랑하는 사람을 떠나야만 하는 슬픔을 계속해서 표출할 때 내 눈에서는 눈물이 나고 심지어는 흐느껴 울기까지 했다. 레노레는 또한 보호구역을 시작하게 한 것과 새들의 방식에 관해서 파멜라의 티쳐가 된 것에 대한 강한 자부심도 내보였다. 1주일이 채 안 되어 레노레는 집에서 평화로운 이동을 맞이했다.

— 엘리자베스

_____ 힐링 개요

접근 · 시작하기 전에 새에게 허락을 구하라. 당신이 새에게 다가가지 말고 새가 다가오도록 하라. 그가 에너지를 받는 것에 대해 개방적인지 알아보기 위해 그의 바디랭귀지에 민감하라. 그는 참여하게 될 것이고 결국엔 긴장을 풀고 편안하게 될 것이다.

떨어진 곳에서 힐링하기 · 새가 가장 편하게 느끼는 횃대나 새장 근처에 서거나 앉아라. 새에게서 이완과 관심의 표시를 잘 살펴보라. 각각의 새는 자신만의 독특한 방법으로 레이키를 받아들일 것이고 같은 새도 힐링 때마다 받아들이는 것이 다를 수 있다. 그러므로, 당신의 새를 잘 알고 있고 정기적으로 레이키 힐링을 한다 해도 각각의 힐링은 떨어진 곳에서 시작하는 것이 중요하다. 떨어진 곳에서 시작함으로써 각각의 새로운 힐링에서 그가 어떻게 레이키 받기를 원하는지 당신에게 보여줄 수 있는 자유를 그에게 주게 될 것이다.

기본 핸드 포지션들 · 대부분의 새들은 근거리에서 레이키 받는 것을 더 좋아하기 때문에 새가 그것을 요청하지 않는다면 손을 올려놓는 레이키는 피하라. 만약 새가 손을 올려놓는 레이키를 원한다면 그의 몸에서 그가 편안해 하는 포지션을 찾아내고 그가 원하는 대로 자신이 위치를 바꾸도록 하라.

힐링 끝내기 · 새가 깨어나거나 이완된 상태에서 "빠져 나와" 일상의 활동을 재개하게 되면, 이것은 힐링이 끝났다는 신호이다. 새에게 힐링에 참여해준 것에 대해 고마움을 표하는 약간의 시간을 가져라. (상

세한 정보는 4, 5장 참조)

_____ 근거리에서 힐링하기

새 가까이에 서서 그가 원하는
에너지만 받아들이면 된다는 것을
알려주며 허락을 구하고 레이키
에너지 보내는 것을 시작하라. 그
는 아마도 에너지에 대한 즉각적
인 관심을 보이며 가까이 다가올
것이다.

가까운 거리에서 레이키를 할때 새 옆에 앉거나
서 있을 수 있다.

또 다른 방법은 새 가까이에 앉
아서 편안한 위치에 손을 두는 것이다. 새가 긴장을 풀고 눈을 맞추는
등의 에너지를 즐기고 있다는 신호를 주시하라.

버디^{Birdie}라는 이름의 어린 앵무새의 레이키 힐링은 레이키가 종종
얼마나 놀라운 방법으로 힐링을 하는가를 보여준다. 버디는 엘리자베
스가 자신의 딸 라우라^{Laura}와 함께 레이키를 하던 애완동물 가게에 하
숙하고 있었다. 버디는 도착한 첫 날 쉬지 않고 소리를 질렀다. 그래서

직원들은 정신이 없었다. 직원들이 그를 맡아주기로 동의한 그 한 달 동안이나 그 소리를 참을 수 없을 것이라고 생각했다. 그들은 엘리자베스와 라우라에게 도움을 청했다. 엘리자베스는 양손을 내미는 자세로 해서 옆에 내리고 새장 근처에 서서 힐링하는 것에 대해 버디의 허락을 구했다. 몇 분 내에 버디는 완전히 조용해졌고, 점차 엘리자베스에게로 가까이 다가와 마침내 새장 가장자리에 붙어섰고 머리는 낮게 내린 채 완전히 이완이 되었으며 아주 익살스럽고 행복해 보였다.

힐링이 끝난 후 그는 단지 몇 번 정도만 소리를 지르고 훨씬 조용해졌다. 엘리자베스가 막 떠나기 전에 직원 중 한 사람이 버디의 새장을 가게 안의 일 뿐만 아니라 바깥의 사람들을 볼 수 있는 창문 쪽으로 갖다 놓자는 생각을 갑자기 하였다. 버디는 옮겨졌고 그달의 남은 시간 동안은 완벽하게 행동하며 다시는 소리를 지르지 않았다.

_____ **손을 올려놓는 힐링**

새에게 인사하는 시간을 갖고 시작하기 전에 그가 원하는 만큼만 받아들이면 된다는 것을 알려주며 허락을 구하라. 만약 새가 잡는 것을 좋아한다면 그가 당신과 함께 할 수 있는 가장 편안한 방법을 찾아라. 예외는 있을 수 있지만 대부분의 새들은 힐링 중에 당신의 손이 자

1. 피카소^{Picasso}는 편안한 횃대를 찾는다.

2. 활발한 피카소는 레이키 힐링을 즐긴다.

신들의 등에 직접적으로 닿는 것을 원하지 않을 것이다. 힐링을 하기에 가장 좋은 방법을 결정하기 위해서는 그의 바디랭귀지를 관찰해서 새의 기호를 따르라.

일단 편안한 포지션을 찾으면 새의 이완을 방해하지 않고 이 한 포지션으로 전체 힐링을 하는 것이 가능하다. 뉴기니아 앵무새인 피카소는 캐서린 손의 가장자리에 앉는 것이 힘들었기 때문에 그녀는 손을 평평하게 펴고 다른 손은 안정감을 주기 위해 그 아래에 놓았다(위의 사진 1 참조). 일단 편안하게 느끼게 되면 그는 긴장을 풀고 힐링을 즐길 수 있었다.

새들은 힐링을 하는 동안 종종 당신의 손에 대해 관심을 가질 뿐 아니라 즐거워하고 활발하게 될 수 있다. 새가 머리를 까딱거리고 즐거운 소리를 내고 하품을 하거나 심지어 자는 것과 같이 자신이 에너

1. 푸들이 캐서린을 맞이하려고 온다.

2. 푸들은 힐링 중에 매우 이완되고 얌전히 있음으로써 손을 올려놓는 레이키를 받아들인다.

지를 즐기고 있다는 신호에 주목하라.

P.230의 사진 2에서 피카소는 분명 스스로 즐기고 있다.

　당신이 손을 올려놓는 힐링을 받아들이지 않을 거라고 생각하는 새들은 가끔씩 당신을 놀라게 할 수도 있다. 화려한 개의 헤어스타일과 고양이 같은 성격을 가진 부드러운 닭, 푸들Poodle은 브라이트헤이븐에서 가장 제멋대로인 새이다. 그는 다른 새들과는 떨어져 있는 곳에서 자기 개인 그릇에 모이를 담아 주기를 요구한다. 푸들은 고양이가 어루만짐이나 관심에 대해 반응하는 것처럼 누가 어루만져 주거나 만지는 것을 좋아한다.

　캐서린이 처음 푸들을 방문했을 때, 그녀는 더 낮추어서 "새"의 높이와 보다 가까워지도록 쪼그리고 앉아서 처음엔 푸들과 그곳에 있는 다른 새들에게 인사만 했다. 그런 다음 캐서린은 자기소개를 하고 레이키 힐링을 시작하기 위해 허락을 구했다. 그녀가 에너지 힐링을 시작했을 때 그녀는 레이키를 원하는 방사장 안에 있는 어느 누구에게나 관심을 열어두었다.

푸들은 캐서린에게 다가와 그녀의 손을 바라보면서 에너지에 즉각적인 관심을 보였다(P.231의 사진 1). 닭에게 레이키를 한 이전의 경험 때문에 캐서린은 푸들이 근거리 힐링을 원할 거라 생각했지만 그는 손을 올려놓는 레이키에 개방적이었다. 푸들은 전체 힐링동안 조용하고 평화롭게 있었다(P.231의 사진 2). 푸들이 충분한 레이키를 받았을 때 그는 캐서린의 손에서 떠났다. 캐서린은 그녀의 새 친구에게 고마워했고 푸들의 뺨 아래를 몇 번 쓰다듬어 주었다.

앵무새 PD

PD는 옐로우헤드 혼합종인 여섯 살 된 아마존 앵무새이다. 그는 태어난 지 3개월 되었을 때부터 인간 식구들과 살고 있다. 그는 자신감 있고 운동신경이 있으며 그의 특별한 인간 친구인 에밀리Emily에게 찰싹 붙어서 그녀를 보호한다. 집에는 에밀리 뿐 아니라 아빠, 두 명의 아이들, 세 마리의 개, 고양이 한 마리, 거북 한 마리, 잉꼬 두 마리가 있다. 다른 동물들은 PD가 우두머리인 것을 안다. 그는 예의가 바르긴 하지만 에밀리가 매일 그와 함께 시간을 보내려고 같이 있지 않는다면 그는 외로워하고 발을 물어뜯을 수도 있다. PD가 항상 낯선 사람에게 다가가지는 않기 때문에 내가 레이키를 하러 갔을 때 그가 몸을 이완하고 나와 상호작용하는 능력에 에밀리는 아주 기뻐했다.

— 캐서린

14장
나이 든 동물과 장애 동물의 레이키

나이 든 동물들

동물들은 자랄수록 때로는 시력이나 청력을 잃으면서 더 허약해지고 움직이는 것도 더 힘들어진다. 레이키는 동물들의 그런 증상들을 감소시켜주고 그가 겪고 있는 증상들에 대해 그에게 위안과 안심을 주기 위한 좋은 방법이다. 나이 든 동물에게 레이키를 규칙적으로 사용하는 것은 그가 어떻게 느끼고 있는지에 대해 알게 해 주고 그가 점점 자라면서 소중한 친밀감의 시간을 제공해 줄 수 있다.

나이 든 동물들에게 레이키를 할 때는 그가 원하는 만큼의 레이키만 받아들이면 된다는 것을 말해주고 그가 이 힐링을 관장하게 될 것

이라는 것을 재확인시켜주며 시작하라. 모든 경우에서처럼 손을 올려 놓는 레이키는 동물이 그것을 요구할 때만 적절하다. 나이 든 동물들은 에너지를 포함한 모든 것들에 대해 자신들이 어렸을 때보다 더 예민하기가 쉽고, 처음에는 레이키가 너무 강렬하다고 느낄 수도 있다. 조금 떨어진 거리에서 힐링을 시작하고 당신이 손을 올려놓는 것을 그가 원한다면 당신 쪽으로 다가오도록 하는 것이 가장 편안하고 효과적인 힐링을 그에게 보장해 줄 것이다. 당신의 동물이 손을 올려놓는 레이키를 원할 때일지라도 레이키는 질병이나 부상으로 인한 감염이 있는 부위에 직접적으로 주어지면 때로는 너무 강렬하게 느껴질 수도 있다. 특히 동물이 불편함의 신호를 보낸다면, 감염된 부위에서 약간 거리를 두어 핸드 포지션을 사용하는 것이 보통은 가장 좋은 선택이다. 예를 들어, 동물이 관절염 부위에 직접 닿는 당신 손의 레이키가 너무 강렬하다고 느끼는 것 같다면 손을 그 위의 관절에 놓으면 고통으로부터 편안함과 그것의 경감을 줄 수 있다. 어떤 동물들은 아픈 부위에 직접 당신의 손이 닿는 것을 더 좋아해서 그 부위가 당신 손 안에 위치하도록 만들 수도 있다. 동물의 기호는 이번 힐링에서 다음 힐링으로 가면 바뀔 수 있으므로 각 힐링에 어떻게 접근할 것인지에 대해서는 동물이 안내하도록 할 것을 명심하라.

조이Joey, 브라이트헤이븐의 수호자이자 보호자

조이는 체구는 작지만 매우 강인하고 용기 있는 위대한 영혼이다. 조이는 뒷다리를 사용할 수 없게 만든 불행한 차 사고를 겪고 난 후 브라이트헤이븐 동물 보호구역에 들어왔다. 그러나 주문제작한 개 휠체어 덕분에 집 주위를 잘 돌아다닌다. 대부분의 방문객들은 도착하자마자 조이를 만나게 될 것이다. 구르는 바퀴 소리와 "감시"의 짖는 소리가 당신이 보호구역에 들어설 때 따라올 것이다. 일단 당신이 "괜찮다"는 것을 확신하게 되면 그는 당신을 떠나 게일의 옆에 있는 자기 자리를 찾아갈 것이다.

조이는 낯선 사람을 수상하게 여길 수는 있지만 내가 브라이트헤이븐을 맨 처음 방문했을 때부터도 그는 나의 존재를 받아들였을 뿐 아니라 내가 제공하는 레이키도 받아들였다. 가끔씩 그는 그 세션의 "집중 대상"이 되지 않거나, 내가 무릎 위에 있는 고양이를 힐링하며 소파에 앉아 있는 동안에도 레이키 낮잠을 위해 내 발밑에 앉아 있는 것을 더 좋아한다. 다른 때에는 내가 그의 옆에 앉기를 참을성 있게 기다리고 힐링을 위해 내 무릎에 약간 기어오른다. 조이를 위한 대부분의 힐링에서 나는 그의 불안과 스트레스를 위한 정신적 힐링에도 초점을 맞췄다. 이것은 임시변통이 아니라 그를 위한 힐링에서 장기적인 프로젝트이다. 브라이트헤이븐에 있는 모든 사람과 동물들을 보호하는 것은 대단한 일이고 조이는 이 일을 진심으로 해 나가고 있다. 정기적인 레이키 힐링은 조이의 스트레스 정도를 더 감당할 수 있는 수준이 되도록 도와줄 것이다.

– 캐서린

장애 동물들 / 만성 질병을 가진 동물들

만약 당신의 동물이 장애가 있거나 만성 질병을 가지고 살고 있다면 레이키는 불편함을 경감시키고 스트레스를 없애는 데 도움을 줄 수 있고 때로는 질병의 진행을 더디게 만들 수도 있다. 레이키 힐링은 어떤 종류의 불편사항이나 손상된 기능을 가진 동물에게 있어 훌륭한 휴식이다. 그가 힘든 날을 보내고 있을 때, 레이키 힐링은 당신의 동물이 좀 더 집중하고 편안해지도록 도와줄 수 있다.

이것의 좋은 예는 올리olllie인데 그는 개 휠체어를 타고 집을 즐겁게 돌아다니고 자기 나이를 의식하지 않는 20살의 어린 닥스훈트이다. 그러나 그가 항상 그렇게 활발한 것은 아니다. 그는 재발하는 뇌수막염으로 고생하고 있는데 최근 캐서린이 브라이트헤이븐 동물 보호구역에서 하고 있던 레이키 수업 중에 좋지 않은 징조가 나타나기 시작했다. 다행히 그때는 고열과 발작을 포함할 수도 있는 증상이 완전히 시작되기 전이라 그녀가 레이키로 그를 힐링할 수 있었다. 올리는 즉시 에너지를 받아들이기 시작했고 거의 30분 정도 잠을 잘 수 있었다. 그는 그 날의 나머지 시간동안 계속 불편해 보였지만 다음날이 되자 더 나아 보였다.

올리는 캐서린의 손을 살펴보고 그녀의 무릎에 기댐으로써 레이키를 받아들이기 시작한다.

올리는 항상 그랬던 것처럼 병이 들지 않고 며칠 내에 완전히 회복되었다. 그리고 힐링 후에 그는 아주 활발해서 거의 아침마다 뛰어다니고 강아지처럼 짖어댔다. 이제 올리가 레이키를 받을 때마다 그는 "그 안에 뭐가 있어요?"라고 묻는 것처럼 축축한 코로 캐서

올리는 동물들이 힐링 에너지에 대해 그들이 감사를 보여주는 흔한 방식인, 캐서린의 손을 핥는 것으로 힐링에 대한 감사를 표시한다.

린의 손을 밀어내며 계속해서 냄새를 맡는다.

가끔 동물들은 많은 알약을 삼킨다든지 피하수화 관리를 참는 것 같이 되풀이되는 의료 절차를 거부하기 시작한다. 그런 경우 당신은 상황을 돕기 위해 레이키를 할 수 있다. 또한 경과를 좀 더 쉽고 부드럽게 만드는 데 초점을 맞춘 의술을 하기 전에 레이키를 할 수도 있다.

장애가 있거나 만성 질병을 가진 동물들을 돌보는 것은 동물 친구뿐 아니라 당신에게도 스트레스가 될 수 있기 때문에 당신의 건강을 유지하고 당신이 할 수 있는 최고의 방법으로 동물을 힐링할 수 있도록 집중하고 균형을 맞추기 위해서, 자신에게 레이키를 잠깐 하는 것을 명심하라.

레이키 지원 네트워크를 구축하는 것은 나이 들고 장애가 있거나 만성 질병이 있는 동물들을 힐링할 때의 당신의 스트레스를 줄여줄 수 있다. 당신이 쉬고 싶거나 너무 압도당한다고 느낄 때 동료 힐러에게 당신과 당신의 동물에게 레이키를 보내도록 하는 것은 돌보는 사람이 느낄 수 있는 에너지 소진을 경험하지 않도록 도와줄 것이다.

구조에 대한 레이키

구조당한 동물들은 때때로 모욕적이거나 무관심하게 대해진 과거를 가지고 있다. 그들 자신의 책임이 아니어도 그들은 당신에게 오기 전에 경험했던 정서적 손상에서 기인한 여러 행동 장애들을 보여줄 수 있다. 레이키는 정서적으로 생긴 행동장애들을 줄이고 때로는 없애줄 수도 있다. 그들이 과거에 어떤 것을 맞닥뜨렸는지에 대해 당신이 알고 있다 해도, 그들 문제의 근본 원인을 알 필요는 없다. 과거에 대해 당신이 알고 있든 없든 레이키는 문제의 근원에 곧바로 찾아가서 증상만 없애는 것이 아니라 실제 그것을 치유할 것이다. 그것은 동물의 가슴, 그리고 영혼 깊숙이까지 닿을 수 있고 이런 면에서 놀랍다.

힐링 중에 당신은 당신 동물과 관계된 정서적 또는 정신적 문제에 대한 통찰력이나 직관을 얻게 될 수도 있다. 만약 레벨 2를 한다면, 그것들이 육체적 저항을 동반하는 정신적 스트레스이든 그가 과거에 받았을 수도 있는 정서적인 상처이든 간에, 그가 대면하고 있는 저항들에 대해 동물에게 정서적, 정신적, 영적 힐링을 보낼 수 있다. 당신의 동물에게 레이키를 규칙적으로 사용하면 동물에 대한 당신의 직관과 의사소통을 향상시키는 데 도움이 될 것이다.

가끔씩 몇몇의 힐링들은 엄청난 변화를 가져올 것이다. 또 어떤 때는 인간에게서처럼, 정서적 문제의 힐링은 일정 기간을 통해 점차적으로 발생할 것이다. 만약 규칙적으로, 할 수 있는 한 자주, 그리고 인내심을 가지고 당신의 동물을 힐링할 수 있다면 당신은 그와의 관계 그리고 그의 행동에서 놀라운 변화로 보답을 받을 것이다. 당신 동물의 경과를 적어나간다면 아마도 레이키로 인해 가능해진 변화에 깜짝 놀랄 것이다. 그것은 당신의 동물이 직면하고 있는 문제의 심각성에 따라 며칠, 몇 주, 몇 달, 어떤 때는 몇 년에 걸친 계속된 힐링이 필요할 수도 있다.

프레이저Frazier, 32세 그리고 강해지다!

프레이저는 브라이트헤이븐 동물 보호구역에서 가장 나이 많은 고양이이다. 자신을 10대라고 생각하는 늙은 고양이! 그의 활발한 기운과 젊은 기질은 분명 나이든 겉모습과 매치가 되지 않는다. 그는 지금 몇 년째 암으로 투병해오고 있고 병으로 한쪽 눈까지 잃었지만 그것 때문에 기력이 쇠하지는 않는다.

프레이저는 레이키를 하게 될 때면 특이하다. 그는 그것을 부탁할 뿐 아니라 요구한다. 나는 도착하자마자 그의 발이 내 다리를 긁고 있는 것을 느낀다. 우리의 눈이 마주치면 프레이저는 야옹거리기 시작한다. 힐링을 시작하면 그는 그저 내 무릎에 앉아서 긴장을 푼다. 때로는 잠이 들지만, 많은 시간 그는 그가 흡수하고 있는 에너지에만 오로지 집중해서 조용히 누워 있다. 가끔씩 힐링 반작용을 보이기도 한다. 그는 재채기를 하기도 하지만 (얼굴에 있는 종양 때문일지도 모른다) 심호흡을 하고 내 무릎으로 파고들며 이내 다시 진정이 된다.

프레이저는 캐서린이 자기 어깨와 가슴에 집중할 수 있도록 몸을 살짝 돌린다.

프레이저는 손을 올려놓는 힐링 도중에 내 손을 그의 몸의 여러 부위로 향하게 하면서 많이

프레이저는 자기 얼굴(종양이 있는 부분)이 직접적으로 캐서린의 손에 닿도록 위치를 조정한다.

움직인다. 그는 가장 불편한 신체 부위에 직접 힐링을 느끼고 싶어한다. 예를 들어, 그는 종종 자기 머리를 내 손 쪽으로 민다(대부분의 고양이에게는 편한 포지션이 아니다). 프레이저에게 얼마나 오래 레이키를 하든 간에(그는 어떤 때는 나와 2시간 이상 앉아있기도 한다) 그는 항상 더 많이 원한다. 내가 떠날 때 그는 "곧 다시 와주세요"라고 말하는 것 같은 표정으로 물러나는 내 발을 지켜보며 조용히 앉아 있는다.

- 캐서린

스웬슨Swenson. 최고의 써로브레드

스웬슨은 스물 셋의 아름다운 써로브레드로 젊었을 때에는 경주마였다. 그는 이제 내 트레이너인 앨리슨Alison 훈련소의 말인데 아주 멋진 훈련소 말이었다. 그는 모든 연령대의 회원들에게 평지에서 하는 것에서부터 점프에 이르기까지 모든 기술을 가르쳤다. 그는 나에게도 자신감을 갖게 하는 것을 포함해서 몇 가지를 가르쳐주었다. 앨리슨은 거의 20년 동안 그를 소유했는데 둘 모두 젊었을 적에는 대단한 장애물 뛰어넘기 경력을 쌓았다.

20년 전, 스웬슨은 심하게 아프기 시작했다. 그는 평형감각이 없어졌고 눕기 전에 제어할 수 없을 정도로 맴돌기 시작하곤 했다. 그의 주치 수의사가 병원에 데려갈 정도로만이라도 건강을 추스르도록 하기 위해 징후에 관해 치료를 하고 있었다. 앨리슨은 매일 밤 그를 지켜보며 헛간에서 잠을 잤다. 그녀의 수의사는 만약 그가 격렬하게 발작을 하기 시작하면 안락사 시켜야 할 것이라고 경고했다. 이 기간 동안 앨리슨의 아버지가 그에게 레이키 힐링을 하기 시작했다. 약 한 달 동안에 그는 균형을 되찾았고 병원에 갈 수 있게 되었다. 거기서 그를 검사한 수의사들은 그곳을 방문하기 불과 몇 주 전에 그렇게 아팠던 바로 그 말이라는 것을 믿을 수가 없었다. 실제 그는 아주 건강해져서 수의사들은 앨리슨에게 다시 그를 일에 복귀시켜도 된다고 말했다.

앨리슨은 그가 서양 의학과 앨리슨의 아버지가 한 레이키 힐링의 복합적인 결과로 다시 회복했다고 믿는다. 그래서 내가 쇼니와 같이 헛간에 갔을 때, 앨리슨은 내가 바로 스웬슨에게 레이키를 해 주었으면 하고 원했다. 그래서 스웬슨은 매주 정기적인 힐링을 받으며 지금까지 2년 동안 나의 레이키 의뢰인이 되어왔다.

스웬슨은 항상 레이키 받는 것에 아주 개방적이었는데, 특히 가끔씩 쑤시는 등 아래쪽이 그랬다. 그는 실제 아픈 부위를 내 손 쪽으로 밀면서 자기 몸을 돌렸다. 스웬슨은 종종 혀를 밖으로 빼고 머리를 아래로 내린 채, 레이키 힐링 중에 대개 잠을 잤다.

나는 분명 스웬슨이 자기 나이를 별로 신경 쓰지 않는다고 생각한다. 그리고 그는 청년처럼 보이고 행동하는 그런 멋진 체격을 가지고 있다. 그는 정말로 일을 좋아하고 나이가 들어갈수록 더 현명해진다. 그는 자기에게 수업을 받는 아이들을 너무 좋아해서 그가 이런 중요한 일을 포기할 거라고는 상상할 수 없다. 나는 그가 전력을 다하여 그가 바라는 대로 앞으로 나갈 수 있도록 레이키가 지원하고 또 도와주고 있다는 것을 안다.

− 캐서린

_____ **힐링개요**

접근 · 모든 동물들에게 그러하지만 특히 아주 노쇠한 동물 친구들에게는 허락을 구하고 그들이 원하는 만큼의 에너지만 받아들이면 된다고 알려주는 것이 필수이다.

떨어진 곳에서 힐링하기 · 조금 떨어진 곳에서 시작하고 그가 어떻게 레이키를 받고 싶은지에 대한 당신 동물의 바람에 주의를 기울여라. 만약 당신이 레이키를 보내고 있을 때, 심지어 그가 잠이 든 채로 근처에 누워있는 것을 보게 된다면, 이것은 당신이 하고 있는 에너지를 그가 받아들이고 있다는 신호이다.

기본적인 바디 포지션들 · 동물이 손을 올려놓는 레이키를 요구할 때만 그것을 사용하라. 레이키는 전체 힐링동안 하나 혹은 두 개의 포지션만 해도 충분히 효과적이기 때문에 만약 동물이 힐링에 편안하게 자리를 잡았다면 손을 움직여야 한다고 생각하지 말라. 손을 움직이는 것이 그를 방해한다거나 깨울 것 같다는 생각이 든다면 그에게 가장 편안하다고 보이는 한 가능한 오랫동안 한 장소에 손을 그대로 두어라.

그 외 포지션들 · 가장 필요한 부위에 집중하라. 이것은 육체적(그러면 당신의 동물이 힐링을 위해 자기 신체의 특정 부위를 당신 손 쪽으로 자리 잡게 할 수도 있다)이거나 정신적(그러면 당신은 이 문제가 어떤 것인지에 대한 직관을 가질 수도 있다)일 수 있다. 이런 문제가 어떤 것인지 당신이 정확히 알든지 모르든지 간에, 레이키는 동물이 가장 필요로 하는 힐링의 문제를 찾아간다는 것을 믿으면 된다. 기억하라, 당신의 동물에게 레이키를 정기적으로 사용하면 당신의 동물에게 무슨 일이 일어나고 있는지에 대한 직관을 발전시키는 데 도움이 될 것이다.

힐링 끝내기 · 레이키가 가져다 준 힐링과 당신 동물의 참여에 대해 고마움을 표하는 것을 잊지 말라. 힐링이 끝날 때 서로간의 유대를 재확인하기 위해 그가 좋아한다면 애정을 표현하고 긁어주거나 쓰다듬어 주기 위해 약간의 시간을 할애할 수도 있다(상세한 정보는 4, 5장 참조).

_____ 손을 올려놓는 힐링

힐링을 위해 당신이 다가가기 보다는 동물이 당신에게 오도록 선택권을 주어라. 브라이트헤이븐 동물 보호구역의 "수호자" 조이는 아주 좋은 예이다. 만약 당신이 레이키 힐링을 하기 위해 그를 따라가면서 그를 앉히려고 했다면, 그는 당신을 피하며 온 집안을 뛰어다녔을 것이다. 아주 대조적으로, 단지 방에서 근처에 자리 잡고 그의 휠체어가 쉽게 다가올 수 있는 장소에서 참을성 있게 기다리면서 그의 허락을 구하면 조이는 손을 올려놓는 레이키를 받기 위해 바로 올 것이다.

또 다른 브라이트헤이븐의 거주자인 프레이저는 당신의 바짓가랑이를 긁고 야옹거리면서 레이키 힐링을 하고 싶은 욕구를 표현할 것이

다. 그러면 당신은 그를 무
릎에 들어 올려놓으면 되
고 그는 손을 올려놓는 긴
힐링을 위해 바로 자리를
잡는다.

조이는 어느 곳에 힐링 에너지가 필요한지를 캐서린에게 보여준다.

　당신은 또한 어떻게 힐
링이 전개될 것인가에 대
해서도 동물이 선택하도록 해야 한다. 이 페이지의 사진에서 보면 조
이는 캐서린이 만져주었으면 하는 자기 신체 부위를 그녀의 손에다 둔
다. 그런 다음 그는 자기 몸 앞쪽을 그녀의 무릎 가까이에 대고 완전히
이완이 된다. 캐서린은 힐링을 끝내고 조이에게 그 자신의 힐링 과정
에 참여하기로 한 것에 대한 고마움을 표현한다.

15장
야생동물의 레이키

야생동물들은 레이키 그리고 인간과 동물 사이의 관계 가능성에 대한 훌륭한 티쳐이다. 그들이 힐링을 위한 인간과의 파트너십에 참여하고 싶어 한다는 것은 동물 레이키의 굉장한 잠재력과 다른 종과의 조화를 촉진시키는 레이키의 효과를 보여주는 것이다. 모든 동물에게 있어서, 그들의 지능과 그들이 무엇을 생각하고 느낄 수 있는지에 대한 선입견을 버릴수록 힐링의 목적을 위한 관계를 포함한 그들과의 관계수립이 더 성공적으로 될 것이다. 야생동물들은 당신의 마음이 그들

과의 새로운 가능성에 대해 열려있을 때 감지될 것이고 자신들이 더 많은 존중을 받을수록 당신에게 더 편하게 대할 것이다.

길 건너편에 있는 다친 야생 동물을 힐링하기 위해 레이키를 사용할 수도 있다. 그들은 당신이 제공하는 힐링 에너지를 느끼게 되면 더 자주 자신을 보여주기 시작할 수도 있다. 야생동물이 당신의 집 근처에 살고 있다면 그의 건강과 야생에서 활동하기 위한 능력을 향상시키기 위한 선물로, 또 자신을 더 잘 알게 되는 방법으로 레이키를 할 수도 있다. 반려동물에 대한 대부분의 지침서는 야생동물에게도 적용된다. 가장 주요한 차이는 진짜 야생동물은 거의 손을 올려놓는 레이키를 찾지 않는다는 것이다.

사진 촬영

지난 5년 동안 나는 주변에 사는 사슴과 야생동물들이 교외 환경에서 겪는 많은 삶의 시련들을 잘 헤쳐 나가도록 도와주기 위해 레이키를 해 왔다. 사슴은 많은 어려움을 겪는다. 먹이 찾기, 차와 개 피하기, 사람들의 적개심 대처하기. 그들은 내가 보내는 힐링 에너지를 감지했고 점차 더 가까운 관계가 되었다. 그들은 나를 믿게 되었고 자신들의 힐러로 생각하게 되었다. 그들은 아프거나 다칠 때면 언제나 우리 집 정원에 와서 내가 집에 올 때까지 또는 내가 내다보며 그들이 거기 있는 것을 볼 때까지 기다린다. 심지어 어떤 때는 내가 집에 있으면 내 시선을 끌기 위해 안을 들여다보면서 이 창문 저 창문을 다니기도 한다.

시간이 지나면서 그들은 모든 종류의 부상이나 질병을 힐링하기 위해 나에게로 왔다. 사슴이 도움을 청하러 오면 나는 손을 무릎에 올리고 정원에 조용히 앉아 레이키가 그를 향해 흐르게 한다. 각각의 사슴은 자신이 좋다고 생각하면 정원을 돌아다니다가 충분한 레이키를 받으면 떠나고 하면서 어떻게 레이키를 받고 싶은지를 결정한다. 사슴이 왜 레이키를 받고 싶은지 내가 모른다 해도, 이것이 무엇인지 내가 알든지 모르든지 간에 레이키는 그것을 필요로 하는 곳을 찾아 갈 것임을 알기에 나는 절대 걱정하지 않는다.

사슴, 그리고 다른 야생동물과 함께 한 나의 작업은 내가 해왔거나 읽어온 다른 어떤 것보다 동물과의 힐링에 대한 더 많은 것을 가르쳐줬다. 레이키에 대한 그들의 이해와 그들이 무리 생활에 그것을 편입시킨 것은 나에게 있어 동물들을 위한 레이키의 잠재력에 대한 최고의 증명이다. 그리고 나에게 있어서 야생동물과 함께 살고 작업하는 것은 야생 동물과의 이해, 애정, 상호지원이라는 어린 시절 꿈의 실현이다.

이 장의 사진촬영이 예정되어 있었을 때, 나는 사진사가 있는 것에 대해 사슴이 어떻게 반응할지 확신할 수 없었다. 그들은 내가 레이키를 할 때, 나 혼자만 있는 것에 익숙해 있기 때문에 낯선 사람과 카메라의 낯선 소음이 함께 하면 나와 레이키와 함께 있었을 때의 관계를 보여줄 만큼 편할지 궁금했다.

멀린은 엘리자베스를 찾기 위해 창문 안을 본다.

촬영 전 날, 나는 상황에 대한 레이키를 보내면서 다음 날 약속된 시간에 와 달라고 사슴에게 부탁했다. 나는 특히 그들이 나에게 있어서는 아주 중요한 티쳐이기 때문에 이 책에 실리기를 얼마나 원하는지를 이야기했다. 하지만, 오직 그들에게 편한 것만 하기를 바라며 만약 참여가 불편하다면 그것도 이해한다고 강조했다. 나는 사진사가 왔을 때 나, 사슴, 그리고 책을 위해서 좋은 일이 일어날 거라는 기대와 믿음을 가지지 않으려고 노력했다.

다음 날 점심을 먹으러 집에 왔을 때, 나는 커다란 수사슴 아킬레스Achilles가 약속시간 보다 두 시간이나 일찍 와서 정원의 레지에서 쉬고 있는 것을 보고 힘을 얻었다. 나중에 사진사가 도착하기 바로 전, 나는 나가서 이제는 십여 마리의 사슴이 나를 기다리고 있는 것을 보았다. 그 날은 힐링이 펼쳐지는 평소의 방식이 바뀌었다. 사슴은 보통 힐링을 받으러 혼자 온다. 나는 사슴에게 그룹힐링을 해 본적이 없었다. 그들도 레이키에 대한 자신들의 분명한 필요가 없는데도 레이키를 요청한 적이 없었다.

사진사가 도착했을 때, 사슴은 침착했고 집중했다. 다음 한 시간 반 동안 그들은 차례대로 힐링을 받았다. 그들은 각각의 사슴이 레이키를 끝내고 다음 사슴이 들어갈 때까지 대다수는 옆으로 물러서고 사진을 피해 있거나 레지 위에서 참을성 있게 기다리면서 서로 멋지게 협력했다. 나를 도와주려는 사슴의 바람이 나에게 크나큰 기쁨을 주었다. 우리가 함께 작업하고 레이키가 정원을 채울 때, 촬영이 계속될수록 사슴, 사진사 그리고 나, 우리 모두에게 흥분과 즐거움이 피어오르는 것을 느낄 수 있었다.

사슴 사진을 끝내고 난 후 우리는 그날 찍으려고 했던 모든 야생 동물의 사진을 다 마무리했다고 예상하면서 안으로 들어갔다. 하지만 다람쥐 리피체프Reepicheep가 자기도 참여하려고 데크에서 기다려서 나는 놀랐다. 리피Reep는 사진사를 보자 머뭇거렸다. 그는 너무 불안해서 보통 힐링하는 전체 시간 동안 머무르진 못했지만 다람쥐 힐링에 대한 멋진 사진 몇 장을 찍을 만큼은 충분히 있어 주었다. 촬영이 끝날 때쯤 나는 리피와 사슴이 정말로 레이키가 다른 동물들에게 전달될 수 있도록 돕기 위해 그리고 나와 레이키에게 자신들이 과거에 받았던 것을 되돌려 주기 위해 자신의 영향력을 펼쳤다는 것을 깨달았다.

− 엘리자베스

어떤 동물에게도 당신이 무엇을 하고 있는지 설명해주고 그가 받아들이고 싶은 만큼의 힐링 에너지만 받아들이라고 그에게 요구한다면 훨씬 더 성공적이고 보람 있는 상호작용을 가지게 될 것이다. 당신이 그들에게 레이키를 하고 있고 그것을 받아들이고 싶은지, 얼마나 많이 받고 싶은지를 결정하는 것은 그들에게 달려있다는 것을 분명하게 하는 것이 야생동물에게는 특히 중요하다. 당신은 동물의 바디랭귀지와 그들이 보통 보여주게 될 이완을 통해서 뿐 아니라 당신의 손에서 흐르는 에너지의 느낌을 통해서도 동물이 당신의 제안을 받아들이는지 아닌지를 구별할 수 있을 것이다.

사슴, 너구리, 곰, 스컹크와 같은 야생 동물들은 흔히 급격하게 줄어들고 있는 서식지에서 살아남으려고 애쓰며 인간과 가까이 근접해서 살고 있다. 사람들은 이런 야생의 이웃들을 풍경에 대한 아름다운 첨가물에서 어떤 것 또는 그들의 정원과 소유물을 사정없이 파괴하는 위험한 방문객으로 볼 수도 있다. 당신의 집 주위에 있는 야생 동물들에게 레이키를 사용하는 것은 그들의 힐링을 돕고 그들을 더 잘 알게 해준다. 그리고 그들 특유의 "생존 지혜"와 길들여지지 않은 본성에 대한 이해를 깊게 해 주고 그들이 인간 문명 안에서 대대로 살고 번영할 수 있도록 해 주는 재능과 능력을 인정해 주기 위한 멋진 방법이다. 그 뿐 아니라 야생동물들에게 레이키를 사용하는 것은 그들과의 관계에도 조화를 불러올 수 있다.

레이키로부터 혜택을 입을 다른 야생동물들은 더 이상 야생에서 살지 않는 동물들이다. 이런 동물들은 (보호구역, 재활 또는 구조센터에 있는 새나 해양 동물과 같이)질병이나 부상 또는 동물원, 수족관이나 서커스에 있는 그런 동물들처럼 다른 이유들로 인해 자신들이 잡혀 있는 것을 안다. 많은 동물들은 몇 대에 걸쳐서 자유롭지 못하게 지내왔다. "야생" 동물이라는 오랜 혈통을 이어오면서 갇혀서 키워졌다. 레이키는 부상과 질병을 힐링하는 것과 더불어 사로잡힌 야생 동물들이 그들의 삶에서 더 큰 만족과 충족을 찾을 수 있도록 도울 수 있다. 자유 그리고 야생 세계와의 연결고리를 잃어버린 이런 동물들에게 레이키를 하는 것은 개별적으로는 그들의 상황에 그리고 전체적으로는 동물들과 함께하는 인간관계에 힐링을 가져다주는 방법이다.

지역 보호구역과 야생동물 센터에서 레이키를 사용하는 것은 아프거나 부상당한 동물들을 더 빨리 힐링하도록 도와주고 그들을 야생에 다시 풀어주는 것을 지원해 줄 수 있다. 레이키는 갇힌 채로 있어야 하는 동물들에게 평화와 위안을 줄 수 있다. 레이키는 일부 동물들이 더 즐거운 미래로 나아가도록 해 주면서 그들이 가지고 있는 학대의 기억을 치유해 줄 수 있다.

만약 당신이 이러한 환경에서 동물들에게 레이키 서비스를 하기로 지원한다면 당신은 그들의 우리 바깥쪽에 앉으면 된다. 만약 지역 동물원이나 수족관을 방문한다면 동물의 우리나 탱크 밖의 벤치에 앉아 떨어진 곳에서 동물에게 레이키를 하면 된다. 육체적인 접촉을 하지 않더라도 동물들은 하품, 휴식 또는 잠이 드는 것과 같은 인정의 신호를 보여줄 것이다. 다른 동물들과 같이 그들은 종종 당신이 자신들에게 하는 힐링에 대해 감사의 제스처를 할 것이다.

멀린Merlin

사슴에 대해 경험하기 시작할 즈음의 어느 날, 나는 어린 수사슴 한 마리가 다리를 절고 있는 것을 보았다. 가까이 가서 그의 오른쪽 뒷다리를 살펴보았을 때 비절 위쪽에서 그 아래로 커지고 있는 넓게 부풀어 오른 감염 부위를 보았다. 거기에는 동물들이 가끔씩 철사에 엉켰을 때 생기는 일종의 열상과 비슷한 몇 개의 길게 벌어진 곪은 상처가 있었다. 그것은 생긴 지 좀 된 것처럼 보였다.

나는 앉아서 그에게 레이키를 했고 그는 그것을 감사히 받아들였다. 그를 볼 때, 그리고 그가 없는 곳에서 그것에 대해 생각할 때 이따금씩 나는 그에게 레이키를 보냈고, 2주 후에 그의 상처는 힐링되었다. 그는 나의 정원에 더 자주 오기 시작했고 우리 사이에는 특별한 우정이 발전했다. 그는 내가 멀린이라고 이름을 지어 준 첫 번째 사슴이다. 멀린은 거의 죽을 뻔한 경험을 포함해서 많은 부상들을 견뎌내 왔다. 매번 그는 나에게 왔고, 그의 신뢰가 나에게 얼마나 의미가 있었는지는 결코 표현할 수 없을 것이다.

– 엘리자베스

숲으로 돌아가다

몇 년 전 어느 늦은 여름 날, 나는 북부 캘리포니아 샤스타Shasta 산비탈에 있는 어느 아름다운 숲에 있었다. 완벽한 날씨의 아주 아름다운 날이었고 나는 주위의 모든 아름다움을 감상하기 위해 바위에 앉아 있었다. 숲이 나에게 주고 있는 기쁨과 평화에 대해 숲에게 뭔가를 되돌려 주기 위해 나는 자발적으로 내 주위의 숲에게 레이키를 보내기로 했다.

나는 레이키가 종종 유발하는 명상의 상태 속으로 빠졌지만 가끔씩 눈을 떠서 주위에서 어떤 일이 일어나고 있는지 받아들였다. 처음에 눈을 떴을 때, 주위를 맴돌던 나비 한 마리가 다가와서 내 무릎에 앉았다. 다음번에는 맴돌던 잠자리 한 마리가 나에게 아주 근접해 와서 머물렀다. 바위에 앉아 레이키를 보내고 있는 동안에 나는 다람쥐가 근처에서 이 나무 저 나무를 잽싸게 왔다 갔다 하는 소리를 들을 수 있었다. 잠시 후 나는 그의 소리를 얼마 동안 듣지 못했다는 것을 알아챘다. 눈을 뜨자, 다람쥐는 꿈꾸는 듯한 표정으로 약 5 피트 가량 떨어져 조용히 앉아 있었다. 이와 같은 경험들은 동물이 레이키의 힐링 본성을 얼마나 쉽게 인식하는지 그리고 그것의 부드러운 능력에 얼마나 강하게 끌리는지를 여러 번 보여주었다.

– 엘리자베스

만약 당신이 레벨 2를 한다면, 야생 동물과 관련해서 발생하는 상황들을 치유할 수 있을 것이다. 이런 목적으로 레이키를 보내면 당신은 단순히 당신과 관계있는 상황에만 집중할 수 있다. 예를 들어, 집 근처의 너구리가 시끄럽게 굴어 밤에 당신을 깨워왔다면, 밤에 당신 집 근처에서 소리를 덜 내 달라고 그들에게 부탁하고 당신과 너구리들이 조화롭게 살 수 있도록 상황을 해결하기 위해 레이키를 보냄으로써 당신과 그들 사이의 "평화 유지하기"에 집중할 수 있다.

레벨 2를 하면 또한, 예를 들어 아주 사랑하는 친구나 짝을 잃은 동물을 도와주기 위해서, 야생동물에게 정서적이고 정신적인 힐링을 보낼 수 있다. 자신의 반려 동물과 근처에 사는 야생 동물 사이의 조화를 촉진시키기 위해서도 레이키를 보낼 수 있다. 또한 많은 종들의 서식지 상실이나 오염 또는 멸종 위기에 처한 종들에 대한 국제적 거래와 같이 당신의 마음을 움직이는 주제들을 더 폭넓게 하기 위해 레이키를 보낼 수도 있다. 당신은 사람들의 마음을 열고 그들이 우리와 함께 이 행성에 살고 있는 야생 동물들에 대한 동정과 존중을 키워 나가도록 돕기 위해 레이키를 보낼 수 있다.

야생동물들에게 레이키를 사용하는 것은 이 동물들이 지니고 있는 지능과 정서의 수준에 대한 이해를 더 깊게 해 줄 수 있다. 레이키를 통한 야생동물들과의 관계는, 인간이 그들의 야생의 친족들에게 가지는 미래관계의 가능성에 대해서 새로운 이해를 가져다준다. 이 가능성들은 조화를 이룬 공존, 그리고 적합한 서식지에 살고 존중과 존엄성을 가지고 대해질 그들의 권리에 대한 인정을 포함한다. 야생동물에 대한 레이키는 그들을 치유할 뿐 아니라 우리는 하나의 세계의 다양한 단면이며 우리들 중 누군가에게 일어나는 일은 우리 모두에게 영향을 미친다는 것을 명심하도록 도와줌으로써 우리의 마음도 치유한다. 그들을 관찰하고 그들의 요구에 귀 기울임으로써 우리는 우리 자신과 우리의 세계를 어떻게 치유할지에 관해 놀랍도록 많은 것을 배운다.

_____ 힐링 개요

접근 · 항상 동물에게 그가 원하는 만큼의 에너지만 받아들이라고 부탁하고 힐링을 받을지 말지에 대한 선택을 하게 해 줌으로써 시작하라. 그가 힐링을 관장하고 있음을 알려주라.

떨어진 곳에서 힐링하기 · 그가 당신이 있는 것을 허용할 수 있을 것 같다고 느끼면 동물로부터 안전한 거리에 앉아서 시작하고 그렇지 않고 당신이 가까이 있는 것을 그가 불편해 하는 것 같으면 바깥에 앉아서 시작하라. 야생 동물들은 처음 힐링을 받을 때는 힐링을 위해 오래 머물지는 않을 것이다. 하지만 그들은 다음번의 레이키 힐링에는 더 수용적이고 심지어 자기 스스로 힐링을 찾을 수도 있다. 야생 동물들에게는 항상 조심해야 하는데 특히 그들이 부상을 당했을 때는 레이키는 떨어진 곳에서 하여도 똑같이 효과적이라는 점을 명심하라. 레이키가 야생동물에게 아주 좋은 힐링 방법이라는 이유 중의 하나는 그것이 당신과 동물 사이의 "안전거리"를 유지하며 거리를 두고도 행해질 수 있기 때문이다.

힐링 끝내기 · 동물의 바디랭귀지에 주목하고 언제 힐링이 끝나는지를 알려주는 레이키 에너지의 흐름에 맞춰라. 동물이 깊은 이완의 상태나 잠에서 빠져나와 다른 쪽으로 가고, 다른 무엇인가에 마음을 빼앗기거나 당신의 손의 에너지가 감소하거나 낮은 수준에서 정착하면 힐링은 끝이 나고 있는 것이다. 레이키가 가져다 준 힐링과 동물의 참여에 대해 감사할 것을 잊지 마라. 야생동물들 또한 힐링 후에 계속해서 눈을 맞춘다든지 당신 쪽으로 몸을 뻗는다든지 하는 방법으로 종종 고마움을 표현한다. (상세한 내용은 4, 5장 참조)

너구리와 의사소통하기

남편과 내가 우리 집으로 이사 왔을 때, 이전 주인으로부터 헛간 아래에 살고 있는 너구리 가족이 있는데, 그들은 이른 저녁 종종 뒤뜰에 나와서 서로 뛰어다니고 장난치며 다닌다는 얘기를 들었다. 우리에게는 개가 한 마리 있고 너구리와 충돌이 있기를 바라지 않았기 때문에 이것이 좀 신경 쓰였다. 게다가 침실 창문 바깥쪽에서 벌어지는 너구리들의 싸움 때문에 잠도 설쳤다.

어느 날, 나는 헛간 바깥에 서서 너구리와 이 상황에 대해 원격 힐링을 했다. 나는 너구리에게 내 소개를 하고 우리가 이 집의 새 주인이고 그들이 우리보다 오래 여기에 살아왔다는 것을 이해하고 존중한다는 것과 그들이 있는 걸 환영한다는 것을 말해주었다. 그리고 우리에게는 개가 있으니 낮 동안에는 나오지 말 것을 경고했다. 그리고 밤에는 앞뜰에서만 개를 산책시킬 것을 약속했다. 또한 늦은 밤에 우리 침실 창문 아래에서 다른 동물들과의 싸움이

나 충돌을 듣고 싶지 않다고도 말했다. 그날 밤부터 약 1주일 동안 그리고 매일 저녁 나는 원격 힐링을 통해 같은 메시지를 보냈다. 흥미롭게도 너구리로부터는 아무것도 보이지도 들리지도 않았고 나는 어쩌면 그들이 다른 곳으로 가 버렸는지도 모른다고 생각했다.

우리가 이사 온 지 약 5개월 후, 태풍에 뒷펜스가 날아가서 그것을 교체해야만 했다. 인부들이 와서 하루 만에 뒷펜스를 제거하고 말뚝을 세울 구멍을 파고 시멘트를 발라 다음날 수리를 마무리하기 위해 나무를 채워 넣었다. 그날 밤 해질녘 부엌에서 설거지를 하고 있었는데 밖을 내다보았더니 큰 너구리 한 마리가 말뚝을 건드리고 냄새 맡고 어떤 변화가 있었는지 살펴보면서 펜스라인을 따라 왔다 갔다 하고 있는 것을 보았다. 나는 그가 아직도 헛간 아래 살고 있는 것에 놀랐고 나의 레이키 메시지가 받아들여졌음을 알았다.

이번 봄에 나는 헛간에 두었던 박스 몇 개를 재정리하기 위해 그곳에 들어가기로 했다. 오전 10시쯤 쿵쾅거리며 돌아다니고 있었을 때 내 소리에 깬 것이 분명한 몇 마리 너구리의 큰 소리를 들었다. 나는 그들에게 사과의 마음을 보냈고 가능한 조용히 일을 마쳤다. 내가 조용해지자 그들은 다시 조용해졌다. 나는 우리 헛간에 그렇게 큰 너구리뿐만이 아니라 아기까지 있다는 것에 놀랐다. 나는 내가 부탁한 것을 지켜준 것에 대해 그들에게 감사했고 그들에게 머물러도 좋다고 말해주었다.

— 캐서린

아스리엘Asriel

사슴과 유대를 맺은 초기의 어느 날 일을 보고 집에 돌아왔을 때 굉장한 뿔을 가진 크고 위풍당당한 수사슴 한 마리가 정원의 반대편 끝 레지에서 쉬고 있는 것을 발견했다. 내가 열쇠를 찾으려고 지갑을 살펴보고 있을 때 그의 배에서 나는 큰 꾸르륵 소리와 트림을 들을 수 있었다. 짐을 풀면서 들어갔다 나왔다 할 때 그 소리는 계속되었고 그것은 마치 그가 한바탕의 소화불량을 겪고 있는 것 같았다. 나는 시간이 약간 있었기 때문에 안에 앉아서 그에게 짧은 레벨 2 힐링을 하였다.

나는 힐링에 빠져 들었고, 내가 계획했던 것보다 시간이 더 걸렸다. 힐링이 끝났을 때, 나는 문 쪽으로 가서 사슴이 어떻게 하고 있는지 보려고 문을 살짝 열었다. 그는 레지에서 자고 있었다. 걸쇠의 딸깍 소리에 "내가 한낮에 어떻게 여기 레지에서 잠이 들게 되었지?"라고 생각하는 것처럼 아주 놀란 표정으로 고개를 추켜세웠다. 이것이 그의 레이키 첫 경험이었다. 이 일 이후로 그는 정원의 정기 방문객이 되었고 나는 그의 힘과 강력한 존재감 때문에 필립 풀만Philip Pullman 책의 등장인물 이름을 따서 그에게 아스리엘이라는 이름을 주었다.

― 엘리자베스

_____ 떨어진 곳에서 힐링하기

대부분의 야생 동물들은 레이키의 힐링 에너지를 인정하고 다음 이야기에서 묘사된 것처럼 떨어진 거리에서의 레이키를 더 좋아한다.

사진 촬영하는 날, 십여 마리의 야생 사슴들이 엘리자베스의 정원과 그 위쪽의 레지 위에 모였다. 그녀는 조용히 앉아 손을 무릎에 얹고 레이키를 받기 원하는 사슴들에게 레이키를 하였다(P.261의 사진 1). 엘리자베스는 조용히 레이키를 보내면서 그대로 자리 잡고 있었고, 반면에 사슴들은 힐링이 어떻게 진행될지를 결정했다.

침착하고 집중력 있는 아테나^{Athena}가 첫 번째 지원자였다(P.261의 사진 2). 아테나는 레지에서 뛰어내려와 엘리자베스의 눈을 똑바로 쳐다보며 그녀 앞에 서서 자기가 처음이 되고 싶다는 것을 알려주었다.

힐링이 계속되었을 때, 아테나는 자기 신체의 다양한 부위가 엘리자베스에게 가장 가까운 쪽으로 자리 잡아 레이키를 받을 수 있도록 가끔씩 몸을 움직였다. P. 261의 사진 3에서 볼 수 있듯이 아테나는 자기 왼쪽 편에 레이키를 받고 싶어 했다. 힐링이 끝나가자 아테나는 긴장을 풀고 졸았다.

아테나는 힐링이 끝나자 힐링에 대한 감사의 표시로 엘리자베스 쪽으로 머리를 쭉 뻗었다. 그의 크고 부드러운 눈은 무언의 웅변으로 고맙다고 말했다(P.247의 사진 참조).

아테나의 힐링이 끝난 후 몇 마리의 사슴들이 누가 다음에 할지 정하면서 서성거렸다. 또 다른 암사슴인 다이애나^{Diana}가 다음 힐링을 받기로 했다. 약 여덟 마리의 다른 사슴들은 과정을 지켜보고 그들도 힐링을 원하는지에 대해 생각하면서 대부분의 힐링동안 사진 바깥쪽에 서 있었다.

다이애나는 힐링시간의 대부분을 자기 엉덩이에 레이키를 해주기를 원했다. 그는 자기 하반신을 엘리자베스에게 더 가까이 위치시키기 위해 여러 번 몸을 움직였다. 그녀는 사슴에게 있어 이완의 신호인, 졸고 되새김질하는 행동을 했다. 힐링이 끝날 때쯤 그녀는 몸을 돌려 등과 엉덩이가 엘리자베스쪽을 향하게 해서 상당히 많은 레이키를 받으며 졸고 있었다.

1. 엘리자베스가 정원에 모인 사슴들에게 레이키를 한다.

2. 아테나가 레이키 받는데 동의한다.

수사슴 아킬레스가 이제 자기 차례라고 그녀를 밀어냈을 때 다이애나는 거의 힐링을 끝냈다. 그는 참을성 있게 자기 차례를 기다리고 있었는데 갑자기 그의 힐링시간이 온 것이다! 아킬레스는 왼쪽 앞다리에 오래된 부상이 있었는데 그것을 들어올렸다. 그

3. 아테나는 자기가 어느 곳에 레이키를 원하는지 엘리자베스에게 알려주기 위해 자세를 변경한다.

아킬레스가 힐링이 끝날 때 새끼 사슴과 코를 비빈다.

다이애나가 이완의 표시로 되새김질을 한다.

는 잠시 졸았고 깨어났을 때는 코를 자기 다리에 비볐다. 그러고 나서 기다리고 있던 새끼 사슴의 코에다 자기 코를 아주 부드럽게 갖다 대었고 레지에 뛰어올라 껑충껑충 뛰었다. 그의 힐링은 끝이 났다.

새끼 사슴이 다음 차례가 되고자 했지만 젊은 수사슴 싯다르타Siddhartha가 다른 생각을 가지고 새끼 사슴을 쫓아버려서 그가 힐링을 받게 되었다. 싯다르타는 한 자리에만 머물렀다. 짧은 힐링을 받았다. 그 후 우리는 사진 촬영을 끝내고 일정을 마쳐야 했다. 엘리자베스는 모든 사슴들에게 감사했다. 당신이 야생동물에게 레이키를 할 때 일어날 수 있는 것을 보여주기 위해 그들이 해 준 모든 것에 대해 엄청난 고마움을 느꼈다.

엘리자베스는 다람쥐 리프체프에게 레이키를 제공한다.

이 일이 있은 후 바로, 다람쥐 리프체프가 레이키를 위해 엘리자베스에게 접근했다. 그녀는 손을 내밀어 레이키 에너지가 리프에게로 흐르게 했는데, 그는 힐링을 감행할 만큼 안전한지 어떤지 결정하기 위해 사진사를 살펴보고 있었다. 그런 다음 리프는 엘리자베스의 손에서 나오고 있는 에너지를 살펴보았다. 엘리자베스는 그에게 레이키를 하는 동안 더 편안하게 있기 위해 나중엔 자리에 앉은 채 한 장소에 머물러 있었다. 계속해서 사진사에 대한 의심을 가지던 리프는 결국 짧은 힐링을 중단했다. 그는 고맙다는 말과 작별인사를 하기 위해 잠시 엘리자베스를 빤히 바라보더니 날쌔게 사라졌다.

_____ 손을 올려놓는 힐링

보호구역에 있는 동물들 같이 사람들과 정기적인 접촉을 하는 야생 동물들은 가끔 몸을 당신에게 가까이 갖다 대거나 당신의 손 아래에 자신을 위치시킴으로써 손을 올려놓는 레이키를 요구한다. 만약 야생 동물이 당신에게로 가까이 오면 그것은 보통 신뢰의 표시이지만 _그가_ 스스로 당신과의 육체적 접촉을 하지 않는다면 아마 손을 올려놓는 레이키를 요구하는 것은 아닐 것이다.

동물이 당신과 접촉을 시작한다면, 그의 몸에 직접 두든지 몇 인치 떨어져서 놓든지 그에게 가장 편안하게 보이는 곳에 당신의 손을 두어라. 큰 동물에게는 보통 어깨가 손을 올려놓는 힐링을 시작하기에 좋은 장소이다. 10장 말의 레이키에 있는 사진들은 큰 동물의 건강유지와 부상이나 질병 힐링에 효과 있는 일련의 핸드포지션들을 보여준다.

16장
죽어가는 동물의 레이키

인간이나 동물이나 똑같
이 모든 가족은 동물이 죽어
가면 아주 심하게 영향을 받
는다. 레이키는 사랑하는 가
족을 잃는 과정을 겪을 때 모
든 가족을 도와주는 부드럽
고도 강력한 방법이다. 그것
은 모든 사람과 죽음을 둘러

싼 전체적인 상황에 평화를 가져오도록 돕는다. 죽음의 순간이나 죽음
이 거의 임박했을 때 하는 레이키는 그 과정에서 동물이 느끼는 고통
과 두려움을 받아들이고 경감시키도록 할 뿐 아니라 동물과 그의 가족
들에게 정서적이고 영적인 힐링을 야기할 수 있다.

사람들은 종종 동물의 이동(죽음)이 다가올 때 무력함을 느끼고 그들이 사랑하는 친구를 돕기 위해 자신들이 할 수 있는 게 더 있었으면 하고 바란다. 레이키는 당신의 동물이 생을 마감할 때 육체적인 편안함과 정서적, 영적인 지원을 포함한 그들의 요구 중의 많은 부분을 당신이 제공하도록 도와줄 수 있다. 레이키는 당신 동물의 삶의 질을 향상시킬 수 있다. 많은 동물들은 증상의 완화와 기분과 영적인 향상을 보여준다. 어떤 동물들은 편안하고 즐거운 상태로, 예상했던 것보다 더 오래 살기도 한다. 또 어떤 동물들에게 레이키는 죽음을 더 편하게 만들어 주고 죽음 후에 영혼이 옮겨가는 것을 도와준다.

　이상적인 접근은 그 과정의 초기에 힐링을 시작하고 동물이 이동을 하는 중에 계속 힐링을 하는 것이다. 그러나, 우리는 동물이 살아있는 동안에 레이키를 하면 효과가 있는 것을 종종 보아왔다. 심지어 우리는 한 번의 힐링이 엄청난 상황의 변화를 야기하고 동물과 그의 가족이 평화롭게 그리고 수용적으로 그의 이동을 경험하도록 도와주는 것도 보아왔다.

　생명의 죽음은 불가피하게 슬픔을 가져오지만, 이 기간 동안 많은 아름다운 일들이 일어날 수 있다. 이때 자신의 동물들에게 레이키를 사용한 사람들은 이동이 가까워질수록 그들이 더 친밀해졌다고 종종 말한다. 이별에 대한 어쩔 수 없는 슬픔은 마지막에 더 깊어진 유대감과 함께 오는 성취감에 의해 완화된다.

가족이 평화를 찾다

나는 고양이 칼슨^{Karson}을 그의 이동(죽음) 약 2주 전에 처음 만났다. 그와 그의 가족은 아주 맥이 빠지고 걱정을 하고 있는 상태였다. 칼슨은 거의 1년 동안 암에 걸려 있었다. 상당 기간 동안 편안하지 않았고 잠을 제대로 잘 수 없었다. 그를 애지중지하는 가족들은 그가 그럴 때면 그를 도와주려 하고 그에 대해 걱정하며 같이 밤을 보냈다. 그는 그들과 멋진 삶을 보냈고 그들 사이에는 엄청난 사랑이 있었다.

칼슨의 가족들은 그를 매우 사랑했다. 그가 죽어가고 있고 사실상 이동을 할 때가 아주 가까워졌다는 것을 받아들이기가 너무 힘들었다. 그는 최선을 다해 견디고 있었지만 그들에 대해 그리고 그가 없어도 그들이 괜찮을지에 대해서 매우 걱정했다. 그가 이 세상을 떠날 준비가 되었다는 것을 그들이 이해할 수 있을 때까지 자신이 버틸 수 있을지도 걱정되었다. 그들은 더 많은 힐링과 진단 테스트를 위해 자주 수의사에게 그를 데려갔고 새로운 약물도 시도했는데 칼슨은 이런 것들이 그에게서 효과가 보일 시점을 지난 상태였다. 그는 그들이 그만두고 그의 시간이 한정적이라는 것을 받아들이기를 바랐다. 그들은 칼슨의 죽음의 불가피성을 받아들일 수 없을 것처럼 보였기 때문에 칼슨이 죽었을 때 일어날 일에 대해 걱정스러웠다.

첫 번째 힐링 중에, 레이키가 좋은 것일지 아닐지를 칼슨이 결정하는 데 시간이 좀 걸렸다. 그는 20분가량 집 주위를 돌아다니다가 마침내 내 손 가까이 한 곳에 자리를 잡고 아주 많은 에너지를 흡수했다. 그 후에 그와 그의 가족은 약 일주일 정도 아주 평화롭게 잠을 잤고 그들은 그가 훨씬 더 편안해 보였다고 말했다.

그가 다시 불편해졌을 때, 그들은 나에게 또 다른 힐링을 해 달라고 했다. 이때 칼슨은 잠을 안 잤고 돌아다니는 것도 힘들었으며 항상 한 곳에 누워있는 것을 더 좋아했다. 내가 도착하자 그는 나에게로 와서 가슴으로 기어올랐고, 거기서 한 시간 반 정도 있으면서 엄청난 양의 레이키를 흡수했다. 그의 가족들은 그가 전에는 가족 외에는 누구에게도 기어오른 적이 없었기 때문에 아주 놀랐다. 힐링과 함께, 나는 그의 가족들이 그의 상태와 죽음이 가까워졌고 피할 수 없다는 사실을 받아들였으면 하는 바람을 가지고 그 상황에 대해서도 레이키를 보냈다. 그날 오후와 저녁에 그는 자기에게 익숙한 방식대로 집을 돌아다닐 수 있었다. 그는 예전에 매일 하던 습관대로 뒤뜰에 들어가고 해 질 녘에 다시 입구 베란다에 앉아 있을 수 있었다. 그는 더 편안하고 기민했으며 사랑하는 이들과 상호작용을 했다.

이틀 후 내가 다시 갔을 때, 그들은 그의 상태를 받아들였고 집에서 그를 좀 더 편안하게 해 주는 그런 것들을 제외하고는 모든 수의학적 개입을 중지했다. 그들은 그의 마지막 날들을 가능한 많이 도와주고 그가 죽었을 때 그들의 슬픔에 대해서도 도움을 주기 위해 레이키를 배우고자 했다. 다음 수업은 일주일 후였는데 칼슨이 그렇게 오래 살 수 있을 것 같지 않아서 우리는 그날 그들의 집에서 레이키 수업을 시작했다. 칼슨은 그날과 다음날의 수업에 참여했다. 우리가 수업을 끝냈을 때, 그는 구역질을 했고 불편한 상태가 되기 시작하고 있었지만 자신의 특별한 사람과 함께 마지막 입문 동안 함께 있기를 고집했다. 한 시간 내에 그의 상태는 급격히 악화되었고 그들은 그를 안락사시킴으로써 도와주는 게 최선이라는 결정을 내려 응급 진료센터로 데리고 갔다. 그들은 그가 마지막에 얼굴에 환한 미소를 띤 채 평화롭게 잠들었다고 말했다.

얼마 후 그들은 자신들이 그럴 거라 생각했던 것만큼 그렇게 심각하게 슬퍼하고 있진 않다는 말을 전하려고 편지를 썼다. 그들은 마지막에 자신들이 잘 했다고 느꼈고 칼슨은 지금 좋은 곳에 있으며 자신들이 너무 심하게 슬퍼하기를 원하지는 않을 거라고 생각했다. 그들은 매일 그의 묘에 초를 켜고 그들이 함께 했던 시간의 사진 앨범을 만드는 것 같이 그들에게 위안과 이별을 위한 몇 가지 실천사항을 계획했다.

— 엘리자베스

_____ 힐링은 항상 치유를 의미하지는 않는다

죽어가는 동물들에게 레이키를 사용하는 것은 아주 실험적일 수 있다. 힐러로서 우리는 동물이 건강해지기를 아주 많이 원하고 동물이 그렇게 할 수 없으면 낙심할 수도 있다. 레이키는 각 존재의 운명의 정해진 틀 안에서 가장 필요한 힐링을 각각의 존재에게 제공해준다. 이런 이유로, 힐링은 항상 치유를 의미하지는 않는다. 우리는 심지어 그 결과가 우리가 바라던 것이 아닐 때일지라도, 레이키는 항상 동물의 최고선을 위해 작용한다는 것을 스스로 상기시킨다. 돌이켜 생각해보면 우리는 레이키가 어떻게 상황에 대한 힐링을 불러일으켰는지 그리고 종종 왜 이것이 가장 필요한 힐링이었는지를 보통 알 수 있다.

때때로 사람들이 레이키를 배워서 바로 죽을병에 걸린 자신의 동물을 도와주거나 죽어가는 동물을 힐링하려고 레이키를 배울 때, 그 이동을 막지 못한다면 레이키에 대한 그들의 믿음에 대해 낙심하고 시련을 받게 될 수도 있다. 겉보기에 죽을 지경에 놓인 동물이 레이키로 회복되는 경우도 있다. 이런 경우, 그 상황이 아무리 심각하게 진행되어 왔는지에 상관없이 그 동물은 아직 이동을 할 때가 아닌 듯 하고 레이키는 그의 건강을 회복시켜줄 수 있다.

만약 동물이 이 세상을 떠나야 할 시간이라면 레이키는 삶과 죽음 사이의 이동을 아주 쉽게 할 수 있다. 하지만 이동을 막지는 않을 것이다. 이런 경우, 그것은 대개 삶의 질을 향상시켜 줌으로써, 상황을 바꾸어서 관련된 모든 이들이 이동을 받아들이고 더 편하게 가게 해 줌으로써, 그리고 이동이 더 쉽게 될 수 있고 덜 고통스럽도록 함으로써 작용한다. 레이키는 죽어가는 동물들과 그들의 가족들에게 고통과 두려움을 편하게 해 주고 동물이 평화롭고 수용적으로 이동을 할 수 있게 도와주면서 필요한 지원을 해 준다.

만약 우리가 힐링이 일어나는 유일한 증거로서 육체적인 회복에 초점을 맞춘다면 그 동물이 죽으면 우리는 스스로 무기력하고 낙심하게 될 수도 있다. 동물이 이동하는 중에 레이키를 하는 것은 죽음이란 삶의 자연스러운 일부라는 것과 정서적이고 영적인 차원에서 힐링을 가져올 수 있는 멋진 사랑의 선물이라는 것을 기억하도록 도와준다. 우리는 우리가 레이키를 믿어야 한다는 것을 알고 있다. 레이키는 사랑스럽고 애정 어린 방법으로 항상 동물이 필요로 하는 힐링을 가져온다. 우리는 동물이 직면하고 있는 모든 문제들에 대해 항상 의식하지 못할 수도 있지만 힐링은 항상 일어난다.

당신의 동물이 이동을 할 때 힐링 에너지를 보낸다면 동물에게 위로와 위안을 가져다 줄 수 있다는 것, 그가 자기 방식대로 그 과정을 겪을 수 있게 허용해 줄만큼 충분히 평화로워진다는 것, 그리고 어쩌면 그와 함께 있는 것 조차 굉장한 선물이다. 당신의 동물이 죽는 것을 도와주기 위해 레이키를 사용하는 것의 가장 큰 혜택은 당신이 받게 될 죽어가는 동물에 대한 더 깊어진 이해와 이로 인해 당신이 이루게 될 내면의 평화이다.

쥐

하루는 내가 집에 오고 있을 때, 내 고양이 엠마Emma가 정원에서 쥐 한 마리를 죽이고 있는 것을 중단시켰다. 엠마를 안에 넣어놓고 다시 쥐에게로 돌아갔을 때, 그는 등의 찔린 상처에서 많은 피가 흘러나온 채 아무런 미동도 없이 누워있었다. 내가 가기 전에 엠마가 벌써 일을 끝낸 듯 보였지만 내 안에 어떤 것이 그럼에도 레이키를 해 보라고 말했다.

나는 현관에 앉아 그 쥐에게 레이키를 보냈는데, 그는 약간 떨어진 곳에 누워있었다. 나는 힐링에 깊이 빠져들었고 얼마나 많은 시간이 흘렀는지 알아채지 못했다. 시계를 보았을 때 30분이 흘러 있었고 쥐는 엠마가 내버려 둔 그대로 꼼짝 않고 누워있었다. 나는 그만두고 싶었지만 다시 무엇인가가 "조금 더 하라"고 말했다. 몇 분이 더 지나자 쥐는 씰룩거리고 곧 일어서더니 몇 초 동안 나를 응시하면서 주위를 둘러봤다. 그러고 나더니 그는 정원을 가로질러 담쟁이덩굴 속으로 사라져버렸다.

그날 늦게 나는 작은 쥐를 보지 않기를 바라며 담쟁이 속을 살펴보았는데, 그는 없었다. 다음 날, 사슴에게 레이키를 보내고 있을 때, 그 전날의 쥐와 똑같은 작은 쥐 한 마리가 담쟁이덩굴에서 두 발자국 정도 떨어져 서서 잠시 동안 나를 쳐다봤다. 나는 "고맙습니다."라고 말하기 위해 나를 다시 찾아온 그가, 그 전날 거의 희생자가 될 뻔한 쥐라고 생각하고 싶다.

– 엘리자베스

평화의 순간

때로는 동물의 환경은 변할 수 없어도 레이키는 어떤 상황에서도 힐링을 가져올 수 있다. 내가 힐링했던 어떤 개는 인간의 손에 심한 학대와 테러를 당해서 아주 사납고 건드릴 수가 없었다. 그는 안락사 리스트에 올라 있어서 나는 그의 상황에 대해 레이키를 보내기로 했다. 내 정서의 중심을 고요하게 유지하려고 애썼고 그가 받아들이고자 한다면 내가 그에게 힐링을 보내고자 한다는 것을 마음속으로 알려주었다. 그것이 가능하다면 그의 생명을 구할 기적이 일어나기를 바라며 나는 최고선을 부탁했다.

그는 눕거나 앉는 것조차 거부했지만 결국엔 머리를 아래로 떨어뜨리고 눈을 감은 채 몸을 사육장 벽에 기대었다. 나는 우리 둘을 둘러싸고 있는 평화와 조화로움을 느꼈다. 마치 우리 모두가 또 다른 세계에 혼자 있는 것처럼 나의 머리는 저 멀리 있는 것처럼 느껴졌다. 이 조용한 공간은 약 10분 정도 지속되었다. 다음번 보호소를 방문하던 중 나는 그가 안락사 당한 것을 알았다. 이것을 듣게 되어 힘들었지만 그가 힐링 중에 얼마나 평화로웠는지를 기억했다. 그때 우리를 둘러싸고 있던 평화와 조화에 비추어 보면 그는 영적 차원에서 힐링을 받았기 때문에 자신의 이동을 할 준비가 되었다고 생각했다.

– 캐서린

_____ **시작하는 법**

죽어가는 동물들은 때로는 자기들이 예전에 그랬던 것보다 에너지와 다른 자극에 더 민감하다. 전에 손을 올려놓는 레이키를 좋아했던 동물이라 할지라도 그들 삶의 마지막이 가까워졌을 때에는 가끔씩 떨어져서 하는 레이키를 더 좋아하기도 할 것이다. 각각의 동물은 다 독특해서 어떤 동물은 과거에는 떨어져서 하는 힐링을 더 좋아했더라도 손을 올려놓는 힐링을 더 좋아하며 당신에게 더 가까이 오고 싶어 할 것이다.

그러므로 그의 기호에 대한 신호를 살펴보면서 가까운 거리에서 동물에게 레이키 하는 것으로 시작하는 것이 가장 좋다. 만약 그가 손을 올려놓는 레이키를 위해 몸을 일으켜 당신에게 올 수 없다면, 그는 자기 목을 앞으로 쭉 빼거나 당신이 가까이 끌어당겨주기를 알려주는 다른 무엇인가를 할지도 모른다. 다른 사람들보다는 당신이 자신의 동물에 대해 더 잘 안다. 레이키에 대한 그의 기호가 어떤 것인지 알기 위해 그의 신호를 더 잘 읽을 수 있도록 자신의 직관에 따르는 것이 중요하다.

레이키가 당신의 동물에게로 흐르도록 하면 바로 힐링은 시작될 것이다. 당신은 아마 강렬한 레이키의 흐름을 느끼거나 아주 약한 흐름만을 느낄 수도 있을 것이다. 그 안으로 깊이 빨려 들어가거나 아니면 자신이 힐링 내내 동물과 이야기하고 교감하는 것을 발견할 수도 있다. 만약 당신의 동물이 손을 올려놓는 레이키를 원한다는 것을 알려준다면 손의 위치에 대해서는 그의 리드를 따르면 된다. 질병이나 부상으로 인해 아픈 부위에 손을 두는 것이 때로는 그에게 불편해서, 그는 아프지 않은 부위에 손을 두는 것을 더 좋아할 수도 있다. 다른 때는, 당신의 손이 진정을 시켜주고 통증이나 다른 증상들을 완화시켜줄 수 있다. 각각의 힐링은 지난 힐링과 똑같지 않을 수도 있어서 당신은 현재 힐링에서 동물에게 어떤 것이 가장 좋은지 알아보기 위해 세심하게 실험을 해 볼 필요가 있다.

각각의 힐링은 당신들 사이에서 특별한 시간이 될 수 있다. 레이키의 흐름이 점점 줄어들거나 동물이 다른 곳으로 가 버린다든지 아니면 그의 관심이 다른 데로 돌려졌다는 신호를 보여주면 힐링이 끝나가고 있는 것이다. 때로는 레이키의 흐름이 무한정 계속될 수도 있고, 당신은 개인적인 이유로 힐링을 멈추어야 할 것이다.

당신의 사랑하는 동물에게 그의 마지막 시기에 레이키를 할 때에 당신은 종종 심오하고도 인생을 변화시키는 교훈을 경험할 것이다. 자신의 동물이 이동을 향해 다가갈 때, 죽어갈 때, 그리고 심지어는 그 후에도 레이키를 할 수 있다. 레이키는 당신의 동물이 살아있을 때 그의 삶의 질을 향상시킬 수 있고, 그의 죽음을 좀 더 편하게 만들어 줄 수 있으며 죽음 후에 그의 영혼이 옮겨가는 것을 도와줄 수 있다. 삶의 마지막에 레이키가 주어지면, 많은 동물들은 증상의 완화를 보이고 기분과 영혼이 나아짐을 보여준다. 어떤 동물들은 편안하고 즐겁게, 모두가 기대했던 것보다 더 오래 살기도 한다.

이 기간 동안에 당신 자신과 다른 가족 구성원들(동물과 사람 모두)에게 레이키를 하는 것은, 당신이 이동 과정에 대한 두려움과 걱정을 치유하도록 도울 것이기 때문에 또한 아주 효과가 있다. 동물의 죽음에 대해 편안하게 느낄 수 있다는 것은 당신이 그의 마지막 날과 순간에 진정으로 함께 할 수 있게 해 줄 것이고 좀 더 분명하게 결정을 내리도록 도와줄 것이다. 그것은 또한 동물의 죽음이 그에게도 더 편하도록 도와줄 것이다. 동물들은 종종 우리를 도와주기 위해 우리의 걱정과 두려움을 떠맡는다. 그들은 자신의 이동 과정에 대해서는 평화로울 수 있지만 우리의 불안 때문에 걱정을 하게 된다. 우리가 평화롭고 "괜찮다"는 것을 그들이 보면 그들은 대개 자신의 죽어가는 과정에 전념하고 집중할 수 있다. 당신 동물의 이동 후에 당신에게 레이키를 보내거나 당신에게 레이키를 보내 줄 친구가 있으면 사랑하는 친구와의 이별에 수반되는 불가피한 슬픔을 헤쳐 나가는 데 엄청난 도움이 될 것이다.

말이 떠나는 것 도와주기

가끔씩은 죽어가는 동물들이 스스로 레이키를 찾을 것이다. 내 말과 같은 마구간에 살았기 때문에 가끔씩 인사를 하는 것 외에는 거의 접촉이 없었던 나이든 아랍 거세마가 그런 동물 중 하나였다. 헛간에 있는 다른 이들로부터 나는 그가 통증 때문에 고통 받고 있고 아주 많이 늙었다는 것을 알았다. 어느 날 밤, 나는 늙은 말이 서 있는 경기장과 인접해 있는 싱크대에서 내 말의 곡물에 따뜻한 물을 섞고 있었다. 그가 잘 못 움직이기 때문에 그에게는 거기서 자유롭게 돌아다니는 것이 허용되었다. 나는 곁눈질로 그 늙은 말이 머리를 아래로 떨어뜨리고 눈을 나에게 고정한 채 천천히 나에게로 걸어오고 있는 것을 보았다. 우리의 눈이 마주쳤을 때, 나는 그가 레이키를 원한다는 것을 분명히 이해했다. 내가 마음속으로 그에게 레이키 할 것을 동의하자 그는 누워서 땅에 머리를 축 늘어뜨렸다. 나는 20피트쯤 떨어져 쪼그리고 앉아서 레이키를 보냈다. 그는 눈을 감고 깊은 숨을 내쉬었다.

나는 머리가 멍하고 졸리고 가벼워지는 것을 동시에 느꼈다. 그것은 보통 죽어가는 동물들과 작업할 때 마치 그들이 이미 자신의 육체로부터 분리되는 것처럼 그렇게 느끼는 방식이었다. 고맙게도 그에게서는 어떤 고통이나 불안도 느낄 수 없었다. 그는 주변의 말이나 사람을 의식하거나 신경 쓰는 어떤 기색도 보이지 않았다. 그는 마치 단지 너무 지치고 고단하고 내려놓을 준비가 되어 있는 것 같았다.

나는 최고선을 위해 그의 상황에 레이키를 보냈고 걱정하는 몇몇 무리가 모이기 시작했을 때 힐링을 중단하기로 결정했다. 말의 주인이 수의사와 같이 와서 사람들에게 나가달라고 하며 마구간을 청소했다. 운전해 오면서 나는 무기력함을 느꼈다. 그날 밤 늦게 나는 친구로부터 전화를 받았다. 그 늙은 말은 안락사 당했다. 분명 그것은 말 주인들에게 힘든 결정이었을 것이다. 일이 다른 방향으로 될 수도 있었지만 그가 죽는 것을 도와주기로 결정이 내려졌다. 그가 죽을 때는 모두가 함께 있었다.

나는 매우 안심이 되었다. 그날 밤 나는 그의 죽음이 평화롭고 편안하기를 바라는 마음으로 그의 영혼에게 레이키를 보냈다. 다음 날, 그가 전날 밤에 누워있던 장소를 지나갔을 때, 나는 늙은 말의 존재를 아주 강하게 느꼈다. 나는 그의 영혼을 느꼈고 레이키에 대해 그가 마음을 열어준 것에 감사했으며 그가 준비가 되었을 때 갈 수 있게 되어 다행이라고 말해주었다. 이 경험을 되돌아보니 내가 이 과정에 아주 작긴 하지만 일부가 되었던 것이 참 감사하다는 느낌이 든다. 그의 주인이 그가 죽는 것을 도와준다는 것이 힘들다는 것을 알긴 하지만 그의 때가 되었다는 것을 말에게서 분명히 느낄 수 있었다. 이 경험이 있기 전에 나는 안락사가 평화로운 방법이 될 수 있을까에 대한 확신이 없었다. 이제 나는 가끔씩은 그것이 동물이 원하는 바로 그것이라는 것을 확실히 느낀다. 레이키는 그 방법이 어떤 것이 되든지 간에 그것이 얼마나 그 방법을 원활하게 할 수 있는지로 나를 계속 놀라게 한다.

– 캐서린

크리스탈Crystal 추억하기

나는 브라이트헤이븐 동물 보호구역에서 했던 레이키 수업에서 고양이 크리스탈을 만났다. 그는 내 무릎에 뛰어올라와 몸을 둥글게 말고는 긴 힐링 동안 앉아 있었다. 보통 배우는 사람들의 진행과정을 살펴보면서 주변을 순회하는 동안, 나는 대신에 크리스탈에게 내가 레이키 힐링을 하고 있는 것을 발견했다. 그들의 결과물에 대해 이야기 하러 배우는 사람들이 돌아오면 크리스탈은 기다렸다. 사실 그는 내 무릎에서 두 시간 이상이나 움직이지 않으려 했다. 내가 그날 일을 마치고 가야 할 때면 그는 마지못해 소파로 얌전히 자리를 옮기긴 했지만 "언제 다시 올 건가요?"라고 말하기라도 하는 것처럼 나를 질문조로 쳐다봤다.

그래서 나는 특히 그의 이동이 다가오고 있다고 들었을 때 약간의 힐링을 하기 위해 다시 갔다. 어느 특별한 날, 나는 그가 욕실 작업대 위에서 졸고 있는 걸 봤는데 겨우 몇 주 만에 그가 얼마나 더 노쇠하게 보이는지 눈치챘다. 사실, 그를 방해할까봐 걱정이 되어 근처 의자에 조용히 앉아 힐링을 시작하겠다고 허락을 구했다. 그는 깨어나서 고개를 들었다. 그가 나를 인식하고는 바로 일어나서 손을 올려놓는 레이키를 받으려고 무릎으로 뛰어오르려 했다. 나는 그가 갑자기 보여준 동기부여를 믿을 수 없었다. 나는 재빨리 일어나 그를 내 무릎에 부드럽게 앉힐 수 있었다(그의 분명한 열의에도 불구하고, 그가 육체적으로 그것을 스스로 해낼 수 있을지 확신이 서지 않았다). 다시 그는 한 시간 이상 깊은 잠에 빠졌다. 마침내 내가 떠나야 할 때가 되자, 나는 다시 한 번 그를 무릎에서 들어 올려야 했다. 나는 그를 돕기 위해 정기적인 원격 힐링을 보내겠다고 말했다.

2005년 6월 15일, 크리스탈은 게일의 팔에서 평화롭게 잠이 들었다. 그의 주인 게일은 크리스탈의 생이 끝나갈 때 그에게 정기적인 레이키 힐링을 할 수 있었다. 그녀는 나중에 레이키가 크리스탈의 마지막 날들에 육체적 편안함을 준 유일한 것이었다고 나와 함께 얘기 나눴다. 그녀는 그의 눈에서 레이키가 가져다 준 평화와 평안함을 볼 수 있었다고 말했다.

— 캐서린

_____ 힐링 개요

떨어진 곳에서 시작하기 · 당신의 동물에게 가까운 거리에서 레이키를 하는 것으로 시작하고 그가 만약 손을 올려놓는 레이키를 원한다면 당신에게로 다가오도록 하는 것이 가장 좋다. 죽어가는 동물들은 흔히 자신들이 예전에 그랬던 것보다 에너지와 다른 자극들에 대해 더 민감하기 때문에 당신 동물의 기호를 살펴볼 때 특별히 더 관심을 가져야 한다. 예를 들어, 만약 그가 손을 올려놓는 레이키를 받기 위해 일어나서 당신에게 올 수 없다면 그는 목을 당신 쪽으로 늘어뜨리거나 당신이 자기에게로 가까이 와줬으면 하고 알려주는 다른 어떤 것을 할 수도 있다.

유의사항 : 당신의 동물에게 힐링을 받을지 말지와 얼마나 많은 레이키를 받고 싶은지를 스스로 선택할 수 있다는 것을 알려주는 것으로 시작하라. 동물의 바디랭귀지를 주목하고 그가 어떻게 힐링을 받고 싶어 하는지를 결정하기 위해서는 당신 손에서의 에너지 흐름과 당신의 직관에 따르라.

가능한 핸드 포지션들 · 만약 당신의 동물이 손을 올려놓는 레이키를 원한다고 알려주면, 손의 위치에 대해서는 그의 리드를 따르라. 질병이나 부상으로 인한 아픈 부위에 손을 두는 것이 때로는 그에게 불편할 수도 있다는 점을 명심하라. 다른 때는, 당신의 손이 진정을 시켜주고 통증이나 다른 증상들을 완화시켜줄 수 있다. 각각의 힐링은 지난 힐링과 똑같게 펼쳐지지 않을 수도 있어서 그때의 힐링에서 동물에게 어떤 것이 가장 좋은지 알아보기 위해 신중하게 진행하라.

힐링 끝내기 · 당신이 레이키의 흐름이 줄어든다고 느끼고 당신의 동물이 자신은 힐링이 끝났다는 신호를 보여줄 때 힐링은 끝이 날 것이다. 레이키에게 힐링에 대한 감사를 할 것과 당신의 동물에게 힐링에 참여해 준 것에 대해 사랑과 감사를 표할 것을 명심하라(상세한 정보는 4, 5장 참조).

호스피스, 보호소 그리고 보호시설 지원

레이키는 동물을 위한 어떤 호스피스 프로그램에 대해서도 대단한 부가물이다. 그것은 또한 보호소, 보호구역 그리고 구조 기관이나, 나이 들거나 말기병을 앓는 동물들이 있는 환경, 또는 안락사가 행해지는 환경에 있는 직원들에게 유용한 기술이다. 이동(죽음)을 하는 중에 동물이 갖는 경험에 있어서는 한 번의 힐링도 많은 차이를 만들 수 있다. 안락사가 행해지는 보호소에서 안락사가 예정되어 있는 동물에게 레이키를 하는 것은 귀중한 선물이다. 안락사가 예정된 동물에게 이런 형태의 애정 어린 지원을 할 수 있는 것은 보호소 직원들에게도 또한 도움이 되고 그들이 이런 직업에서 가끔 경험하는 탈진 현상을 줄여줄 수 있다.

Mick믹 육체와 영혼 힐링하기

내가 처음 브라이트헤이븐 동물 보호구역에 사는 고양이 믹을 만났을 때, 그는 아주 우울했는데, 그것은 가슴이 아팠다. 그는 만성 과민성 대장 질환을 앓고 있었고 최근에 육체적으로 한차례의 기복을 겪는 중이었다. 브라이트헤이븐의 몇몇 자원봉사자들은 그의 이동이 가까워진 게 아닌가 생각했다. 그 어느 날, 그는 아주 고통이 심했다. 그의 눈은 게슴츠레했고 내가 있는 것에 대해(또는 그 점에 대해서는 어느 누구였어도) 아무런 관심도 보이지 않았다. 레이키를 시작하기 전에 그는 누우려고도 하지 않았고 불편해 보이게 우두커니 서 있었다. 나는 그의 영역을 침범하지 않도록 그가 서 있는 곳으로부터 10피트 정도 떨어져 의자에 앉았고 힐링을 시작하는 것에 대해 그의 허락을 구했다. 내가 힐링을 시작하고 거의 즉시 그는 자리에 누웠고 눈을 감고는 깊은 잠에 빠졌다. 그의 발은 어느 때는 꿈속에서 허우적대기도 했다.

30분쯤 지나자 그는 깨어나서 눈을 떴다. 그의 눈은 밝고 초점이 또렷했으며 나를 똑바로 쳐다보고는 조용히 야옹거렸다. 힐링에 마음을 열어준 것에 대해 고마움을 표하자 그는 내가 자기를 약간 쓰다듬도록 허락도 했다(그는 약간 신경질적이기 때문에 이것은 대단한 영광이었다!).

이 첫 힐링 후에, 믹은 직접적으로 그리고 멀리 떨어져서, 나와 브라이트헤이븐의 자원봉사자 중의 한 명으로부터 몇 번의 레이키를 더 받았다. 그는 매 번 스펀지처럼 레이키를 빨아들였다. 그는 몸무게가 늘고 육체적으로도 좋아지기 시작했으며 그의 사기도 아주 많이 북돋아졌다. 게일(브라이트헤이븐의 창립자)은 레이키가 역효과를 낳았다며 나와 농담을 했다. 믹은 다시 다른 고양이의 음식을 빼앗고 스스로를 완전한 골칫거리로 만들며 예전에 그랬던 자신의 모습으로 되돌아갔다.

내가 믹을 마지막으로 보았을 때, 나는 잠시 브라이트헤이븐을 방문하고 있었다. 현관문에 들어섰을 때, 나는 믹이 방을 가로질러 가는 것을 보고 그의 이름을 불렀다. 그는 나를 보고는 기뻐서 자기 얼굴을 내 손 쪽으로 밀며 바닥에서 껑충껑충 뛰었다. 나는 그의 생동감에 놀라웠고 기뻤다. 며칠 뒤 게일이 부드럽게 안고 브라이트헤이븐의 가족들이 둘러싼 가운데 믹의 영혼은 그의 작은 육체를 떠났다.

— 캐서린

_____ **가장 큰 선물**

동물들은 우리의 가장 사랑하고 친한 친구 중의 하나일 수 있어서 그들 중 하나를 잃는다는 것은 가족 구성원 중 하나를 잃는 것만큼이나 고통스럽다. 동물들은 종종 그들을 잃는 것에 대한 인간들의 불안을 감지하기 때문에, 인간들이 그들을 잃는 고통을 피하게 해 주고 그들의 죽음에 적응할 시간을 주기 위해 자신들이 원하는 것보다 훨씬 더 오래 버틴다. 사랑하는 이의 죽음을 직면하면 당신은 기적적인 힐링을 바라겠지만 때로는 더 깊은 차원의 필요한 힐링과 더 심오한 교훈을 배울 것이다. 암을 앓는 한 개와 그의 가족이 아름답게 보여주었듯이, 영적이고 정서적인 차원에서의 멋진 힐링의 변화들이 일어날 수 있다. 레이키를 사용하면 죽음은 평화로운 과정이 될 수 있고 어떤 때는 당신이 동물에게 할 수 있는 가장 큰 힐링 선물은 단지 사랑과 수용의 마음으로 이 생으로부터 떠나게 하는 것이다.

멜리샤Melissa는 110 파운드나 되는 말라뮤트인 미샤Misha를 엘리자베스와 캐서린에게 데려왔는데 그는 어깨에 암이 진행된 상태였다. 그녀

믹은 과민성 대장 질환이 있는데, 손을 올려놓는 레이키는 그에게는 너무 강렬하게 느껴진다. 하지만 조금 떨어져 정기적인 힐링을 하자 그는 레이키를 받아들이기로 했고 몸무게가 늘었으며 편안함과 위안을 찾았다. 여기에 캐서린이 가까이에는 있지만, 믹의 물리적 공간 안은 아니다. 그는 힐링하는 중에 눈이 감긴 채 긴장이 풀리고 쉬게 된다.

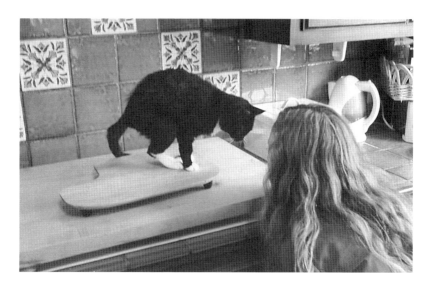

고양이들은 보통 힐링을 다 하면 당신에게 알려준다. 여기에서 그는 일어나서 몸을 편다. 캐서린은 고맙다는 말을 하려고 잠깐 시간을 내고 떠나기 전 그가 얼마나 특별한지를 말해준다.

는 의사가 추천한 것처럼 다리를 절단해야 할지 말아야 할지 결정하려고 하고 있었다. 결정을 하는 데 도움을 얻고 그것이 미샤에게 도움이 될지 알아보기 위해 레이키 힐링을 원했다. 그의 상태가 심각해졌다. 그는 힘들어하고 있었다. 그녀는 육체적인 기적이 일어나기를 바랐다. 그녀는 미샤와 함께 다른 개 버디Buddy를 데려왔는데, 그는 갈색의 애완용 푸들로 눈과 귀 둘 다 먼 개였다. 엘리자베스와 캐서린은 결국 미샤가 유일하게 편안함을 느끼는 것처럼 보이는 앞 잔디밭 바깥쪽에서 그에게 힐링을 하게 되었다.

거의 힐링을 시작하자마자 엘리자베스는 미샤에게서 나오는 엄청난 슬픔을 느끼고는 눈물이 흘렀다. 동시에 캐서린은 심한 메스꺼움을 느끼기 시작했고 멜리샤에게 혹시 미샤의 위가 아픈 적이 있었는지 물어봤다. 그녀는 그의 위는 괜찮아 보였다고 말했지만 잠시 후 (몇 걸음 떨어져서 어슬렁거리고 있던) 버디가 구토를 하기 시작했다. 이때 엘리자베스와 캐서린은 버디가 비록 눈과 귀가 멀었지만 그의 가족에게 어떤 일이 일이고 있는지 정확히 알고 있고 그것에 대해 아주 걱정하고 있다는 것을 알아챘다. 그들은 멜리샤에게 가족들이 미샤의 병 때문에 어떤지를 물었다. 그녀는 온 가족이 미샤가 겪고 있는 병과 고통으로 인해 아주 많이 스트레스를 받아왔고 슬퍼한다고 분명히 말했다. 엘리자베스와 캐서린은 전체 가족(집에 있던 가족들은 멜리샤, 두 마리의 개와 두 마리의 고양이)을 위해 원격 힐링을 하기로 했다.

가족 상황에 대한 힐링이 시작되자마자 에너지가 변했고 더 가벼워졌다. 버디는 구토를 멈추었고 쉬려고 앉았다. 멜리샤는 미샤에게 간식인 당근 스틱을 던지기 시작했고, 그는 각각을 즐겁게 받아서 먹었다. 둘 다 웃고 있었다. 아름답고 평화로운 그림이었고 그들의 걱정과 고통은 그 순간의 즐거움 속에서 잊혀졌다.

후에 캐서린과 힐링에 대해 의논하면서 엘리자베스는 미샤로부터 받았던 직관적인 소통에 대해 나눴다. 그는 자신이 이 가족에 대해 아주 책임을 느낀다는 것을 그녀에게 알려줬다. 그는 그들에게 엄청난 책임감과 충성심을 느끼기 때문에 고통에도 불구하고 그들을 위해 버티고 있었다. 그는 가족들이 그의 상태에 대해 받아들이는 법을 배워서 그가 그들의 지원과 수용으로 평화롭게 이동할 수 있기를 기다리고 있었다. 우리는 우리가 보았던 정서적인 변화가 다음 힐링에서도 계속되기를 바랐다.

몇 달 후, 엘리자베스와 캐서린은 다시 멜리샤로부터 소식을 들었다. 그 일과 관련해서 그녀는 힐링 후 정말 바뀐 것처럼 보였다. 힐링을 하고 난 다음날 아침, 그녀는 다리 절단에 대해 밀고 나가야 한다는 것을 분명히 느꼈다. 그 후 놀랍게도 미샤는 바로 최근까지 비교적 고통 없이 움직이고 있었다. 그녀의 전화가 있기 며칠 전, 그는 누워서 일어날 수가 없었고 신체 기능이 정지되었다. 그녀는 마침내 이 지구에서의 그의 시간이 끝나가고 있다는 사실을 받아들일 수 있었고 안락사로 그의 이동을 도와주는 것이 가장 좋을 것이라는 것을 느꼈다고 말했다. 그러나 그녀는 그 때가 적절한 때인지에 대해서는 확신이 없었고 레이키 힐링이 일을 명확하게 하는 데 도움을 주기를 바랐다.

약간 쌀쌀한 기운이 있는 화창하고 바람이 불고 따뜻한 어느 아름다운 날, 엘리자베스와 캐서린은 골든게이트 다리 근처 공원에서 다시 미샤를 만났다. 그들이 도착했을 때 그는 나무 아래의 풀밭에 있는 흰 담요 위에 누워 있었다. 그들은 다시 미샤에게 자신들을 소개했지만,

그는 엘리자베스와 캐서린을 알아보는 것 같았다. 그들은 미샤와 가족들의 상황 둘 다에 대해 레이키를 보내기 시작했고 레이키에게 최고선을 위한 부드럽고도 애정 어린 힐링을 부탁했다. 미샤는 곧 머리를 풀밭에 눕히고는 힐링 에너지를 받아들이는 것처럼 큰 숨을 쉬었다. 엘리자베스와 캐서린은 마치 육체적 세계가 아주 멀리 있기라도 한 것처럼 매우 가볍고 평화롭게 느끼며 둘 다 힐링에 깊이 빠져 들어갔다.

약 45분 정도의 힐링에 빠져, 캐서린은 가슴이 답답함을 느꼈다. 그것은 그녀의 다리를 떨게 하고 이를 딱딱 부딪치게 만들면서 묵직함으로 변했다. 고통으로 그다음엔 불안감으로 변했다. 그녀는 이것이 자신의 불안감이 아니라 미샤로부터 받은 정보임을 곧 깨달았다. 캐서린은 이것을 자신과 공유해 준 것에 대해 미샤에게 마음속으로 고마워했다. 뭔가 나눌 것이 있다면 자신이 그에게 귀 기울이겠다고 말해주었다.

캐서린의 직관이 그가 "떠나는 것이 괜찮을까요?"라고 묻고 있다고 알려주었다. 캐서린은 멜리샤와 이 질문에 대해 공유했다. 멜리샤는 진심으로 분명하고 솔직하게 말하면서, 자신의 사랑하는 개에게 그가 가도 좋다고, 그녀는 그가 너무 그리울 테지만 괜찮을 거라고 말하기 시작했다. 그와 동시에 캐서린은 심호흡을 하기 시작했고 곧이어 레이키의 흐름이 증가했다. 그것은 갑작스럽고 급격한 호흡이 아니라 좀 더 길고 느리며 깊은 호흡이었다. 잠시 후, 그녀의 호흡이 다시 정상적이 되었을 때 미샤로부터 온 캐서린의 불안감은 깊은 평온감으로 바뀌었다.

미샤는 머리를 들고 마치 "고맙습니다"라고 말하는 것처럼 우리와 깊고 감동적인soulful 눈 맞춤을 했고 그것으로 힐링은 끝난 것처럼 보였다. 엘리자베스와 캐서린은 미샤가 많이 공유해 준 것과 레이키가 사랑을 가지고 밝게 힐링하고 안내해 준 것에 대해 감사했다.

미샤와 함께 한 이 두 번째 힐링에서 엘리자베스와 캐서린은 상황에 대한 에너지에서 멜리샤와 미샤를 위한 수용, 평화 그리고 명확함의 느낌과 같은 또 다른 분명한 변화를 느꼈다. 그들은 레이키가 이동하는 과정에 도움을 주었다고 느꼈다. 멜리샤와 미샤는 진심으로 서로 귀 기울이고 이해하면서 풀밭에 얼굴을 맞대고 누웠다. 그것은 정말 감동적이고 아름다운 순간이었다. 엘리자베스와 캐서린은 그들의 힐링 과정의 일부가 된 것이 영광스러웠고 힐링 결과에 대해 아주 평온했다.

힐링 중에 레이키는 평화와 평안한 느낌으로 엘리자베스와 캐서린을 둘러쌌고 그들은 힐링 과정에서의 최고선이 작용했다고 분명히 느꼈다. 멜리샤는 후에 미샤가 그다음 날 아주 평화롭게 죽었다고 말했다. 그의 가족들은 감당할 수는 있을 정도로 슬퍼할 수 있었고 미샤가 원했던 것처럼 회복하고 잘 살아가고 있었다. 처음엔 가족들이 육체적 차원에서의 기적을 구했지만 레이키는 그들에게 평화, 수용 그리고 보내주는 능력을 통한 힐링의 기적을 가져다주었다.

17장
자신의 반려 동물이 아닌
동물에게 레이키 하기

당신이 배우고자 하는 어떤 단계의 레이키에서도, 당신이 끌릴 수 있는 다양한 범위의 힐링이 있다. 어떤 사람들은 자신의 반려 동물만을 힐링한다. 어떤 사람들은 오직 친구, 가족 그리고 집단 안의 동물들을 힐링하는 것에만 끌릴 수도 있다. 다른 사람은 그들의 친숙한 집단을 넘어 낯선 사람, 그들이 모르는 동물, 그리고 그들의 직접적인 경험을 벗어나는 상황들에 힐링을 하고 싶어 한다. 또한 레이키를 하는 빈도에도 다양한 단계가 있다. 어떤 사람들은 아주 가끔씩만 하고 다른 사람들은 자주 또는 심지어 매일 하며, 어떤 사람들은 전문적인 레이키 힐링을 정립하기도 한다. 선택한 힐링의 범위와 빈도와 관계없이 레이키는 당신의 삶과 당신을 둘러싼 이들의 삶을 향상시킬 것이다.

자신들의 동물 가족을 넘어서 그들의 레이키 힐링을 확장시키고자
하는 사람들을 위해서는, 잘 모르는 사람과 동물에게 레이키를 하기
시작할 때 고려해야 할 몇 가지 부가적인 문제들이 있다.

_____ **힐링 전 동물의 반려자와의 의사소통**

동물과 힐링을 시작하기 전에 레이키가 무엇인지 그리고 당신이 어
떻게 힐링을 하고 있는지에 대해 그의 반려자와 이야기를 나누는 것은
좋은 생각이다. 레이키에 대한 사람들의 생각은 매우 다양하기 때문에
당신이 무엇을 할 것이고 왜 하는지에 대해 짧게 의견을 나누고 무엇
을 기대해야 할지 그 사람이 아는 것은 도움이 될 것이다.

동물이 있는 곳에서 그에 관해 의논하는 것에 대해서는 조심하도록 하라. 동물들은 바디랭귀지, 정서 그리고 심지어 우리 마음속에 있는 그림과 이미지들까지도 알아차리면서 대부분의 사람들이 인식하는 것보다 훨씬 더 많이 이해한다. 그가 있는 곳에서 동물의 건강에 대해 정서적인 의논을 하면 그에게 지나친 스트레스와 두려움을 줄 수 있다. 그가 있는 곳에서 그 주인과 그의 건강문제에 대해 상의할 때는 동물을 놀라게 하지 않도록 재량껏 연민을 가지고 하도록 노력하라.

일단 힐링이 시작되면 힐링이 끝날 때까지는 대화를 중지하는 것이 좋다. 만약 동물의 주인이 힐링에 같이 있고 싶어 한다면 그는 조용히 앉아서 책을 읽고 명상을 하거나 아니면 그냥 조용히 있으면 된다. 가능하다면 동물에게 활발히 개입하는 것은 피해야 하는데 이는 이완을 방해하기 때문이다.

____ 동물과의 첫 대면

처음으로 동물을 만날 때, 당신이 하고자 하는 힐링에 그가 깊이 빠져 이완할 수 있기를 바랄 것이기 때문에 신뢰를 불러일으키고 동물을 과하게 흥분시키지 않는 방식으로 보여지고 또 행동하도록 노력하라. 때때로 사람들은 우정의 신청으로 음식을 가져오거나 동물에게 간식을 주는데, 그것은 엄청난 방해가 될 수 있기 때문에 당신의 목적이 레이키를 하는 것이라면 음식을 가져오는 것은 삼가는 것이 좋다. 당신은 동물이 당신을 "먹을 것을 주는 사람"이 아닌 "레이키를 하는 사람"으로 생각해 주기를 바란다.

당신은 자신에 대한 동물의 첫인상이 그에게 관심이 있고 맞춰주며 그의 말에 귀 기울이고 그의 요구와 관심사를 헤아려줄 사람이기를 원한다. 조용하고 온화한 태도와 목소리, 움직임이 없고, 조심스러운 손은 이런 인상을 주는 데 도움이 된다.

어떤 동물들은 당신의 눈을 보면 더 긴장이 풀리는 것 같기 때문에 힐링을 하러 들어가기 전에 선글라스를 벗는 게 좋을 것 같다. 또한 모자는 동물들, 특히 개를 놀라게 할 수도 있다. 일반적으로 동물들은 인간들보다 냄새에 더 민감하기 때문에 힐링을 하려고 준비할 때에는 향수나 다른 강한 향의 제품을 피하도록 하라. 하지만, 모자, 선글라스를 사용해야 하거나 다른 육체적 문제가 있다면 가능한 현재에 있고, 집중하고, 온화하고, 민감하게 하도록 하라. 이것이 성공적인 힐링을 위한 무대를 마련하면서 최상의 신뢰를 불러일으키는 상태이다.

동물과의 의사소통

동물과 직접적으로 의사소통할 때는 긍정적인 접근을 하는 것이 중요하다. 통증이 있고 놀란 상태이거나 화가 난 동물들에게 긍정적인 형태로 격려를 하거나 안심을 시켜주면서 그들의 느낌을 표출하게 하라. 예를 들면, "여기에서 너는 안전해. 나는 너를 돕기 위해 여기에 있는 거야"라고 말하는 것은 "무서워하지 마, 아무도 너를 해치지 않을 거야"라고 말하는 것보다 더 확신을 준다. 첫 문장에서 동물은 "안전", "돕다"라는 주요 단어의 이미지와 느낌의 어조를 알아채기가 쉽다. 뒤의 문장에서는 "무서움"과 "해치다"와 관련된 이미지와 느낌을 골라낼지도 모른다.

동물과 의사소통을 할 때는 지킬 수 없는 무엇인가를 약속하지 않고 사실이 아닌 것을 동물에게 말하지 않는 것이 중요하다. 정직은 신뢰를 낳고 존중은 동물 의사소통과 힐링에서 필수적이다. 우리의 정서가 그들에게 하고 있는 의사소통과 일치하지 않을 때 동물들은 그것을 느낀다. 우리의 의사소통이 더 단순하고 긍정적이고 확실할수록 동물과의 의사소통과, 그들과의 유대를 강화시키는 데 있어 더 성공적이게 될 것이다.

_____ 공격적인 동물과의 작업

항상 안전한 조건에서 힐링을 하도록 유의하라. 공격적이거나 잠재적으로 위험한 동물에게 레이키를 할 때는 안전한 거리를 유지하고 필요하다면 당신과 동물 사이에 장벽을 마련하라. 동물을 노려보지 않도록 하고 그가 힐링 중에 보일 수도 있는 어떤 돌진이나 으르렁거림에 대해 강하게 반응하지 않도록 하라. 온화하고 집중적인 태도를 유지하도록 노력하라. 만약 동물이 당신과의 직접적인 의사소통 때문에 침입을 받는다고 느끼는 것 같으면 동물로부터 정중한 마음의 거리를 유지하고 레이키에게 최고선을 위해 작용해 줄 것을 부탁하라. 언제나 그렇듯이 동물이 받아들이고 싶은 만큼만 그에게 줄 것을 레이키에게 부탁하라.

결국엔 가장 공격적인 동물도 보통 아주 잠깐이라도 레이키 힐링을 받아들일 것이다. 그러나 동물이 힐링을 계속 거부한다면 멈추고 다른 날에 다시 시도하거나 레벨 2 원격 레이키를 사용해서 그가 없는 곳에서 힐링을 하도록 시도할 수 있다(18, 19장 참조). 떨어져서 하는 힐링은 거의 항상 받아들여지지만, 만약 짧은 시간 동안 시도해 본 후 안 된다면 동물의 바람은 존중되어야 하고 동물에게 직접적으로 레이키 보내기를 시도하는 것을 중단해야 한다. 대신 레벨 2 원격 힐링이 이런 상황에 대해 보내질 수 있다.

때로 당신이 힐링 중에 받은 통찰력을 그 동물의 주인과 함께 공유하면 그는 그 동물의 상태와 어떻게 그의 동물에게 도움이 될 수 있는지 더 잘 이해할 수 있게 된다. 그러나 당신이 받은 정보를 동물의 주인에게 효과적으로 전달하는 데는 약간의 경험이 필요하기 때문에, 이런 점에서 항상 가능한 많은 재량권을 발휘하고 연민을 가지는 것이 최선이다.

동물의 인간 반려자들은 항상 어떤 순간에도 그들이 할 수 있는 최선을 다하고 있다는 사실을 기억하는 것이 중요하다. 만약 당신이 그들에게 그들의 동물이나 동물과 그들의 관계에 대해 판단이나 비판 없이 배려하고 연민을 가진 태도로 무엇인가를 보여준다면, 당신은 그들을 도울 수 있을 것이다. 비판적인 태도로 정보를 전달하거나 동물의 반려자가 자신의 행동들이 나쁘다고 느끼도록 만드는 것은 전혀 도움이 되지 않는다. 동물들은 보통 그들 주인의 정서 상태에 가깝게 맞춰지기 때문에 그 사람에게 스트레스를 유발시키는 것은 동물에게도 스트레스가 될 것이고 십중팔구 그를 당신과의 힐링 관계로부터 물러서게 만들 것이다.

만약 그 사람이 그것들은 이해하지 못할 거라는 생각이 들거나 자신이 그것들을 동물의 주인에게 효과적으로 전달하는 기술이 부족하다고 느낀다면 당신이 받은 통찰력의 일부나 전부를 스스로 간직하고 있는 것이 더 나을 때도 있다. 아주 효과적이고 아무런 해가 없는 또 다른 접근법은 동물과 그 사람 사이의 관계에 대해 또는 그 사람과 함께 하는 동물의 상황에 대해 레벨 2 원격 레이키 힐링을 보내는 것이다 (18, 19장 참조). 이 접근법은 누구에게도 스트레스를 유발하지 않고 긍정적인 변화를 만들어 낼 수 있다. 일반적으로 힐링은 더 자세한 설명이 없어도 관계나 상황에 대해 보내질 수 있고, 레이키 본연의 지혜는 가장 필요한 방법으로 상황을 치유할 것이다.

동물이 당신에게 보내는 의사소통은 그것을 그의 주인과 공유하지 않는다 하더라도 그에게 도움이 될 것이다. 당신은 동물들이 억눌려 있고 풀리지 않았던 정서들을 레이키 힐링의 안전한 상황 안에서 다시 논의하고 풀어놓을 때 지원해 주는 존재이며 목격자이다. 이 오래된 정서적 문제들을 풀어놓는 것은 동물이 더 이상 과거에 짓눌리지 않고 더 가벼워진 마음으로 현재의 관계와 사건들에 더 마음을 열어 현재와 미래로 자유롭게 움직일 수 있게 해 준다.

18장
레벨 2

레벨 2를 사용하면 당신은 동물에게 사용 가능한 전체 범위의 레이키 힐링에 익숙해지게 될 것이다. 레벨 2는 힐링이 동물에게 주어질 수 있는 상황과 레이키 힐링으로 얻을 수 있는 힐링의 깊이를 확장시킨다. 정서적, 정신적, 영적 차원에서 더 깊이 치유하는 능력은 새로운 차원의 동물 힐링을 가져오고 당신의 힐링 여정 또한 더 깊게 만들어 준다.

레벨 2와 레벨 1의 몇 가지 특징적인 차이

- 당신을 통해 흐르는 레이키 에너지가 더 강하고 더 깊이 닿으며 자기 힐링과 다른 사람의 힐링을 강화시킨다.
- 힐링은 가깝든 멀든 거리를 가로질러 의도한 리시버에게로 보내질 수

있다. 2단계 레이키를 사용하면 개인과 그룹뿐 아니라 상황도 포함시킬 수 있다.

• 더 깊은 정서적, 정신적, 영적 힐링이 가능하다.

세 가지 상징

레벨 2에서 레이키를 배우는 사람은 에너지의 힐링 파워를 증가시키고 힐링을 정서적이고 정신적인 문제에 초점을 맞추게 하며 떨어진 곳에서 힐링을 하기 위해 사용될 수 있는 세 가지 고대의 상징을 배운다. 이 상징들은 레벨 2의 확장된 능력을 풀어내는 열쇠와 같이 작용한다. 다음 섹션에서 일반적인 방법에서 그 상징들과 그들의 사용을 설명하겠지만, 레벨 2 상징과 어떻게 그것들을 사용하는지 세부사항은 신성하고 강력하다. 우리의 관점에서 그것들은 대중적으로 알릴 필요 없이 비공개로 사용하고 외경심과 신중함을 가지고 사용되어야 한다. 상징들을 어떻게 사용할 것인가에 대한 세부사항은 레벨 2 수업에서 가르친다. 우리의 초점은 레벨 2가 동물들에게 사용될 수 있는 방법이다.

파워 상징 · 파워 상징은 레이키 에너지의 힘과 흐름을 증가시켜 주어지는 힐링의 강도를 높이기 위해 사용된다. 이것은 심각한 질병을 치유하거나 당신이 이용 가능한 최대한의 힐링을 사용하고자 하는 상황에서 사용된다. 그것은 또한 에너지가 흐르는 속도를 높이는 데 사용되어 더 짧은 시간에 더 많은 힐링이 전달될 수 있도록 할 수 있다. 파워 상징이 사용되면 당신은 자신을 통하는 에너지의 흐름이 증가하는 것을 종종 느낄 것이다.

레벨 2 수업에서 가르치는 기본적인 사용뿐 아니라, 파워 상징은 그 자체만으로 여러 다양한 방법으로 사용될 수 있다. 예를 들면, 당신은 힐링을 시작할 때 전체 힐링을 통해 보내지는 에너지의 힘을 증가시키기 위해 파워 상징을 사용할 수 있다. 또는 추가적인 힐링이 필요한 신체 부위에 직접적으로 사용될 수도 있다.

당신은 상징을 자신의 손바닥 위에 그려서 힐링이 필요한 신체 부위에다 직접 손바닥을 두면 된다. 또는 수건, 천이나 아래에 놓을 수 있는 다른 물체 위에 그려서 아픈 사람이나 동물의 위나 근처에 지속적이고 부드러운 지원과 힐링을 제공할 수 있다. 파워 상징은 보호가 필요한 동물이나 사람의 앞 또는 주변에 위치되어 보호 장벽으로서 단독으로 사용될 수 있다. 그것은 또한 도움이나 힐링이 필요한 어떤 상황이나 존재에게도 마음속으로 그려지거나 보내질 수 있다. 그것은 방의 에너지나 그 공간에 들어온 새로운 물체의 에너지를 정화시키기 위해 사용될 수 있다. 그것은 약물, 허브, 꽃 에센스 또는 에센스 오일 위에도 그들의 효능을 증가시키기 위해 그려질 수 있다. 그것은 물이나 음식이 도움을 주고 영양을 주는 특성을 향상시키기 위해서도 그려질 수 있다. 당신의 경험이 커질수록 당신은 이 상징을 이용하는 새롭고 흥미로운 방법을 종종 찾게 될 것이다.

파워 상징을 그린 후에는 당신을 통하는 에너지의 흐름이 증가하기 때문에 손이나 몸에서 종종 향상된 육체적 감각을 느낄 것이다. 파워 상징이 당신의 동물 힐링에 사용되면 그는 에너지 면에서의 증가를 느끼기도 하고 당신에게 더 많은 관심을 가지고 심지어는 놀라움을 가지고 쳐다볼 수도 있다. 당신의 동물은 힐링이 필요한 부분으로 에너지가 더 강하게 흐르면 씰룩거리거나 하품을 할 수도 있고 힐링에 대해 완전히 긴장을 풀 수도 있다.

(과거를) 잊지 않은 코끼리

나의 원격 고객 중의 하나는 35년 이상을 동물원에서 있은 후 마침내 살기에 아주 좋은 보호구역을 찾게 된 코끼리였다. 그는 과거에 조련사에게 가끔씩 공격성을 보이기도 했지만 보호구역에 온 이후로는 고분고분했다. 그곳에서는 존중과 선택의 자유를 받았으며 수백 에이커의 나무가 우거진 땅을 자유롭게 돌아다니도록 허용되었다. 보호구역을 방문하고 난 후, 하루는 내가 그에 대해, 특히 그 코끼리가 젊었을 때의 삶에 대해 생각하고 있는 것을 발견했다. 나는 그의 과거를 치유하기 위해 원격 레이키를 보내기로 했다.

힐링을 시작하자마자 나는 아주 강한 에너지의 흐름을 느꼈다. 실제, 내 개가 방을 가로질러와 내 발밑에 누웠는데, 정말 강한 힐링 중에는 그가 레이키를 흡수하기 위해 가끔 그렇게 한다. 약 10분 후, 나는 갑자기 물웅덩이들이 있는 콘크리트 바닥의 그림이 아주 강하게 떠올랐다. 그와 동시에 눈에 눈물이 고이기 시작해서 눈물은 주체할 수 없을 정도로 얼굴을 따라 타고 흘렀다. 에너지의 흐름이 끝나지 않을 것처럼 느껴졌고 아주 긴 힐링이었다.

코끼리를 돌보는 사람을 만났을 때, 그녀는 내가 받은 그림에 매우 관심을 보였다. 그녀는 그 코끼리가 축축한 콘크리트 바닥이 있는 끔찍한 실내 공간에서 거의 평생을 갇혀 있었다고 말했다. 나는 아주 놀랐고, 레이키 힐링 중에 코끼리로부터 과거의 기억을 받았다는 것을 알아차렸다. 나는 레이키가 이 코끼리의 과거 힐링 과정을 용이하게 하고 있다고 확실히 느꼈다.

– 캐서린

정신적 힐링 상징 · 정신적 힐링 상징은 정서적, 정신적, 영적 문제들에 대한 힐링에 초점을 맞추기 위해 사용된다. 많은 동물들이 과거의 트라우마, 학대, 상실 또는 슬픔의 결과로 공격성, 불안감, 우울함 또는 물러섬과 같은 정서적, 정신적 문제들을 가지고 있다. 행동상의 많은 문제들 또한 정서적, 정신적 문제에 뿌리를 두고 있다. 육체적 문제들도 역시 정서적, 정신적, 또는 영적 원인들을 가질 수 있다. 정신적 힐링이 주어지면 이런 문제들은 종종 빨리 향상된다. 정신적 힐링 상징은 리시버의 마음, 정서, 영혼과 직접적으로 연결되고 깊은 힐링을 가져오면서 힐링을 받는 동물이나 사람의 깊은 곳까지 닿는다. 이런 이유로 이것은 각 동물에게 아주 신중하고 정중하게 사용되어야 한다.

모든 힐링에서와 마찬가지로, 당신의 동물에게 정신적 힐링을 할 때는 정신적 힐링을 받을지 아닐지, 얼마나 많은 힐링을 받고 싶은지를 결정하는 것은 항상 그에게 맡겨 두어라. 당신은 힐링을 시작하기 전에 그가 받고 싶어 하는 정도의 정서적, 정신적, 영적 힐링만 받으라고 부탁하면서 이것을 시작하면 된다. 만약 그가 정신적 힐링을 직접적으로 받고 싶어 하지 않는 것 같으면 대신에 그의 전반적인 상황에 대해서 힐링을 보내면 된다. 동물들은 자신들을 괴롭히고 있는 것이 무엇인지 그들의 시련의 근본 원인이 무엇인지에 대해서 항상 당신에게 말해 줄 수는 없기 때문에, 정신적 힐링 시스템이 동물 레이키 힐러에게 가장 강력하고 유용한 도구가 될 수 있다. 하지만 그것을 사용할 때는 레이키 힐링을 받는 것에 대한 동물의 선택의 자유와 관련한 사항을 포함해서 항상 엄격한 윤리적 고려를 해야 한다.

정신적 힐링 상징을 사용하면, 이것이 동물의 최대 관심사일 때 풀리지 않은 문제를 표면으로 떠오르게 함으로써 동물에게 정신적 명료함과 힐링을 가져다 줄 수 있다. 이 상징은 패턴을 변화시키는 동물의 더 높은 영적 자아에 접근할 수 있고 깊은 차원에서 힐링을 불러일으킬 수 있다. 이것은 힐링을 방해했던 장애물들을 동물이 인식하고 존중하며 풀어놓게 함으로써 정서적, 정신적, 영적 힐링을 가속화시킬 수 있다. 그는 그런 다음 더 가벼워진 마음으로 그의 여정을 계속할 수 있고 현재와 미래에 그가 이용할 수 있는 긍정적 가능성에 더 마음을 열게 된다.

원격 상징 · 레이키는 순수한 에너지이기 때문에 시간이나 공간의 제약을 받지 않는다. 우리는 모두 에너지로 구성되어 있고 연결되어 있으며 우리의 에너지 장은 항상 서로 상호작용을 한다. 우주의 힐링 에너지는 레이키와 함께 힐러를 통해 에너지 통로와 우리주변의 모든 연결을 통해 흘러 의도한 리시버로까지 흘러간다. 레벨 1에서 이 힐링은 가까운 근접거리까지 갈 수 있다. 레벨 2에서 힐링은 방을 가로지르고 세상의 다른 편까지 또는 심지어 과거나 미래에까지도 갈 수 있다. 레벨 2 원격 힐링은 직접 하는 힐링만큼이나 효과적이다.

아인슈타인의 상대성 이론이 과학계에 받아들여진 이후로 과학자들은 시간과 공간이 절대적이 아니라 상대적인 개념이라는 것을 받아들였고 이 개념이 양자 물리학 분야의 기본이다. 과학이 아직 레이키 같은 현상을 구체적 용어로 설명하지는 못하지만, 미래에 그렇게 하기 위한 개념적인 틀은 여러 해 동안 확대되고 있다. 어떻게 에너지가 시간과 공간을 가로질러 이동할 수
있는지 설명할 수 있게 되어서
우리에게 레벨 2의 작업을 들여
다보는 창을 주는 것은 단지 시
간문제이다.

그러나 이것은 아주 난해하기
때문에 레벨 2는 보통 배우는 사람이 레벨 1에 숙련되고 편안해질 때
배우기가 더 쉽다. 많은 사람들에게 있어 레벨 1을 배우는 것은 그들이
전에는 생각해 보지 않았던 많은 새로운 생각과 가능성을 소개해준다.
이런 생각들은 레벨 2 개념들을 추가하지 않고도 처음에 그들의 생각
을 사로잡을 만큼 충분하다.

처음에 레벨 2를 접할 때, 어떤 사람들은 자신들이 시간과 거리를
가로질러 효과적으로 힐링을 보낼 수 있다는 것을 믿기 힘들어한다.
그들은 마치 이 생각이 시간과 공간의 본질, 어떻게 존재와 물체가 서
로 영향을 주는가, 그리고 그의 직접적인 물리적 근접지 바깥의 존재
와 상황에 미치는 의도의 영향력에 대한 믿음을 포함해서 그들이 사회
로부터 배워왔던 모든 것에 반대하려는 것 같다고 느낀다.

멀린Merlin이 그의 마음을 나누다

나는 종종 힐링이 필요한 한 가지 일을 생각하며 힐링에 들어가고 상황에 대한 아주 달라진 느낌으로 거기서 빠져나온다. 케이Kay라는 이름의 여성과도 그런 경험이 있었는데, 그녀는 자해로 긁고 상처를 입히는 자기 말을 위해 레이키를 요청했다. 멀린은 17살이었고 수준 높은 마술마였다. 그때, 케이는 멀린의 주인이 된 지 얼마 되지 않아서 왜 그가 계속해서 그를 상처 입히는지 알 수가 없었다.

겉으로는 힐링이 그의 다리의 긁힌 자국과 베인 상처에 초점을 맞춰야 할 것처럼 보였지만, 시작하자마자 나는 멀린으로부터 강한 불안감과 슬픔의 느낌을 받기 시작했다. 나는 멀린이 자신의 주인을 실망시켜서 그녀가 자기를 팔아 버릴까봐 걱정하고 있다는 강한 느낌을 받았다. 나는 이런 일이 전에 일어났었다는 직감이 들었다. 나는 이런 느낌들을 나와 공유해 준 것에 대해 그에게 감사했고 그가 느끼고 있는 것을 내가 이해한다고 알려주었다. 곧 그는 가슴을 내 손바닥에 기대면서 몸을 내 손 쪽으로 움직였다. 그는 이것을 나와 함께 나눌 수 있고 내가 귀 기울여 듣고 있다는 것에 안심하는 듯 보였다.

그로부터 잠시 후, 그는 돌아서 가능한 나로부터 멀리 그의 마구간 뒤편으로 가 버렸다. 이것은 동물이 강렬한 정서를 나눈 후에 보이는 흔한 반응이다. 그는 나와 친밀한 접촉을 한 후에 자신만의 공간이 필요했다. 나는 몇 발자국 떨어진 거리에서 그의 공간을 침범하지 않고 계속해서 레이키를 보냈다. 힐링이 끝날 때쯤, 그는 다시 내 손 쪽으로 돌아왔고 불안과 슬픔은 가라앉았으며 그는 훨씬 더 안정되고 평화로워졌다. 힐링을 끝낸 후 그는 나를 보려고 돌아서서 주둥이로 내 양 손바닥을, 처음엔 오른쪽 다음엔 왼쪽을 각각 가볍게 터치했다. 그런 다음 코를 내 가슴에 대고 큰 숨을 쉬었다. 이것은 내가 받아 본 최고의 고마움의 표시 중 하나였다.

나는 멀린의 부상, 정서적 힐링 그리고 그의 상황에 대해 일련의 네 번의 힐링을 했다. 또 그가 그녀에게 도움이 되지 않는다면 그녀를 실망시키고 그녀를 잃게 될 지도 모른다는 그의 깊은 불안감과 두려움에 대해서도 케이와 이야기했다. 얼마 지나지 않아 그녀는 자기가 그를 가지기 전 과거에 받았던 힘든 훈련 때문에 심한 관절염을 얻게 되어 그가 은퇴를 해야만 한다는 것을 알게 되었다.

그녀가 이런 결정을 내리기란 아주 힘들었다. 그러나 그녀가 그는 은퇴하지만 그녀가 항상 돌봐주고 어떤 일이 있어도 지켜줄 거라고 말하자 말의 기분은 말할 수 없이 북돋아졌고 그의 눈은 차분해졌다. 몇 년이 지나 그는 마침내 특별한 주인을 찾았는데, 그는 그가 펼치는 능력보다는 존재로서의 그의 본질을 보고 그를 평가했다. 이 말과 그 주인 사이의 유대에 대한 힐링을 보게 된 것은 참 멋진 일이었다. 최근에 멀린이 이동을 하긴 했지만 케이는 그에게 멋진 선물을 주었다. 그의 삶의 후반기에, 그는 단지 자신이 무엇을 할 수 있기 때문이 아니라 그의 있는 모습 그대로 소중하게 여겨진다는 것을 알았다.

- 캐서린

고양이에게의 위안

튜들Toodles은 나의 동료이자 그녀의 엄마인, 자넷Janet의 사랑을 많이 받는 오렌지색 얼룩 고양이였다. 그녀는 길 고양이들과 작업했고 우리는 종종 서로의 동물에 대해 이야기를 나눴다. 나는 그녀의 고양이가 점점 나이가 들어가고 울혈성 심부전을 앓고 있는 것을 알았지만 그는 견디고 있는 것처럼 보였다. 어느 날 자넷은 그가 많이 악화되었기 때문에 아주 속이 상해서 일하러 왔다. 그의 소화기능은 완전히 멈췄고 그가 너무 불안해서 그녀는 수의사가 그녀에게 보여줬던 것처럼 그에게 주사를 놓을hydrate 수가 없었다. 나는 일을 마치고 곧바로 집으로 가서 그의 사진에 집중을 했고 그에게 레이키 힐링을 보냈다. 다음 날, 자넷은 고마워했다. 튜들은 전날 저녁 아주 안정이 되

어서 그를 수화시키는hydrating 데 어려움이 없었고 다시 화장실을 가기 시작
했다. 그녀는 또한 레이키가 멀리서도 그렇게 작용할 수 있다는 것에 반가운
놀라움을 표했다. 튜들이 그 뒤 이동을 하긴 했지만 레이키는 그의 육체적인
불편을 줄여줌으로써 삶의 질을 향상시키는 데 도움을 줬다.

– 캐서린

그러나 의심을 밀쳐두고 레벨 2 사용을 시작함으로써 그들은 이런
종류의 힐링이 가능하다는 것을 경험을 통해 알게 된다. 캐서린의 경
험이 좋은 예이다.

캐서린이 처음 레벨 2를 배웠을 때, 그녀는 처음에는 그 힐링이 효
과적일까 의아하게 생각했다. 캐서린은 레벨 1으로부터 운 좋게도 그
녀의 삶에서 긍정적인 힐링 상황을 충분히 경험했기 때문에 원격 힐링
을 계속해서 연습할 수 있었다. 그녀가 원격 레이키를 보냈을 때 그녀
는 손이나 머리에서 평소에는 간과하던 통증과 윙윙 울리는 듯한 느낌
을 받곤 했다. 잠시 후 그녀는 이런 느낌들이 그녀가 레이키를 보내고
있는 리시버의 힐링이 필요한 부분에 대한 단서라는 것을 알아챘다.

캐서린은 멀리 있는 친구들과 가족들에게 힐링을 보내기 시작했고,
그 후나 다음 날 체크를 하기 위해 그들에게 전화를 했다. 그녀는 그들

에게 힐링을 보낼 때 자신이 느꼈던 예를 들자면, "왼쪽 무릎이 아프세요?" 또는 "뭔가 불안한 게 있으신가요?"처럼 이것들에 대해 물었다. 놀랍게도 대답은 힐링을 보낼 때의 그녀의 경험을 확실하게 확인해주었다. 여전히 캐서린은 매번 확인을 받을 때마다 다시 그런 일이 생길까 의심했고 아마도 우연의 일치일 거라고 생각했다. 그러나 점점 더 많은 원격 힐링이 주어질수록 "손을 올려놓는 것"을 능가하는 레이키의 능력에 대한 그녀의 자신감은 쑥쑥 커져갔다.

곧 캐서린은 친구들의 친구들, 그들에 대해서 아무것도 아는 것이 없는 사람들에게 힐링을 하기 시작했다. 캐서린에게 힐링 과정을 이해하는 데 도움을 줄 수 있는 정보라면 어떤 것이든지 레이키가 드러내면서 여전히 그녀에게 방법을 알려주었다. 그녀는 자신의 삶에서의 힐링을 위해 원격 레이키를 사용하는 독특한 방법에 대해 생각하기 시작했다. 캐서린은 곧 자기 유년시절의 고통들, 그녀의 부정적인 삶의 패턴들, 그리고 심지어는 자신의 미래에 대해서도 레이키를 보내고 있었다. 그녀가 레이키를 보낼 때마다 그녀는 진정한 힐링 과정의 전개인, 에너지의 변화를 느꼈다.

그러나 캐서린이 동물과 작업을 할 때는 여전히 손을 올려놓는 접근에 의존했다. 동물들이 가만히 있지 않거나 접근하기 어려울 때, 그녀는 좌절감을 느끼거나 동물이 레이키를 원하지 않는다고 믿었다. 그런데 어디선가 좋은 생각이 났고 그녀는 동물들에게 원격 레이키를 해 보기로 결심했다. 그녀는 손을 올려놓는 레이키와 원격 레이키를 결합 시키는 것이 하기에 더 쉽다는 것을 알아냈다. 왜냐하면 그러면 동물 이 돌아다닐 자유를 얻게 되기 때문이었다. 그녀는 동물의 움직임을 제한해야만 한다는 계속되는 생각을 더 이상 갖지 않았다. 동물들은 그녀가 절대 자신들의 우리나 방목장에 들어가지 않아서 고마워했다. 그녀는 이런 힐링 중에 동물의 과거나 미래에 대해서도 종종 레이키를 보냈다.

캐서린은 자기 뜰에서 나무, 장미, 담쟁이, 마음에 떠오르는 어떤 것에든 원격 레이키를 하기 시작했다. 꿀벌이나 말벌이 날아가면 레이 키와 축복을 그들에게 보내곤 했다.

마침내 캐서린은 모든 생명체와 존재가 레이키를 느끼고 사랑한다 는 것을 알게 되었다. 지금까지도 매일 그녀는 자신, 다른 존재들, 그 리고 그녀 주변의 세계에 힐링을 가져다주기 위해 원격 레이키를 사용 할 새로운 방법을 찾는다. 그녀는 원격 레이키가 존재와 상황들에 가 져다 준 결과에 여전히 항상 놀란다.

원격 레이키는 일반적으로 동물들에게 덜 강렬하게 느껴지고 특히 에너지에 민감한 동물들에게 더 편안할 수 있다. 그것은 종종 야생의 아주 작고 낯선 사람을 두려워하며, 나이 들고, 노쇠하거나 죽음이 가까운 동물들에게 이상적이다. 그들은 힐링이 멀리서 주어질 때 더 쉽고 편안하게 이완을 하고 레이키를 흡수할 수 있다. 그것은 또한 예상할 수 없거나 공격적인 동물, 야생동물, 또는 힐러로부터 먼 거리에 사는 동물과 작업할 때와 같이, 동물에게 가까이 가거나 육체적 접촉을 갖는 것이 권상할만하지 않거나 불가능한 상황에서도 아주 좋다.

원격 힐링은 쓰임새가 많고 레이키와 함께 완전한 새로운 가능성의 세계를 열어준다. 그것들은 개인, 그룹 또는 상황에 보내질 수 있다. 그것들은 당신 바로 옆에 있는 존재 또는 지구의 반대편에 있는 존재에게 보내질 수도 있다. 그것들은 과거와 미래에 보내지기도 한다. 그것들은 당신이 관여하고 있는 상황, 당신이 목격한 상황, 또는 심지어 당신의 직접적인 경험 밖의 상황에도 보내질 수 있다. 원격 레이키는 동물과 그 주인 또는 동물을 둘러싸고 있는 상황에게 동시에 보내질 수 있다. 원격 힐링 상징은 당신이 동물의 과거와 미래에 힐링을 하게 하고, 떨어진 곳에 힐링을 보내게 하며 동물의 상황의 모든 양상에 대해 힐링을 하게 해 주면서 시간과 공간의 문을 열게 하는 데 사용될 수 있다.

레벨 2를 사용할 때 힘, 깊이, 관련된 힐링의 범위 때문에 힐러는 힐링 과정에 대해 신성한 질서와 최고선을 부탁함으로써 단지 레이키 에너지의 통로로서의 자신의 위치를 스스로에게 상기시키는 것이 좋다.

모든 상황에서, 동물에게 가장 좋은 것이 무엇인지를 힐러가 아는 것은 불가능하지만, 레이키는 항상 가장 좋은 방향으로 힐링할 것이다. 명심하라, 어떤 레이키 힐링에서와 마찬가지로 항상 시작하기 전에 동물 의뢰인으로부터 허락을 구하라.

베일리^{Bailey}가 건강을 회복하다

베일리는 디트로이트에서 가족과 함께 사는 일곱 살 된 고양이이다. 그는 재발되는 천식과 기관지염을 앓고 있었고 그의 주인 질^{Jill}은 그의 병에 도움이 될까 해서 그에게 레이키를 하고 싶어 했다. 나는 몇 달에 걸쳐 일련의 힐링을 베일리에게 원격으로 보냈고 그의 증세는 거의 즉각적으로 호전되기 시작했다.

베일리는 질에게 오기 전에 많은 어려움과 슬픔을 겪었다. 그리고 질과 내가 한 달가량에 걸쳐 그의 힐링에 관해 얘기하면서 질은 그녀도 어린 시절에 어려운 시간을 보냈고 과거로부터의 많은 정서적 상처를 지니고 있음을 기억해냈다. 그녀는 자신의 과거 문제를 다시 살펴보기로 결심하고 그것들을 이해하고 풀어내는 데 있어서 전문적인 도움을 구했다. 나는 질과 베일리가 오래된 트라우마의 영향을 풀어버릴 수 있게 도와주기 위해 둘에게 레이키를 보냈다. 질이 자신의 과거를 다시 살펴보고 그것에 대한 새로운 이해를 얻자 베일리의 건강이 좋아지기 시작했다. 그들로부터 마지막으로 소식을 들었을 때, 베일리는 몇 달 동안 잘 지내고 있었고 질은 자신들의 건강이 좋아진 것이 집안의 모든 사람들에게 도움이 되고 있는 것을 느꼈다.

― 엘리자베스

보호구역을 찾아냈다

어느 날 보호소를 나오고 있을 때 한 직원이 개 로트와일러Rottweiler에 대한 걱정 때문에 나한테 다가왔다. 그는 공격성의 문제 때문에 입양이 힘들었다. 그녀는 그가 이틀 전에 안락사 될 예정이었으나 직원이 아픈 관계로 연기되어 있다고 말했다. 그녀는 보호구역을 찾아보려 하고 있었지만 운이 없었다. 그녀는 그가 자신이 때가 다했음을 알고 있는 듯이 보였고 너무 쓸쓸해 보여서 그의 눈을 쳐다볼 수도 없다고 말했다.

그 주 나는 가능하다면 기적이 일어나 그를 구해주기를 혹은 안락사되어야만 한다면 그의 이동이 빠르고 부드럽기를 바라며 그의 상황에 대해 최고선을 구하는 레이키를 보냈다. 그 다음 주 보호소를 방문했고, 나는 이 힐링을 한 다음 날 마지막 순간에 한 달 안에 그를 데려갈 수 있는 보호구역을 찾게 되었고, 그 사이에 그들은 그를 데리고 있기로 동의한 위탁시설을 찾아냈다.

– 캐서린

그레타Greta와 그의 가족이 함께 좋아지다

그레타는 회색과 캐러멜색이 나는 아름다운 어린 고양이로 아주 자그마하고 여덟 살임에도 애교가 아주 많았다. 그의 주인 중의 한 명인 클레어Claire는 워크샵에서 가능하다면 동물의 전체 가족들과 같이 작업을 하는 것의 이점에 대해 내가 연설한 것을 들었다. 전체 가족과 함께 작업을 하면 모두에게 이익이 된다. 그 주인이 힐링하는 것을 동물이 도와줌으로써 동물이 더 큰 발전을 이룰 수 있도록 하고, 그렇게 함으로써 그의 정서적 환경의 주요 요소를 변화시키고 더 큰 변화를 가능하게 한다.

클레어는 그레타의 만성 소화 증상에 관해 일련의 원격 힐링을 요청했고 내가 그녀와 그녀의 파트너를 위해서도 레이키를 보내주기를 바랐다. 그레타

동물에 대한 레벨 2의 혜택

레벨 2는 동물에게 손을 올려놓는 레이키나 근거리 레이키와 똑같
은 혜택을 주지만, 힐링할 수 있는 동물과 힐링할 수 있는 상황 그리고
얻을 수 있는 힐링의 깊이의 범위를 매우 넓혀준다. 예를 들어, 레벨 2
는 레벨 1과 같은 혜택을 제공할 수 있지만 보통은 행동상의 문제를 포
함한 질병, 부상, 수술 그리고 정서적 시련으로 가속되는 힐링, 통증
완화, 건강 유지와 질병 예방, 삶의 마지막 순간에 더 쉽고 더 평화로
운 이동 등 더 심오한 차원이다. 원격 힐링은 동물의 이동 과정 중에
인간 반려자들을 도와주는 것을 포함해서 동물이 과거에 겪었던 트라
우마가 있는 사건을 치유하고 동물과 관련 있는 가족의 현재, 과거의
상황을 치유하는 데 사용될 수 있다. 곧 있을 수술이나 새로운 환경으
로의 이사 같은 어려움이 예상되는 미래 상황에 대해 레이키를 보내는
것은 그들이 더 빠르고 쉽고 성공적으로 해결하도록 도와준다.

인간 반려자와 친밀하게 사는 동물들은 그들 주인의 정서 상태에 아주 많이 맞춰져 있다. 그 사람들을 보호하고 지키려는 노력으로 동물들은 종종 걱정과 불안, 심지어 때로는 육체적인 문제까지 떠안고 있다. 레벨 2를 하면 당신은 동물에게 이런 문제들을 떠맡는 것은 실제 도움이 되지 않으며 자신에게 해가 될 뿐이라는 것을 말해 줄 수 있다. 당신은 이런 성향에 대해 힐링을 하고 그가 자신의 건강을 해치지 않고 주인의 건강과 성장을 위해 공헌할 수 있는 다른 방법을 제안할 수 있다. 엘리자베스의 고객 트레이시^{Tracy}와 글렌^{Glen}이 이 점을 강조한다.

트레이시와 그녀의 남편 글렌은 그들의 다섯 마리 고양이가 전에는 아주 사이좋게 잘 지내다가 6개월 동안 전면적인 전쟁 상태에 있는 것 때문에 심란했다. 그들은 예전에는 아주 사교적이고 사랑스러웠는데 이제는 인간 가족들로부터 물러나고 서로 공격하며 집안에서 소변을 봤다. 트레이시는 특히나 게이브^{Gabe}라는 고양이에 대해 걱정했는데 그는 스트레스성 대장 질환을 앓고 있었다. 트레이시와 그녀의 남편은 둘 다 힘든 직업을 갖고 있었고 오랫동안 살았던 거주지를 팔려고 하고 있었다. 그들은 지쳤고 또한 스트레스도 많이 받고 있었다.

엘리자베스는 일련의 네 번의 힐링을 했다. 첫 번째 힐링에서 그녀는 트레이시와 글렌의 집으로 가서 모든 고양이를 함께 힐링했다. 이 힐링 중에 각각의 고양이는 그 집에서 어떻게 자기가 스트레스를 표현하고 있는지를 엘리자베스에게 보여줬다. 한 고양이는 침대 아래 숨었는데, 그는 지난 6개월 동안 대부분을 거기서 보냈다. 또 다른 고양이는 아직 새끼고양이인 막내에게 몰래 접근해서 그를 공격했다. 새끼고양이는 모두를 적대시하며 끊임없이 움직였다. 제일 나이 많은 고양이는 새끼 고양이를 찰싹 때리고 침대 밑에 있는 고양이를 보호하면서 질서를 부여하려 했지만 동시에 모든 곳에 있을 수는 없었다. 게이브는 주변에서 슬픈 눈으로 이 모든 것을 지켜보았다. 첫 방문 후에 엘리자베스는 고양이들에게 매일 연이어 세 번의 힐링을 더 하면서 전반적인 상황에 대해서도 레이키를 보냈다.

일주일쯤 지나서 트레이시는 가정이 다시 화목을 되찾았다는 말을 전하려고 전화를 했다. 고양이들은 다시 한 번 자신들의 최고의 성격을 보여주면서 주인들과 놀고 상호작용하며 잘 지내고 있었다. 그녀는 엘리자베스에게 가족들의 계속된 힐링을 도와주기 위해 몇 주 동안 계속해서 힐링을 보내달라고 부탁했다. 2주 후 게이브의 증상은 사라졌고 수의사는 그에게서 스테로이드와 다른 약물을 끊었다. 트레이시는 그가 다시 새끼고양이처럼 노는 것을 보니 눈물이 났다고 말했다. 트레이시와 글렌은 고양이들이 트레이시와 글렌이 느껴왔던 높은 수치의 스트레스에 부분적으로 반응해 오고 있었고, 트레이시와 글렌이 그것에 대해 뭔가를 할 때까지 그들 사이의 전쟁과 혼란의 정도를 점점 높여감으로써 그것에 대해 관심을 가지고 있었다는 결론을 내렸다. 글렌과 트레이시는 이것이 모두를 위해 가정에서 평화를 유지하는 데 도움을 줄 거라 희망하면서 자신들의 긴장과 스트레스를 줄이는 대책을 세우고 있었다.

레벨 2를 사용하면 동물들이 가장 좋은 상태에서 주인을 위해 그 곳에 있을 수 있게 자신의 건강을 보호하면서 사람들과 가깝게 살도록 도와줄 수 있다. 당신이 그의 주인 및 그의 상황을 치유하기 위해 레이키를 보내고 있다는 것을 동물에게 알려주면 동물은 편안하게 되고 그가 떠안고 있던 문제들을 내려놓게 된다. 동물과 그 주인에게 함께 레벨 2를 하면 동물이 그 혜택을 직접적이고도 온전히 인간 반려자에게 전해주는 것을 도울 수 있다.

마침내 (주인 캐시가) 호레이스^{Horace}의 말을 듣다

나는 1년 전 캐시^{Cathy}에게서 연락을 받았는데, 그녀의 고양이 호레이스는 목구멍에 수술이 불가능한 종양이 있어서 이동(죽음)이 가까워지고 있는 중이었다. 그녀는 내가 그녀의 집에 와서 그의 이동을 돕기 위한 일련의 레이키 힐링을 하기를 원했다. 전화를 마칠 때 그녀가 상당히 쑥스러워하며 자기는 심각한 "잡동사니를 모으는 병"을 가지고 있어서, 물건들을 모으고 그것들을 버리지는 못하는 성향 때문에 시(市)로부터 추적 관찰을 받고 있다고 덧붙였다. 그녀는 자기의 "병"에 대해 듣고 나서도 내가 그녀의 고양이를 도와주러 자기 집에 흔쾌히 와 줄 수 있기를 바랐다. 나는 가겠다고 말했다.

그녀의 집에 도착했을 때, 나는 집이 아주 청결하지만 거의 바닥에서 천장까지 물건들로 꽉 차 있는 것을 보았다. 모든 것은 플라스틱 통과 가방에 깔끔하게 포장이 되어 라벨이 붙어 있었지만 수직으로 쌓인 물건의 양은 정말로 대단했다. 호레이스는 소파의 수건 위에서 쉬고 있었는데 내가 앉자마자 그는 내 무릎 위로 올라와서 내 손을 자기 위에 얹은 채 잠이 들었다.

캐시와 나는 힐링을 하면서 이따금씩 조용히 이야기를 했고, 그녀는 지난 10년간 자신이 겪었던 불행에 대해 말해 주었다. 우리가 레이키에 휩싸여 앉아서 네 번의 힐링을 하는 동안, 나는 그녀가 어린 시절과 지난 10년 동안 많은 상실을 경험했다는 것을 알게 되었다. 그녀는 만약 시에서 그녀에게 그렇게 하라고 강요하지 않았다면 자기 인생에서 아무것도 "버릴" 수 없었다. 비극을 통해 너무나 많은 중요한 정서적 애착들을 "놓아"두었다. 그녀는 만약 그것들을 버린다면 그 물건들과 관련된 중요한 추억들을 간직할 수 없을 것 같은 두려움을 느꼈다.

호레이스는 지난 10년 간 때로는 그녀의 유일한 정서적 지지의 수단으로 그녀 옆에 있어 왔고, 그녀는 그가 없는 다가올 미래를 대면해야 하는 힘든 시간을 보내고 있었다. 그 역시 순전히 의지력만으로 지연시키고는 있지만 더 이상은 피할 수 없다는 것을 알고 있었다. 그는 불가피하게 그녀를 떠나야 하는 것 때문에 고통스러웠다. 그는 새롭고 좋은 것이 그녀의 삶에 들어올 수 있도록 "오래된 것"을 보내는 것이 얼마나 중요한 것인가를 내가 그녀에게 알려주기를 바랐다. 이 메시지를 주지 않고 그녀를 떠나는 것은 그에게 힘든 일이었다. 매 힐링 때마다 나는 캐시와 호레이스에게 정서적 힐링을 위한 레이키를 보냈다.

우리의 마지막 레이키 힐링 중에 나는 호레이스의 메시지를 캐시에게 전달했다. 그녀는 그것을 듣고 나에게 고마워했지만, 그녀가 그것을 완전히 받아들이고 있지는 못했던 것 같다. 호레이스도 똑같이 느꼈고 메시지를 받아적어 그녀에게 보내달라고 나에게 부탁했다. 그는 미래에 자신이 떠난 후 더 이상 그녀를 돌봐줄 수 없을 때 그녀가 참고하기 위해 그것을 가지고 있기를 바랐다. 동시에 나는 그녀의 물건들의 사진을 찍는 것이 그녀가 그것들을 기억하는 방법이 될 수 있고 보내는 과정에 도움이 될 것 같다는 생각을 했다. 이 생각이 호레이스에게서 나온 것인지 나에게서 나온 것인지는 확실치가 않았다.

호레이스의 요구가 난처하긴 했지만 메시지가 전달된 힘과 그의 위급함 때문에 그가 요구하는 대로 했다. 호레이스는 편지가 캐시에게로 가는 도중에 죽었다. 나는 오랫동안 그녀로부터 소식을 듣지 못했다. 거의 1년이 지나서 그녀는 마침내 호레이스의 메시지를 마음에 새겼으며 자신의 물건들 중 일부의 사진을 찍은 다음 버리는 것을 시작했다고 전해왔다. 그녀는 기억하고 싶을 때면 볼 수 있도록 사진들을 앨범에 정리했다. 그녀는 자신의 사랑하는 호레이스가 자기가 그렇게 하기를 그토록 원했던 것처럼 과거를 버리는 것에서 발전을 보이고 있었다.

– 엘리자베스

카씨Cassy의 방문

원격 레이키는 당신의 과거뿐 아니라 동물의 과거를 치유하는 멋진 방법이다. 때때로 이것은 내가 몇 년 전에 죽은 나의 고양이 카씨에게 했던 힐링에서 배운 것처럼 같은 힐링 중에 발생할 수도 있다. 힐링의 이유는 이상한 면에서 발생했다. 엘리자베스는 새끼 고양이들을 유산당한 후로 사람을 믿지 않는, 자신이 힐링하고 있는 어미 고양이에 대해 얘기하려고 나한테 전화를 했다. 나는 내가 어릴 적에 키웠던 고양이에 대해 생각하기 시작했다. 그녀는 임신 중에 중성화 수술을 했고, 나는 그녀가 자기 새끼들을 그리워할지도 모른다고는 전혀 생각해 본 적이 없었다.

나는 카씨와 그녀의 새끼 고양이들에게 레이키를 보내기로 했다. 나는 어쩌면 그들이 영적 세계에서 다시 합쳐질 거라 생각했다. 나는 레이키가 과거 그 상황의 고통을 치유해 주고 또한 아무런 생각 없이 그런 상황이 일어나도록 했던 주인으로서의 나의 과오도 치유해주기를 바랐다. 힐링을 시작했을 때 나는 카씨가 나를 용서했는지 궁금했다. 시작한 후에 거의 즉각적으로 나의 손은 강하게 맥박이 뛰기 시작했다. 10분 정도가 지나자 나는 카씨의 턱이 반은 검은색이고 반은 흰 색 무늬의 특이사항을 기억해내기 시작했다. 예를 들면 내가 그녀의 사진을 본 지 몇 년이 되었지만 내 마음의 눈에는 완전히 선명했다.

나의 손은 계속 맥박이 뛰었다. 그러고 나서 나는 갑자기 가슴이 무거워졌고 가슴을 통해 울리는 것은 오해의 여지가 없이 익숙한 가르랑거림의 진동을 느꼈다. 나는 그가 항상 내 가슴에 누워있기를 좋아했던 것을 기억해냈다. 나는 거기서 예전처럼 분명하게 그의 영혼을 느꼈다. 나는 그가 레이키를 한 것에 대해 나에게 고마워한다는 것과 나를 용서했다는 것을 바로 알았다. 이 깨달음을 얻자마자 가르랑거림은 사라졌다. 나는 레이키가 그에게 닿았고 그가 나의 힐링 작업에서 나를 계속해서 지켜본다는 느낌을 받은 채로 있었다.

– 캐서린

퍼들Puddles이 입양되다

나는 방광 조절을 못하는 신경 이상으로 퍼들이라는 이름이 지어진 사랑스런 갈색 닥스훈트의 입양상황에 레이키를 보내기로 했다. 그는 보호소 뜰을 즐겁게 뛰어다니고 장난감을 잡고 흔들며 약한 뒷다리로 여기저기 돌아다니면서 자기병을 의식하지 못하는 것 같아 보였다. 그는 아주 사랑스러운 성격이었지만 그날 내가 보호소를 떠날 때 누가 그런 골치 아픈 질병을 가진 개를 입양할까 싶어 몹시 걱정이 되었다. 그럼에도 불구하고 나는 최고선에 집중했고 그를 위한 가정을 찾을 수 있기를 희망했다. 아니나 다를까 퍼들은 바로 그 주에 입양되었다.

－ 캐서린

_____ **자신의 동물과 유대 깊게 하기**

동물에게 레벨 2를 사용하면 둘 사이의 유대를 깊게 하고 서로의 정서 상태에 대한 당신의 직관을 향상시켜준다. 당신의 동물은 레이키를 받기 위해 당신을 찾는 법을 배울 것이고 이것은 둘을 위한 특별히 친밀한 시간이 될 수 있다. 당신은 자신의 동물과 더 효과적으로 의사소통을 시작할 수 있고 그의 요구를 더 잘 이해하게 된다. 레이키는 동물의 일생 동안 당신이 여러 다양한 방법으로 사용할 수 있는 멋진 힐링 도구이다.

19장
동물에 대한 레벨 2 사용의
일반 지침서

　레벨 2는 앞 장에서 설명했던 상징의 사용과 관련 있다. 이 상징들의 사용과 힘에 대한 이해는 실행과 함께 커져가기 때문에 가능한 자주 다양한 유형의 레벨 2 힐링을 하는 것이 좋다. 시간이 흐르면 레벨 2가 가능하게 만드는 레이키 힐링의 모든 새롭고 흥미로운 면에 익숙해질 것이다.

　다음의 지침서는 동물들에게 레벨 2를 사용하기 위한 토대를 제공할 것이다. 우리는 당신이 그것들을 출발점으로 사용하기를 권하고, 경험이 늘어갈수록 당신의 직관, 레이키 본연의 지혜, 그리고 동물들 스스로가 당신을 자기만의 특별한 레이키 힐링으로 안내하게 되기를 바란다.

_____ 준비하기

　3장과 4장에서 설명했던, 힐링을 하는 것에 대한 지침서는 레벨 2 힐링에서도 적용된다. 힐링을 하기 전에 자신의 상태에 대해 자각하고 힐링에 온전히 집중할 수 있도록 자신의 기본 욕구를 챙기도록 하라. 자신에게 집중하고, 필요하다면 이를 위해 자기에게 약간의 레이키를 하라. 동물과 함께 있든 아니든, 방해받지 않을 조용한 장소를 찾도록 하고 원래 힐링 시간 동안 힐링에 집중할 수 있도록 편안한 포지션을 취하라.

　레벨 2에서는 에너지의 흐름이 더 강하기 때문에 원격 힐링이나 정신적 힐링을 하는 것은 종종 힐러가 명상 상태에 더 깊이 들어가도록 한다. 가능하면 힐링을 위해 많은 시간을 확보해 두는 것이 좋다. 원격 힐링은 평균 30분(또는 약 20분에서 45분 사이)이 걸릴 것이다. 정신적 힐링은 평균 10분(또는 약 5분에서 20분 사이)이 걸리고 그 자체에 독립적으로 사용되거나 전체 힐링에 직접적으로나 떨어져서 추가적으로 사용될 수도 있다. 상황에 대해 힐링을 보내는 것은 직접적으로 하는 힐링의 일부나 원격 힐링의 일부로 행해질 수 있고, 보통은 힐링 시간 면에서 중요한 변화를 낳지는 않는다.

션샤인^{Sunshine}이 보호구역을 찾아내다

션샤인이라는 이름의 아름다운 짐수레 말은 레이키를 아주 창의적인 방법으로 사용하도록 나에게 영감을 줬다. 그는 나이가 들었고 심하게 저는 다리 때문에 그의 주인이 그를 돌보는 데 들었던 재정상의 어려움 때문에 안락사에 직면하고 있었다. 나는 션샤인에게 레이키를 하며 오후를 보내고 있었다. 그는 기쁘게 받아들였는데 집으로 돌아오던 중 그를 구할 방법을 찾아냈다.

집에 도착하자 나는 인터넷에 접속해서 션샤인이 여생을 편안히 보낼 수 있는 곳을 내가 찾을 수 있도록 돕는 원격 레이키 힐링을 보냈다. 그를 데리고 있는 데 거의 돈이 들지 않거나 아예 안 들어야 했고, 다리를 저는 문제 때문에 비교적 가까워야 했다. 대부분의 보호구역이 가득 찼다고 들었기 때문에 가능성은 희박했다. 나는 "말 보호구역"라고 적어 넣고 찾은 첫 사이트에 들어갔다. 미국 딘 호세타운^{Dean Horsetown}은 남부 캘리포니아에 있었는데 나이든 말에게는 상당한 거리였지만 나는 그들에게 이메일을 보냈다. 그리고 이메일과 함께 션샤인을 위한 최상의 일이 일어나게 하는 레이키 힐링을 보냈다.

놀랍게도 그들은 마구간 하나가 비었다는 답장을 보냈다. 그들은 자신들의 시설과 말들에게 하는 일상 힐링을 설명했으며 나는 그것이 션샤인에게 딱 맞는 곳임을 알았다. 다음 이메일에서는 션샤인에 대해 이야기하고 그를 거기 보내는 데 비용이 얼마가 들지를 걱정하면서 그의 상황에 대해 설명했다. 나는 재정 상황이 좋은 쪽으로 해결되기를 바라는 레이키를 다시 한 번 보냈다. 답장을 읽었을 때 나는 믿을 수가 없었다. 그의 육체적인 문제에도 불구하고 그들은 션샤인을 무료로 받아들임은 물론 그의 이송 경비까지 부담하며 심지어 안전하고 믿을만한 수송서비스까지도 염두에 뒀다.

마지막 퍼즐 조각은 션샤인의 주인을 설득하는 것이었다. 다시 한 번 나는 션샤인에게 가장 좋은 상황에 대해 레이키 힐링을 보냈다. 다음날 주인을 만낳고 그는 그를 보호구역에 넘기는 것에 바로 서명했다. 며칠 후 안전한 수송을 위한 또 다른 레이키 힐링에 의해 보호를 받으며 션샤인은 남부 캘리포니아를 향한 긴 여행을 떠났다. 그는 여행을 잘 했을 뿐 아니라 새 집에 도착해서 처음 한 일이 더러운 곳에서 막 구르는 것이었다. 그를 잘 아는 사람에 따르면 그는 다리의 병 때문에 몇 년간 그런 적이 없었다고 한다. 나는 그에게 정기적인 레이키 힐링을 보냈고 그는 그 곳에서 즐겁고 평화롭게 많은 관심, 사랑, 그리고 당근을 받으며 지기 인생의 마지막 해를 보냈다.

– 캐서린

힐링 시작하기

멀리서든 아니면 동물이 있는 곳에서든 힐링을 할 때면 언제나 마음속으로 그와 접속함으로써 시작하라. 그의 치유를 돕기 위해 당신이 레이키를 제공할 것이라는 것을 알려주라. 동물에게 그가 원하고 필요한 만큼의 에너지만 받아들이라고 부탁하고 레이키는 스트레스가 되거나 침입적이지 않을 것임을 확인시켜 주라.

만일 직접 힐링을 하고 있다면 어디가 아픈지 또는 그의 문제점이 무엇인지를 그에게 물어보라. 그가 알고 있다면 그는 다친 다리를 들어 올리고 코로 아픈 부위를 만진다거나 또는 어떤 형태의 직관적인 정보를 보내면서 당신에게 알려줄 것이다. 힐링 중에 가능한 많은 이동의 자유를 주라.

동물이 없는 곳에서 원격 힐링을 하고 있다면 동물이 쉬고 있거나 많은 집중과 관심을 필요로 하는 활동에 빠져 있지 않을 때에 힐링을 하도록 하라. 이런 상황에서 동물이 휴식을 취할 수 있고 힐링을 더 완전히 흡수할 수 있기 때문에 이것은 최적의 접근법이다. 만약 시간대 차이나 중요한 약속 때문에 최적의 시간에 힐링을 보낼 수 없다면 당신의 동물은 여전히 충분한 힐링을 받을 것이고, 레이키는 필요한 곳으로 찾아가서 힐링이 가장 필요한 것에 힐링을 할 거라고 믿으면 된다.

완벽한 짝

언젠가 보호소에 방문했을 때, 나는 너무나 사랑스러운 기질을 가지고 있고 심각한 절름발이인 11살 된 코기 혼합견 뷰Beau와 작업을 하게 되었다. 그는 뒷다리에 아주 비용이 많이 드는 수술이 필요한 심각한 병을 가지고 있다. 나는 사육장에 앉아 그를 내 무릎에 놓고 한 시간 정도의 레이키 힐링을 했다. 일단 그가 긴장을 풀자 그는 몸을 떠는 것을 멈추고 잠이 들었다. 나는 그를 붙잡고 뷰의 입양 상황에 대한 원격 힐링을 했다. 나는 최고선에 집중했고 그의 나이와 다리 질병에도 불구하고 그를 입양할 좋은 가정을 바랐다. 수용소를 떠날 때, 나는 그의 가능성에 대해 미심쩍어했다. 다음 주, 나는 뷰가 거기에 없다는 것을 알았다. 나는 불안해하며 그가 안락사 당하지 않았기를 바라면서 직원에게 그가 어디 있는지 물었다. 직원은 주말 동안에 지팡이를 짚은 다리가 불편한 나이 드신 분이 와서 뷰를 한 번 보더니 바로 그를 입양해 갔다고 기쁘게 말해줬다. 멋진 짝이다.

– 캐서린

수용의 신호

처음에는 많은 사람들에게 있어서 동물의 바디랭귀지와 얼굴 표정으로 힐링 수용의 여부에 대한 신호를 알아차리는 것이 더 쉽다. 당신이 레이키에 더 경험을 쌓고 힐링 동안에 당신을 통해 흐르는 에너지의 자극을 분간할 수 있게 되면, 에너지의 흐름으로부터 힐링에 대한 동물의 반응을 "읽을" 수 있다.

동물이 없는 곳에서 레벨 2 원격 힐링을 하고 있을 때, 당신을 통해 흐르는 에너지 흐름의 느낌으로, 동물이 힐링을 받고 있는지 아닌지뿐만 아니라 어느 부위가 레이키를 가장 끌어당기고 있는지를 분간할 수 있다. 에너지는 성했다 쇠했다 할 것이고, 당신의 손은 열이 나고 떨리며 고동치거나 맥박 치고, 동물이 있는 곳에서 힐링을 할 때 느끼는 것과 똑같은 다른 자극들을 느낄 것이다. 만약 동물이 힐링 중에 아주 강한 에너지의 흐름을 받아들이고 있다면 당신은 종종 저 멀리 깊은 명상의 상태에 있는 것을 느끼게 될 것이다.

직접 힐링에서와 마찬가지로, 원격 힐링 중에 동물은 종종 아주 긴장이 풀리고 졸리거나 잠이 들 것이다. 힐링이 며칠 동안 연이어 같은 시간에 반복되면 동물 주인은 그 동물이 힐링 예정 시간 바로 전에 자기가 제일 좋아하는 휴식 장소로 가서 기다리다가 힐링이 시작되는 시간에 잠이 들거나 졸았다고 말할 것이다. 힐링 후에 동물은 종종 활력과 정서적 건강, 그리고 사랑하는 사람과의 상호작용이 늘어날 것이다.

동물이 없는 자리에서 힐링을 할 때, 특히 정신적 힐링을 할 때는 동물의 정서 상태에 대한 직관적 정보 또는 그가 있는 자리에서 하는 것과 같은 힐링 과정을 안내하도록 도와주는 다른 정보를 받을 수도 있다. 힐링 중에 특별히 강한 정서 또는 인상을 받으면 그것은 보통 힐링이 일어날 수 있도록, 힐링이 정서의 방출을 가능하게 만들기 시작했기 때문이다. 이런 정서와 인상들은 그들이 발생하는 처음 몇 번은 깜짝 놀랄만한 것일 수 있는데, 당신이 받은 정보는 자신의 것이 아니라 당신이 힐링하고 있는 동물과 관련된 것임을 기억하는 것이 도움이 된다. 당신은 항상 레이키를 믿고 자신이 받은 정보가 힐링 과정을 도와주고 있다는 사실을 믿기만 하면 된다. (6장 참조)

당신의 동물에게 레이키를 사용함에 있어서 당신의 주요 의무는 그의 힐링 과정을 돕는 것이다. 이 힐링 과정을 뒷받침해 줄 당신과 당신 동물의 관계를 형성하는 가장 좋은 방법은 레이키를 받아들일 때 가능한 많은 선택을 그에게 줌으로써 그를 존중해 주는 것이다. 만약 당신이 손과 몸의 느낌 또는 느낌의 결여로부터, 그리고 당신이 받은 직관으로부터 동물이 힐링을 원하지 않는다는 것을 감지한다면 힐링을 중지하고 다른 때에 다시 하도록 하라. 뉴욕에 사는 영리한 흰 고양이 보슬리는 멀리 떨어진 곳에서도 동물은 힐링에 대해 싫다고 말할 수 있고 항상 선택권을 받아야 한다는 것을 보여주었다.

보슬리^{Bosley}는 아래턱에 악성 종양을 가지고 있어서 건강이 나빠지고 있었다. 그의 주인 마크^{Mark}는 그들이 함께 휴가를 떠나야 할 때에 가능한 편안할 수 있도록 보슬리를 도와주기 위해 보슬리에게 힐링을 보내달라고 엘리자베스에게 부탁했다. 엘리자베스가 앉아서 보슬리에게 처음으로 레이키를 보냈을 때 그녀는 자기가 무엇을 하고 있는지를 보슬리에게 말하고 그가 원하는 만큼의 에너지만 받아들이라고 부탁하는 것을 잊어버렸다. 엘리자베스는 항상 이런 방식으로 힐링을 시작했는데, 이 날은 미리 건너뛰고 이 중요한 절차 없이 보슬리에게 레이키를 보냈다.

그것은 마치 엘리자베스가 벽돌로 된 벽으로 다가서는 것 같았다. 아무 일도 일어나지 않았다. 에너지도 흐르지 않았고, 접속의 느낌도 일어나지 않았고 아무것도 없었다. 엘리자베스는 문제가 무엇인지 즉시 깨닫고 보슬리에게 사과했다. 엘리자베스는 이번에는 보슬리의 권한에 대한 존중을 가지고 다시 시작했고, 레이키가 부드럽게 흘러갔다.

원격 레이키가 체스터Chester에게 좀 더 많은 시간과 위안을 주다

제니퍼Jennifer는 동물을 위한 레이키에 대해 들었고 자기 고양이 체스터를 위한 일련의 힐링을 위해 나에게 연락했는데 그 고양이는 입에 수술이 불가능한 암이 있었다. 그녀는 기적을 바라긴 했지만 만약 그가 회복하는 것이 불가능하다면 그의 마지막 순간을 편안하게 만들 수 있도록 그녀가 할 수 있는 모든 것을 해 주고 싶었다. 체스터는 보통 때는 낯선 사람에게 수줍어했다. 그는 새로운 사람이 방문하면 숨어서 남동생 더글러스Douglas가 그들을 맞이하고 모든 관심을 받게 했다. 힐링을 하기 전 몇 주 동안 그는 대부분의 시간을 침대 밑에 숨어서 보냈다.

내가 첫 힐링을 하러 집에 도착했을 때, 체스터는 나를 기다리고 있기라도 했던 것처럼 나에게로 똑바로 걸어와 발밑에 앉았다. 제니퍼는 평소와는 다른 그의 행동에 놀랐고 더글러스에게도 놀랐다. 이때 더글러스는 나에게 인사하려고도 하지 않은 채 체스터의 긴 힐링을 방해하지 않고 물러나 있었다. 더글러스는 마침내 체스터가 힐링을 끝낼 때에 인사를 하러 왔다.

체스터는 전체 힐링 동안 가끔씩은 찍찍거리고 야옹거렸지만 대부분은 졸면서 조용히 움직이지 않고 있었다. 나중에 제니퍼는 그가 더 행복해 보였고 가끔씩은 뛰어놀고 장난까지 치려는 것 같아 보였다고 전했다. 그는 문에서 제니퍼를 맞이하고 거실 카펫 위에서 편하게 쉬는 것 같은 예전의 습관들을 많이 되찾았다. 제니퍼가 45분 떨어진 거리에 살았기 때문에 나는 체스터에게 원격 힐링과 직접 힐링을 병행했다. 제니퍼는 체스터가 원격 힐링을 받을 때면 귀는 쫑긋 세우고 눈은 감은 "덩어리 모양"으로 몸을 웅크리곤 했는데 그런 식으로 힐링시간 내내 있었다고 했다. 그녀는 그가 힐링이 끝난 후엔 몸을 쫙 펴고 마치 고맙다고 말하는 것처럼 찍찍거리곤 했다고 말했고 그는 항상 레이키 후엔 그녀에게 아주 다정했다.

제니퍼의 수의사는 체스터가 그런 병을 가지고도 그렇게 오래 산 것에 대해 놀랐다. 나는 그가 죽기 전날 그의 마지막 시간에 그를 보러 가서 힐링을 했다. 그는 매우 쇠약했지만 내가 바닥에 앉아 그에게 레이키를 보내고 있을 때 나에게 기어와서 내 다리에 몸을 걸쳤다. 제니퍼와 나는 이것이 그가 받은 힐링에 대해 고마움을 표현하는 방식이라고 생각했다. 그는 그 다음 날 집에서 평화롭게 생을 마감했다. 제니퍼는 체스터가 그녀와 더글러스와 함께 더 많은 시간을 즐기게 하면서 마지막에 체스터의 삶의 질을 높여준 레이키에 감사했다.

– 엘리자베스

레이키 낮잠

보호소의 개 세 마리가 언제 손을 올려놓는 레이키가 너무 강렬한지, 원격 레이키가 기적 같은 결과를 낳는지를 나에게 가르쳐줬다. 시어머니와 나는 동물 보호소에서 개들과 작업하며 자원봉사를 했다. 개들은 큰 옥타곤에 들어 있었는데 각각에는 16~24마리의 개가 수용되었다. 수백 마리의 개와 함께 하다니 그 소음을 상상할 수 있을 것이다! 나는 버드송Birdsong, 윈드페이더Windfeather, 러닝 디어Running Deer 이렇게 세 마리의 코요테 혼합견을 힐링하게 되었다. 가장 나이가 많은 개는 뒷다리에 심각한 관절염이 있었다. 나는 그에게 손을 올려놓는 레이키를 하려고 시도했지만 몇 분 후 그의 이는 딱딱 부딪치기 시작했고 그는 레이키를 피하기 위해 문밖으로 도망가 버렸다. 그래서 나는 세 마리 개 모두를 동시에 하고자 떨어진 곳에서 원격 힐링을 하기로 했다. 5분쯤 지나자 시어머니께서 "낮잠 시간인가? 모두 자네"라고 말씀하셨다. 아니나 다를까 둘러봤더니 전 옥타곤에 있는 모든 개가 잠이 든 것을 보게 되었다. 그 침묵은 숨이 막힐 듯했다. 놀랍게도, 레이키는 그가 편안하게 받을 수 있는 방식으로 심지어 내가 힐링하고자 했던 범위를 넘어 확장해서 모든 개에게 바로 그가 원하는 것을 주었다.

– 캐서린

고양이 스털링Sterling

내 여동생의 고양이 스털링은 아름다운 검은 페르시아 고양이이다. 그는 멀리 살기 때문에 나는 그에게 정기적인 원격 힐링을 보낸다. 여동생은 처음에 그의 다낭성 신종 때문에 힐링을 보내달라고 부탁했다. 수의사는 일상적인 검진을 하던 중에 이 질병에 대해 그녀에게 알려주었고 그 병에 대해서는 아무런 치료나 해결책이 없다고 말했다. 내가 힐링을 보내기 시작했을 때 혈액검사에서는 이 병의 초기 단계라고 나왔다. 그의 혈액 수치는 비정상이었지만 겉으로는 아무런 증상도 보이지 않았다.

나는 연달아 네 번 힐링을 했다. 나는 매일 밤 같은 시간에 연이어 4일 밤의 힐링을 하기 위해 여동생과 시간을 정했다. 둘째 날 밤에 시작할 때 스털링이 힐링을 기다렸다고 여동생이 말했다. 그는 보통 저녁에 그녀와 텔레비전을 보기 위해 앉아 있지만 내가 힐링을 보내던 시간쯤이 되면 위층으로 올라가서 자기 침대에 눕곤 했다. 첫째 날 밤에 그런 일이 일어났고 여동생은 그가 어디를 그렇게 일찍 가는지 궁금해서 그의 방에 올라갔다가 그가 네 다리를 공중에 들어 올리고 곯아떨어져 누워 있는 것을 발견했다. 그녀는 그렇게 먼 거리로부터 레이키가 그에게로 주어질 때 감지하는 그의 능력에 아주 놀랐다. 사실 그녀는 힐링에 대한 그의 반응에 감명을 받아서 레이키를 배우기로 결심했고 이제는 그녀 스스로가 그에게 정기적인 힐링을 하고 있다.

– 캐서린

_____ **핸드 포지션**

동물을 위한 레벨 2의 원격과 정신적 치유 힐링에서의 핸드 포지션은 각각의 상황에 어떤 것이 가장 유용하고 실용적으로 보이는가에 따라 다양하다. 만약 동물의 사진을 가지고 있다면 힐링을 보내는 동안에 에너지가 사진에 있는 동물에게로 흐르도록 생각하면서 사진 주위나 근처에 손을 놓으면 된다. 그렇지 않으면 베개, 동물 봉제 인형, 인형 또는 다른 모형 장난감이 힐링을 받고 있는 동물을 대신하는 대리물로 사용될 수 있다. 그런 것들을 사용하면 집중, 초점, 그리고 힐링 중에 당신이 받을 지도 모르는 힐링 정보를 해석할 수 있는 능력에 도움이 된다.

손을 둘 수 있을 만큼 충분히 큰 동물 봉제 인형은 실제와 비슷하게 손을 올려놓고 동물을 힐링하는 완전한 일련의 손 위치들로 힐링하기에 좋을 수도 있다. 그러면 동물 신체의 다양한 부위에 대한 정보를 얻을 수도 있을 것이다. 당신이 손으로 감싸 쥘 만한 더 작은 동물 모양 인형은 힐링을 하는 내내 동물 전체를 힐링 에너지로 둘러싸고 싶은 힐링에 유용하다. 어떤 크기의 대리물을 사용해도 특별한 힐링을 필요로 하는 동물의 신체 부위에 손을 두는 레이키를 보낼 수 있다.

대리물을 사용하고 동물에게 손을 올려놓는 힐링을 위해 제안된 모든 포지션을 따라 움직이면 직접 힐링을 통해 얻을 수 있는 것과 동일한 동물의 힐링 욕구에 대한 상세한 정보를 얻을 수 있다. 그 포지션을 따라 손을 움직이면 각 부위에서 손을 올려놓는 힐링에서 느끼는 것과 같은 에너지 흐름의 높낮이를 느낄 수 있을 것이다. 이것은 신체 다양한 부위에서의 동물의 건강 상태와 힐링 욕구에 대한 많은 정보를 줄 것이다.

또한 힐링을 하는 중에 자신의 한쪽 다리 또는 양쪽 다리를 대리물로 사용할 수도 있다. 이 접근법은 더 상세한 정보를 원하지만 대리물이 여의치 않을 때 유용하다. 이런 경우, 앉아서 한쪽 무릎은 동물의 머리로, 허벅지 앞쪽은 몸통의 앞쪽, 허벅지 뒤쪽은 몸통의 뒤쪽이라고 마음속으로 정한다. 그런 다음 동물의 신체에 대응하는 부위로 에너지가 흐르게 하면서 일련의 포지션을 따라 허벅지의 앞쪽과 뒤쪽에서 손을 움직이면 된다.

원격 힐링을 할 때 또 다른 방법은 힐링을 받을 동물이나 상황의 이름 또는 설명을 종이에 적는 것이다. 그런 다음 종이는 손 사이에 두거나 힐링하는 중에 손을 얹을 상자 안에 넣는다. 손을 전혀 사용하지 않고 단순히 정신적 의지만으로 원격힐링이나 정신적 치유 힐링을 보내는 것도 가능하다. 힐링의 포지션을 따라 움직이는 것을 그려볼 수 있고 이 방법으로도 종종 많은 정보를 얻게 될 것이다. 마지막으로 대리물을 사용하거나 어떤 포지션을 그려볼 필요도 없이 그냥 앉아서 레이키를 보내면 레이키가 그것을 필요로 하는 곳으로 찾아갈 것이다.

집으로의 긴 여정

멜빈|Melvin과 모니카|Monica(그들 이야기의 시작은 P.198에 소개되었다)는 보호소의 한 우리에서 함께 살게 되어 너무 기뻤다. 그들은 끊임없이 즐겁게 상호작용을 했고 밤에는 서로에게 파고들어 함께 잠을 잤다. 그들이 함께 얼마나 행복한지를 보면서 나는 그들에게 적절한 가정이 찾아오기를 바라며 그들의 상황에 레이키를 보냈다. 며칠 후 네 명의 자녀가 있는 한 가족이 동물을 입양하기 위해 둘러보러 보호소에 들렀다. 그들은 기니아 피그인 멜빈과 모니카로 결정했다.

그들은 두 개의 직업과 네 명의 아이들을 포함해 많은 책임들을 효율적으로 해내는 멋진 사람들이었다. 그들의 의도가 좋았음에도 불구하고 보호소는 최근에 그들이 강아지에게 필요한 훈련과 돌봄을 주기에는 너무나 바쁘고 일이 많았기에 그들의 집에서 키우던 강아지를 보호소로 데려와야만 했었다. 가족 구성원이 너무 좋고 아이들이 지도를 잘 받을 것 같으면 기니아 피그인 멜빈과 모니카에게 자신들의 행동을 맞출 수 있을 것 같아 보였기 때문에 보호소는 그들이 두 마리의 기니아 피그를 입양하는 것을 허락했었다.

하지만 동물 관리사 중 한 명은 그 알선에 대해 걱정을 했고 2주 후 그 가정을 방문해 기니아 피그들이 새로운 환경에 잘 적응하고 있는지 살펴보기로 했다. 아이들에게서는 기니아 피그에 대한 신기함이 사라져버린 것 같아 보였고 그들은 바깥에 있는 작은 우리로 밀려나 큰 토끼와 함께 지내고 있는 것을 직원은 알게 되었다. 케이지는 가끔씩 청소되었고 기본적인 먹이는 제공되었지만 토끼와 기니아 피그의 균형 잡힌 식단을 위한 신선한 음식은 없었다. 시의 제재 하에 멜빈과 모니카를 옮기도록 할 만큼 상황은 충분히 나빴다. 직원인 그녀는 그들이 서로 함께 하는 것이 기뻤고 그들이 서로 가까이에 있고 서로에게서 도움을 받고 있는 것 같아 보이는 것에 주목했다.

그들의 상황에 대해 들었을 때 나는 매우 당황했는데 내 경험상 레이키가 어떤 상황에서 도움이 되는 변화를 제공하는데 실패한 적이 없었기 때문이었다. 나는 때때로 그들에게 레이키를 보냈고 때가 되면 레이키가 긍정적인 재해결책을 가져올 거라 믿으려고 했다. 직원은 그 후 4개월 동안 그 집을 두 번 더 방문했고 매번 상황이 바뀌지 않았음을 발견했다. 하지만 세 번째 방문 후 그 가족의 어머니는 자신들이 그렇게 많은 동물들을 키울 만큼 시간과 에너지가 없다고 결정하고 멜빈과 모니카를 다시 보호소로 데려갔다.

멜빈과 모니카가 보호소로 돌아오기 이틀 전, 유미코Yumiko라는 젊은 여성이 오랫동안 행복한 삶을 누린 사랑하는 기니아 피그를 잃었다. 유미코는 지방 동물 구조 기관에서 일하고 있었고 집에서 작은 기니아 피그 구조 단체를 운영하고 있었다. 그녀가 보호소에 들러서 멜빈과 모니카에 대해 들었을 때 그녀는 그들의 이야기에 감명받았고 그들을 자신의 반려 동물로 영원히 함께 살기 위해 집에 데려가기로 결심했다. 유미코는 아주 상냥한 사람이었고 그녀와 남편 사이에는 아이가 없었다. 그녀는 멜빈과 모니카 그리고 다른 동물들을 애지중지하며 보살폈다. 최근 이메일에서 유미코는 멜빈과 모니카가 여전히 다른 무엇보다 서로가 함께 있는 것을 소중히 여기지만, 유미코의 노력으로 그녀의 집에 잘 정착해서 좋은 가정으로 가는 중에 거쳐 가는 기니아 피그들과도 즐겁게 잘 지낸다고 말했다. 이것은 그들에게 길고도 어떤 면에서는 좀 돌아가는 여정이었지만 나는 멜빈과 모니카가 레이키의 조용한 도움으로 마침내 완벽한 가정을 찾았다는 것을 느꼈다.

– 엘리자베스

_____ **힐링 끝내기**

원격과 정신적 치유 힐링을 할 때 레벨 1에서 하는 것처럼 에너지의 높고 낮음에 맞추고 힐링이 끝났다고 "느낄" 때면 직관에 따라라. 예를

동물원의 동물들은 안전한 거리에서 제공되는 레이키 힐링으로부터 큰 혜택을 받을 수 있다.

들어, 최고조에 이르고 난 후나 깊은 명상의 상태에서 깨어난 후의 에너지 흐름의 소멸은 힐링이 끝나간다는 것의 지표가 될 수 있다. 만약 동물과 같이 있다면 언제 그가 이완 상태로부터 깨어나는지 또는 언제 그의 주의가 다른 문제로 흩어지는지를 적어놓아도 된다. 힐링에 대한 내면의 집중이 줄어들고 있다고 느끼거나 에너지의 흐름이 정점에 이르렀다가 몇 분 후 낮은 단계로 떨어져 거기서 머무르면 정신적 힐링은 보통 끝이 난다. 아직 에너지의 흐름을 느낄 수 없다면 시계에 맞춰서 20~30분 후에 힐링을 마치거나 언제 힐링이 끝난다고 느끼는지 결정하는데 자신의 직관을 사용하라.

힐링의 끝에는 항상 힐링이 직접적으로든지 또는 원격으로 이루어졌다면 마음속으로 작별 인사를 하고 힐링에 마음을 열어준 것에 대해 고맙다는 말을 하라. 그리고 나면 레벨 1 힐링에서와 마찬가지로 레이키가 당신을 힐링 과정의 전달자가 되게 해준 것에 대해 감사하라.

레벨 1에서처럼 우리는 단지 레이키 힐링 에너지의 전달자이고 그것은 힐링이 필요한 것에 대한 본연의 지혜를 가지고 있음을 기억하는 것이 중요하다. 우리는 문제의 근원이나 그 해결책을 알 필요가 없다. 힐링은 그것이 가장 필요한 곳에서 일어날 것이다.

부Boo의 삶의 질 향상시키기

내 고객 중의 하나는 부라는 이름의 19살 고양이였는데, 나는 그를 개인적으로는 만난 적이 없고 정기적인 원격 힐링만 보냈다. 부의 건강은 1997년 뇌졸중과 유사한 발작을 일으킨 이후 점차 악화되고 있었다. 너무 나이가 들었기 때문에 어떤 종류의 수술도 할 수 없었고 그의 질병에 대한 정확한 원인을 규명하는 것도 불가능했다. 2003년 초에 짧은 발작이 있었지만 수의사가 그를 위해 더 이상 해줄 것이 아무것도 없었다. 그의 주인은 이런 "신경성 발작"이 더 있을 것이고 그렇게 되면 아마 부가 더 이상 살긴 힘들 거라는 얘기를 들었다.

이 시기쯤 레이키를 특집으로 다룬 대체의학에 대한 PBS 프로그램을 보고 나서 레이키가 그를 도와줄 수 있을까 싶어 부의 주인이 나에게 연락을 했다. 원격 힐링이 시도되었고 부는 그다음 날 눈에 띄는 발전을 보였다.

동물 모양 인형을 대리물로 사용해서 나는 부에게 매주 원격 힐링을 시작했다. 그는 비교적 편안하게 6개월을 더 살 수 있었다. 나는 이 힐링을 통해 그의 특별한 건강문제에 대해 더 많이 알게 되었다. 예를 들자면 한 힐링에서는 그의 오른쪽 뒷다리를 힐링할 때 손에 통증을 느꼈다. 다음 날 주인과 통화를 할 때 그녀는 그가 최근에 그 다리가 많이 안 좋아졌다고 알려줬다. 또 다른 힐링 중에 오른쪽 귀를 힐링하고 있는데 손가락 끝이 아팠다. 그 주인은 그 귀가 이스트 때문에 좀 아프다고 확인해줬다. 부에게 뿐만 아니라 나에게도 원격 힐링이 그렇게 강력하게 느껴지다니 참 놀라웠다.

매번 그가 힐링을 받을 때마다 그 주인은 그가 눈에 띄게 나아졌고 특별한 "홍조"를 띄었으며 더 "온전한" 것처럼 보였다고 말했다. 그는 힐링 중에 깊이 잤고 그리고 다음 날 아침 제일 처음 하는 일로 독특한 즐거운 음으로 소리 내는 것을 잊지 않았다. 원격 레이키 힐링은 그를 친숙한 환경으로부터 데리고 나오는 것과 관련한 어떤 불편함이나 스트레스도 없이 부의 삶의 질을 상당히 향상시켜주는 방법을 제공했다. 이 정기 힐링이 그의 건강문제를 힐링해주지는 않았지만 부는 아주 잘 반응해서 그의 주인은 그에게 매일 힐링을 할 수 있도록 스스로 레이키를 배우기로 했다. 그의 첫 레이키 힐링 후 6개월이 지나 부는 집에서 주인과 함께 평화로운 이동을 맞이했다.

– 캐서린

20장
보호소, 보호구역,
구조 기관에서의 레이키

보호소, 보호구역, 구조 기관에서 동물에게 레이키를 하면 그 혜택은 그들이 가르쳐 주는 힐링, 사랑, 연민, 용서, 믿음, 인내, 회복력, 기쁨의 교훈을 통해 백배가 되어 당신에게로 돌아올 것이다. 만약 초보자라면, 이런 환경에서 자원봉사하는 것이 강력하고 교육적인 경험이 될 수 있고 어떻게 레이키로 치유하는지에 대한 지식과 자신감을 아주 많이 확장시켜 줄 수 있다.

근처의 보호소, 보호구역 또는 구조 기관에 당신의 재능을 기부하면 이런 환경에서 동물과 작업하면서 광범위한 특별한 상황, 문제, 시련 그리고 보상을 경험할 것이다. 그리고 이런 동물들은 힐러로서의 여정에서 만나게 될 최고의 티처가 될 수 있다. 이런 분야에서의 요구는 때때로 끝이 없어 보이고 당신은 보통 원하는 만큼 많은 경험을 얻을 수 있다.

레이키는 보호소, 보호구역 또는 구조 기관에 있는 동물들에게 희망, 힐링, 이완, 스트레스 완화를 가져다주는 멋진 방법이다. 이런 시설들은 삶에서 어려운 여정을 겪었고 많은 힐링이 필요한 멋진 존재들로 가득차 있다. 이런 동물들과 작업한다는 것은 배우는 사람과 동물 모두에게 아주 보람 있는 일이고 초보자에게 레이키가 다양한 문제들을 효과적으로 다룰 수 있다는 자신감을 빨리 갖게 해준다. 만약 레벨 2를 한다면 입양이나 알선 그리고 과거 트라우마와 학대의 치유 같은 문제를 포함해서 동물의 상황에 대한 원격 힐링으로 보호소나 다른 기관에서 자신의 힐링을 추적 관리할 수 있다.

이런 동물들 중 많은 수가 인간과 관련된 트라우마의 경험을 가지고 있고, 레이키 힐링, 그리고 힐링받고 힐링된 경험이 있는 사람의 연계를 통해 엄청난 혜택을 받을 수 있다. 이것은 레이키가 이 세상에서 사람과 동물 사이의 유대를 힐링하기 위해 공헌할 수 있는 방법들 중의 하나이다. 레이키 힐러는 말 그대로 보호소 환경에서 생명을 더 발전하게 하고, 치유되지 않으면 입양을 방해할 부상, 질병 그리고 깊은 우울증이나 행동 장애 같은 정서적 문제들을 치유함으로써 생명을 구한다. 게다가 우리의 가장 큰 배움의 경험 중 일부는 보호소, 보호구역, 구조 기관들에서 만났던 동물들로부터의 얻은 것이었다.

_____ **자원봉사할 적당한 장소 찾기**

자원봉사할 장소를 찾기 시작하는 한 가지 방법은 당신이 사는 지역에 있는 적합한 장소들의 목록을 만드는 것이다. 이런 곳에는 시 또는 주가 운영하는 동물 보호소, 자원봉사 운영센터, 구조 기관 또는 (고양이, 토끼 또는 기니아 피그 같은) 작은 동물들, 말, 농장 동물, 열대 동물 또는 해양 동물 보호구역이 있다. 다음으로, 각 기관들의 임무, 관리, 그들이 돌보는 동물들, 그리고 자원봉사 기회 같은 것에 대해 할 수 있는 한 많은 정보를 모으는 것이 좋을 것이다.

일단 이런 조사를 끝내면 강하게 끌리는 각 장소를 방문하고 싶을 것이다. 당신은 자신의 관심사와 특별히 잘 맞는 것 같아 보이는 한두 곳이 있다는 것을 알게 될 것이다. 보호소나 보호구역을 직접 방문해 보면 환경, 동물들 그리고 거기서 일하는 사람들에

대한 느낌을 받을 것이고 그러면 어느 장소가 자신에게 가장 잘 맞는지 평가할 수 있게 된다. 자신에게 질문할 몇 가지 유용한 질문들은 다음과 같다. 어느 곳에서 내가 가장 편하게 느낄까? 어느 곳을 내가 정기적으로 방문하기를 좋아할까?

당신이 편하고 관심이 가는 곳을 두 곳 정도 찾아내면 자원봉사 담당자 또는 기관 운영자와 만날 약속을 잡아야 한다. 이 미팅이 자신을 소개하고, 레이키를 설명하며 기관에 대해 좋은 인상을 갖게 되는 좋은 방법이다. 우리는 특히나 그 사람이 레이키에 대해 전혀 들어본 적이 없을 때 레이키를 설명하는 것에 대한 가장 좋은 접근은 되도록 간단명료하게 하는 것임을 알았다. 예를 들면, 레이키는 인간을 위한 상호보완적 양식으로 많은 유명 병원을 포함해서 광범위하게 사용되는 일본의 에너지 힐링의 형태이며, 동물을 위한 보완 요법으로 인기를 얻고 있다고 설명할 수 있다. 또한 레이키를 할 때 힐러는 우주의 힐링 에너지가 가장 필요한 방법으로 동물을 힐링하면서 그 손을 통해 힐링 받는 동물에게로 흐르게 하는 전달자로 작용한다고 말할 수도 있다. 자연스럽게 느껴지고 자기에게 맞는 레이키에 대해 얘기하는 법을 찾을 때까지 자신의 표현에 대해 실험해 보는 것이 좋다.

당신이 만나고 있는 사람이 레이키에 대해 친숙하지 않을 수도 있기 때문에 레이키가 어떻게 동물들의 힐링을 도우면서 기관에 도움을 줄 수 있는지를 기본 용어로 설명하는 것이 좋다. 예를 들어서, 레이키는 동물들의 스트레스와 불안을 아주 많이 덜어줄 것이라고 설명할 수 있다. 그것은 그들이 그 환경에서 편안하게 되도록 도와주고 질병과 부상의 힐링을 가속화시키며 행동 장애를 일으키고 입양을 방해하는 정서적 문제를 치유할 것이다.

레이키가 아주 부드럽고 비침투적이며, 아무런 해가 없고 동물과의 직접적인 접촉이 없이, 사육장이나 다른 우리 밖에서 또는 동물로부터 몇 피트 떨어져서도 할 수 있다는 것을 강조하는 것도 도움이 될 수 있다. 어떤 때는 얘기하고 있는 사람에게 짧은 힐링을 하면 직접적인 경험을 통해 레이키가 동물의 힐링에 있어서 부드럽고 편안하다는 것을 그들에게 확인시켜 줄 것이다. 어떻게 레이키를 하는지 시범을 보이기 위해 동물에게 짧은 힐링을 할 것을 제안할 수도 있다. 만약 레벨 2를 한다면, 미팅이나 자원봉사에 대한 대화를 하기 전에 레이키를 보내면 우호적인 결과로 가는 길을 더 쉽게 해 줄 것이다.

몰리Molly를 위한 정신적 힐링

때때로 동물은 손을 올려놓는 레이키, 정신적 레이키, 원격 레이키, 상황 레이키의 결합을 원한다. 그 완벽한 예가 검은 색 독일 셰퍼드인 몰리이다. 내가 처음 그와 작업했을 때, 나는 그에게 한 시간 동안 손을 올려놓는 힐링을 했다. 척추 중심과 왼쪽 뒷다리는 많은 레이키를 받아들였다. 그는 그의 이로 내 손과 손목을 긁어대면서 가만히 못 있고 입을 움직였다. 나는 마음속으로 그가 입을 다물고 나를 건드리지 않는 이미지를 계속해서 그에게 보냈다. 마침내 30분이 지났을 때, 그는 나에게 입을 대는 것을 완전히 멈췄다. 그는 앞다리를 내 무릎에 올려놓고 나를 똑바로 보면서 앉아 나를 마주보려고 몸을 돌렸다.

나는 그의 귀 앞쪽의 머리 양쪽에 한 손을 얹고 허락을 구하고, 신성한 질서도 구하면서 정신적 힐링을 보냈다. 몇 분이 지나 나는 갑자기 실제 울 것 같은 찢어질 듯한 슬픔의 느낌을 느꼈다. 나는 그가 공유해 준 것에 대해 감사를 표하고 이해한다는 것을 알려주었다. 거의 곧바로 그는 방의 반대편 끝에 가서 다른 방향을 보고 앉아 나로부터 멀어져갔다. 그것은 그가 정서적인 표출을 했고 힐링을 "끝냈다"는 것이 분명했다.

다음 주에 나는 몰리가 한 자원봉사자를 "물어서"(실제로는 단지 입을 대어서) 격리를 고려하고 있다는 것을 알게 되었다. 나는 사육장으로 그를 보러 갔다. 그는 나를 보자 "나는 나쁜 짓을 해서 곤경에 처해 있지만 그러려고 했던 것은 아니었어요. 죄송해요."라고 말하는 것처럼 나를 쳐다보며 철망에 자기 몸을 바싹 갖다 대었다. 나는 우리를 지나서 손을 그의 등에 얹었고 다른 손바닥은 우리 밖에 몇 인치 떨어져서 놓은 채로 그에게 레이키를 보냈다. 나는 또 그가 보호소의 스트레스로부터 벗어나 좋은 가정을 찾기를 바라며 그의 상황에 대해서도 최고선을 구하는 레이키를 보냈다.

다음 몇 번의 보호소 방문에서는 다른 개들이 우선적으로 되어 있었지만

한 달 후 나는 결국에는 내가 다시 몰리와 작업하고 있는 것을 발견했다. 나는 그가 얼마나 흥분해 있었는지를 기억하고 의자에서 힐링을 시작했다. 그는 모든 소리에 대해 헐떡이고 과도한 각성상태를 보이며 극도로 불안해했다. 그는 굵고 낑낑거리며 이 문 저 문을 다니더니 다시 나에게로 돌아와서 왼쪽 뒷다리가 바닥에서 떨어지도록 나에게 기댔다. 동시에 한 자원 봉사자가 창문 밖으로 개 한 마리를 데리고 갔는데 몰리는 창문을 통해 그 개를 공격하러 갈 것처럼 쳐다보고 미친 듯이 짖어대면서 화를 냈다.

나는 원격 레이키가 적절하다고 생각했다. 나는 힐링을 하기 시작했고 그의 흥분상태에도 불구하고 그가 필요로 하는 것을 받아들일 수 있다고 요청했다. 놀랍게도 5~10분 후 그는 내 발밑에 조용히 누웠다. 나는 천천히 그리고 조심스럽게 몸을 낮춰 의자에서 내려와 한 손은 그의 어깨에 다른 손은 흉곽ribcage 아래에 둔 채 그의 배 옆에 앉았다. 그런 다음 그는 머리를 바닥에 누이고는 크게 숨을 내쉬고 믿을 수 없게도 헐떡임을 멈추었다. 나는 이 포지션으로 30분 동안 계속 레이키를 하였다. 근처 방에서 약간 큰 소리가 있었지만 그는 머리를 들고 쳐다보지도 않았다. 힐링을 끝냈을 때 나는 그의 머리를 양손 사이에 두고 그에게 고마움을 표했다. 그는 졸린 듯 눈은 반쯤 감기고 입술은 벌어지고 느슨해진 채 나를 쳐다봤다. 그는 순하고 긴장이 풀려있으며 사람을 믿는 완전히 다른 개가 되었다. 나는 그가 적절한 좋은 가정의 마음을 끌만큼 계속해서 순하고 집중력 있는 개가 되는 쪽으로 나가는 것을 돕기 위해 그 주에 몇 번의 원격 힐링을 보내기로 했다.

그다음 주, 나는 몰리와 다시 작업하고자 요청했는데 "그것이 필요하지 않을" 정도로 잘해나가고 있다는 말을 들었다. 웃으며 내가 요청하자 직원은 우리가 힐링을 하던 방으로 그를 다시 데리고 왔다. 이번에는 나를 보자 그가 바로 누워서 40분간의 레이키를 움직이지 않고 받았다. 나는 그 앞 주와 같이 한 손은 그의 어깨에, 다른 손은 갈비뼈에 둔 핸드 포지션으로 전체 힐링을 했다. 내가 다른 포지션으로 옮기려고 하면 그는 머리를 들고는 나를 보곤 했다.

힐링을 하는 중에 그는 큰 숨을 내쉬고는 완전히 이완했다.

다음번 보호소에 갔을 때, 몰리는 거기에 없었다. 그는 아주 멋진 집을 찾았다. 듣자 하니 그 사람은 첫눈에 그를 좋아했고 몰리가 가진 지성과 마음의 깊이를 바로 알아본 것 같았다. 모든 직원들은 몰리가 몇 달간의 우여곡절 끝에 집을 찾은 것을 아주 기뻐했다. 한 직원은 그 입양을 진정으로 "눈물 나게 하는 영화"라고 묘사했다.

— 캐서린

_____ **기관 환경에 적응하기**

어떤 기관은 당장의 일이 너무 많고 당신이 있게 되면 생길지도 모르는 추가 업무에 대해 걱정하게 될 것이다. 당신의 목적은 직원들에게 짐이 되지 않고 동물들에게 가능한 도움이 되는 것이라는 사실을 그들에게 알려 준다면, 이것은 그들에게 안심이 될 것이고 협의를 한 번 해 보도록 그들을 설득할 수 있다. 당신은 더 이상 필요 이상으로 직원으로부터 도움을 받지 않고 환경에 맞추는 방법을 찾기 위해 노력함으로써 자신의 말을 실천해야 한다.

당신은 시설을 재조직하고 향상시키기 위해서나 직원에게 충고하기 위해서가 아니라 동물에게 레이키를 제공하기 위해 거기 있다는 것을 명심하는 것이 중요하다. 당신의 목표는 가능한 간섭하지 않고, 전문적이고, 도움을 주고 관리에는 관심을 두지 않으면서 기관의 현재 환경에 맞추는 방법을 찾는 것이어야 한다. 몇몇 직원, 자원봉사자들과 관계를 발전시키면 힐링으로부터 받은 정보를 공유하는 데 편안할 수 있지만 항상 아주 조심스럽게 신중하고 연민 어린 방식으로 기관의 일에는 편을 들지 않고 하는 것이 가장 좋다. 만약 동물을 힐링하는 자신의 일에 계속 초점을 맞춘다면 당신은 기관의 활동에서 오르막과 내리막을 겪으며 그들의 행복에 공헌하면서 거기 남을 수 있을 것이다.

_____ 시작하기

가장 선호하는 기관에 레이키 자원봉사자로 받아들여지게 되면 당신과 기관 모두에게 좋은 정기적인 날짜와 시간 계획을 세우는 것이 좋다. 기관이 사용할 수 있는 다른 기술을 당신이 가지고 있다면 그런 일들을 수행할 다른 시간을 찾고 레이키 시간은 별도로 하는 것이 더 좋다.

레이키를 하러 가는 날에는 직원에게 어느 동물이 그날 가장 힐링이 필요한지 물어보거나 또는 기관에서 받아들인다면 그날 어느 동물, 또는 동물들이 당신으로부터 레이키를 필요로 하는지에 대해 자신의 직관을 따르면 된다. 힐링을 할 각 동물을 위해서 30~60분의 시간을 확보해 두는 것이 가장 좋다. 어떤 기관에서는 힐링을 할 조용한 장소를 발견할 수도 있다. 만약 이것이 가능하지 않다면, 동물의 우리 안이나 바로 바깥에 앉아서 레이키를 할 수 있다. 주변 환경이 시끄러운 곳이라면 힐링에 집중하는 데 귀마개가 큰 도움이 될 것이다.

이런 환경에 있는 동물들에게 레이키를 하는 것은, 일반적으로 그들 모두에게 힐링을 하기 위해 마련된 시간보다 힐링을 받을만한 동물들이 더 많기 때문에 보람있기도 하지만 스트레스가 될 수 있다. 이런 상황에서는 자신의 내면 상태에 대해 자각하고 그 곳에서 레이키를 하고 있을 때 자신을 잘 돌보는 것이 특히 중요하다. 자신에게 집중하기 위해 특별히 신경 쓰고 그 환경에 들어가기 전에 자신에게 약간의 레이키를 하는 것도 좋다.

이런 환경에 얼마나 많은 시간과 노력을 사용하는지 모니터하고 과도하게 일을 하거나 연민에 너무 의존하지 않도록 자신의 한계를 찾는 것이 중요할 수 있다. 레이키 힐러들은 자신의 한계를 알아야 하고 지치지 않고 동물에게 계속해서 최상의 것을 제공할 수 있도록 정기적으로 자신에게 친절해야 한다. 이런 한도 내에서 당신이 자원봉사에 더 많은 시간을 사용할수록 힐링을 하는 데 더 편해질 것이고, 광범위한 시련들을 효과적으로 힐링하는 레이키의 능력에 대해 더 자신감이 생길 것이며 동물들이 가르쳐 줄 많은 교훈에 더 개방적이 될 것이다.

21장
개인 힐링과 변화

레이키는 다른 이들을 힐링하는데 사용하는 것과 더불어 개인 힐링과 변형을 위해 뛰어난 도구이다. 레이키는 사람과 동물이 과거의 기억, 패턴, 태도 그리고 그들이 진정한 자아의 최고, 최상을 표현하지 못하게 만드는 다른 영향들을 해결하고 내려놓을 수 있게 도와줄 수 있다. 특히 정신적, 정서적 힐링을 포함하는 레이키 힐링은 인간 또는 동물의 존재 그 깊숙이까지 닿으며 정서적, 영적 차원에서 심오한 힐링을 가져온다. 당신이 레이키를 하고 레이키 힐링을 받을 때, 그것은 당신 본연의 재능, 능력, 잠재력을 향상시키면서 가장 확실한 수준에서의 당신이 누구인지 드러나게 한다.

가끔은 한 번의 힐링이 놀라운 변화를 불러일으키기도 하지만 상당한 개인적 변형은 일반적으로 장기간에 걸친 정기적인 힐링에 대한 전

넘을 필요로 한다. 훈련을 하는 중에 그리고 수년간의 실행을 통한 진행에서, 우리는 매일 자신을 계속해서 힐링해왔고 다른 사람들로부터 매주 또는 격주의 힐링을 받아왔다. 이런 힐링들은 우리의 건강을 유지시켜주고 그렇지 않다면 우리의 개인적이고, 전문적인 삶에서 지속적인 성장에 방해물로 남아있을 지도 모를 개인적 문제들을 해결하게 만들어준다.

레이키 힐러가 된다는 것은 다른 사람 뿐 아니라 자신의 개인 성장에도 이익이 되고 첫 번째 어튠먼트 직후에는 내면의 힐링과 동시에 일어나는 당신 삶에서의 변화를 알아채기 시작할 지도 모른다. 레이키의 세가지 레벨 각각에서, 어튠먼트는 자신과 다른 사람을 위한 레이키의 지속적인 사용과 마찬가지로 정서적이고 영적인 힐링, 가속화된 개인 성장, 그리고 깊어진 직관을 제공한다. 이 가속화된 성장은 때때로 도전적일 수 있지만(예를 들어, 오랜 기억 및 패턴들이 뒤섞여 방출될 때), 개인적 성장이라는 면에서 그것의 혜택은 상당하고 도전을 아주 가치 있게 만든다.

개인적인 문제들은 우리의 에너지, 주의 그리고 완전한 잠재력을 깨닫는 능력을 고갈시킬 수 있다. 레벨 2를 사용하면 현재에도 영향을 미치는 오래된 역경의 해결을 도와주기 위해 과거의 어려운 상황들에게 힐링을 보낼 수 있다. 예를 들어, 당신은 자신의 삶에서 특별히 어려운 시기의 어린 아이로서의 자신에게 그 시기와 관련된 어떤 오래 끄는 문제들의 해결을 돕기 위해 레이키를 보낼 수 있다. 자신의 문제들을 레이키로 힐링하면 레이키 에너지의 전달자로서 봉사하는 자신의 능력을 더 깊어지게 하고 다른 이들을 힐링하는 자신 능력이 더 강해짐을 알게 될 것이다.

다른 이들로부터 정기적인 힐링을 받는 것과 더불어 우리는 필요한 때는 언제라도 개인적 문제에 대해 더 집중적으로 힐링하기 위해 네 번 연이은 부차적인 일련의 힐링들을 마련한다. 우리는 직접 그리고 먼 곳에서 가능한 자주 다른 이들을 힐링하고, 자원봉사자로서 정기적으로 계속해서 레이키 힐링을 제공한다. 우리는 동물들과 기관을 위해, 그리고 동물 복지 문제, 야생동물 보호와 사람/동물 유대의 전 세계적인 힐링 같은 우리가 관심이 있는 더 큰 문제에 대해 원격 힐링으로 이 일을 추적관리한다. 이런 힐링들을 정기적으로 결합시키는 것은 개인적이고 전문적인 차원에서의 우리의 성장을 가속화시킨다는 것을 우리는 알게 된다.

사람들은 가끔씩 왜 자신들이 스스로를 힐링해야 하는지 또는 그들이 동물들을 힐링하고 싶을 뿐인데 왜 다른 사람들로부터 힐링을 받아야 하는지를 우리에게 물어본다. 대답은 자신을 힐링하고 다른 사람들로부터 정기적인 힐링을 받는 것은 두 가지 중요한 면에서 힐러로서 자신의 잠재력을 개발시키는 데 중요하기 때문이라는 것이다.

첫째, 힐링을 받는 것은 레이키를 받는 것의 미묘한 느낌, 그리고 레이키 힐링의 과정과 효과에 대한 개인적인 경험을 준다. 이것은 동물이 힐링 도중과 후에 무엇을 느끼는지 그리고 어떤 종류의 힐링과 반응을 기대할 수 있는지를 당신이 이해하는 데 도움을 줄 것이다. 당신은 레이키가 수반할 수 있는 자극과 반응의 범위에 대한 직접적인 지식을 갖게 될 것이기 때문에 그것은 동물들에게 당신의 힐링이 더 편하고 받아들이기 쉬우며 효과적으로 만들도록 조정하는 것을 도와줄 것이다.

둘째, 당신이 발전시킬 수 있는 힐링 능력의 정도는 자신의 개인적 성장에 달려있다. 자신의 문제를 치유하기 위해 레이키를 더 많이 사용할수록, 당신은 힐러로서 더 효과적이 될 것이다. 당신이 만나게 되는(사람이나 동물) 존재들과 더 효과적으로 소통할 수 있을 것이고 자신이 힐링하는 존재에 대해 갈수록 더 깊고 정확한 직관을 발전시킬 것이며, 자신의 에너지, 주의 그리고 잠재력을 활용하는 능력을 고갈시키는 개인적 문제들을 힐링할 때 당신의 힐링 파워는 증가할 것이다.

자기 힐링, 힐링을 받는 것, 그리고 다른 이들을 힐링하기 위해 레이키를 사용하는 것과 결합된 에너지 어튜먼트는 가속화된 개인적 성장, 깊어진 직관, 그리고 모든 차원에서의 힐링에 이르게 한다. 레이키를 더 많이 사용할수록 당신이 받게 될 이런 혜택은 더 많아지고 레이키가 힐링할 수 있는 많은 방법들을 더 잘 이해하게 될 것이다.

_____ 레이키의 영적 측면

우리는 가끔 레이키를 사용하기 위해 종교적이 되어야 할 필요가 있는지, 레이키 그 자체는 영적 경로인지, 그리고 레이키가 어떤 면에서 사람의 종교적 또는 영적 신념과 충돌할 것인지에 대한 질문을 받는다. 레이키는 그것을 배우고 싶어하며 필요로 하는 누구에게나 힐링 시스템으로 이용가능하며 시작하기 위해서는 레이키 티쳐로부터의 어튠먼트와 최소한의 훈련만을 필요로 한다. 그것은 어떤 종교적 전통과도 양립할 수 있지만 레이키를 실행하기 위해 종교적이 되거나 영적 길을 따를 필요는 없다. 레이키는 당신이 선택한다면 초점을 맞출 수 있는 영적 측면을 가지고는 있지만 이것은 그것을 성공적으로 실행하기 위해 필수적인 것은 아니다.

레이키의 원칙은 단순하고 어떤 종교적 또는 영적인 전통과도 양립할 수 있다. 우리는 자신들의 영적 신념을 따르는 데 아무런 어려움 없이 레이키를 실행하는 다양한 종교적, 영적 배경을 가진 많은 사람들을 안다. 레이키는 그것의 영적 측면에 초점을 맞추고 싶지 않은 사람들을 위한 힐링 시스템으로서 단독으로 실행될 수도 있다.

어떤 사람들에게 있어서 레이키를 배우고 실행하는 것은 영적 자질들에 그리고 정신적 에너지와 능력에 더 강한 연결을 느끼게 하는 방법이다. 정기적으로 레이키를 실행하면 그것은 당신이 비육체적인 내적 자아를 의미하는 자신의 영적 자아와 만약 그렇지 않는다면 깨닫지 못하고 개발되지 않을지 모르는 미묘한 능력과 재능에 대해 더 많이 자각할 수 있도록 도와줄 수 있다. 레이키는 모든 영적 경로, 종교들과 상호보완적이고 각 개인의 독특함을 반영하는 방법으로 실행될 수 있다. 그것은 또한 아무런 영적 신념이 없는 많은 사람들에게도 그것을 뒷받침해 주는 매우 실증적인 증거를 가진 미스터리로 관심을 끈다.

동물 레이키 힐러로서의 자신의 길에서 앞으로 나아갈 때, 당신은 인생에서 새로운 힐링 과제들을 만나게 될 수도 있다. 이런 과제들은 강렬한 꿈의 형태, 인생 경로에 대한 갑작스러운 자각, 오래된 정서적 문제들의 재출현, 또는 과거의 해결되지 않은 문제를 받아들이려고 애쓰는 것으로 나타날 수도 있다. 어떤 때는 해결되지 않은 정서적 문제들과 관련된 오래된 부상이나 질병이 더 철저히 해결되기 위해 잠시 다시 떠오를 것이다.

때때로 동물들 스스로가, 그들을 힐링할 때 생기는 정서와 문제를 통한 힐링에 대한 당신의 개인적 경로에서 새로운 방향을 제시할 것이다. 자기 힐링을 이용하고 다른 힐러로부터 정기적인 힐링을 받음으로써 당신은 레이키가 이런 과제들을 통해 당신을 더 큰 통찰력, 육체적, 정서적인 건강, 그리고 당신 인생의 모든 분야에서의 효율성으로 이끌도록 이용할 수 있을 것이다. 당신이 레이키를 이용하는 방법은 자기 영혼만큼이나 개인적이고 독특할 수 있다. 그것의 본질은 순수한 힐링 에너지이고 그것은 오직 선을 위해서만 사용될 수 있다.

나의 여정에서 코끼리들

나는 항상 보호소와 보호구역에 있는 동물들에게 특별한 연민과 연결을 느꼈고 내가 할 수 있는 어떤 방법으로든 그들을 도와주고자 하는 마음속의 소망을 품었다. 내가 레이키 티쳐가 되자, 동물들을 돕기 위해 할 수 있는 또 다른 방법이 있었다. 그들의 조련사에게 레이키를 가르치는 것이다. 그리고 스스로 이 길에 전념하자, 아주 흥미진진하고도 예상치 못한 방법으로 세상이 나를 위해 열리기 시작했다.

하나의 특별한 예로, 내가 도우려고 마음이 움직였던 동물은 코끼리였다. 나는 우연히 PBS에서 자연 특집 도시의 코끼리들Urban Elephants을 봤다. 나는 세계의 코끼리들의 곤경에 아주 마음이 아팠고 말 그대로 눈물범벅이 되었다. 하지만 그 프로그램은 미국에 있는 그런 종류 중에는 유일한 곳인 테네시의 코끼리 보호구역에 초점을 맞추며 긍정적인 분위기로 끝이 났다. 그곳은 힐링 장소로 그 곳에서 코끼리들은 지각 있고 영적인 존재로 존중받고 소중히 여겨진다. 나는 특히 코끼리 셜리Shirley와 25년간 떨어져서 지내던 다른 코끼리와의 놀라운 재결합에 아주 감명 받았다.

그날 밤, 나는 세계의 코끼리들에게 레이키를 보내기로 결심했다. 그래서 내가 가진 나무로 된 작은 가네샤 조각상을 대리물로 사용해서 손을 모아 쥐고, 허락을 구하고 세계의 코끼리들, (셜리를 포함해서) 보호구역에 있는 코끼리들, 보호구역을 운영하는 사람들, 그리고 방법이 있다면 내가 어떻게 레이키로 도울 수 있을지에 대한 최고선과 힐링을 부탁했다. 그 힐링은 평소와 달리 뜨겁고 강렬해서 누그러질 것 같지 않았다. 한 시간 이상이 지나 나는 힐링을 마쳤다. 내 손은 실제로 아주 아팠다. 손바닥은 불에 탄 것 같이 느껴졌고 까끌한 느낌의 사포를 가진 것 같았다. 나는 자려고 했지만 그럴 수 없었다. 손바닥과 발바닥이 밤새도록 열이 났다.

다음 날, 나는 인터넷에서 보호구역을 찾을 수 있는지 보기로 했다. 나는 각 코끼리들의 이야기와 사진이 있는 멋진 웹사이트를 발견했다. 그 웹사이트에 일반인에게는 공개하지 않으며 방문객을 받지 않는다고 명시해 놓았음에도 불구하고 나는 설립자에게 이메일을 보내기로 했다. 이메일에서 나는 그녀와 직원에게 코끼리에 대한 나의 선물로 레이키를 가르쳐주겠다고 제안했다.

그날 밤, 그녀는 답메일을 보냈고 자신은 사람들이 오는 것을 거의 허락하지 않지만 나의 선물을 "받아들여야 할 것 같은 느낌"이 들었다고 말했다. 몇 달 후, 엘리자베스와 나는 보호구역에 가서 설립자, 공동 설립자 그리고 다른 정규직원에게 레벨 1을 가르쳤다. 우리는 코끼리에 대한 그들의 사랑, 친절함 그리고 헌신에 정말 감동받고 고무되었다. 그들은 코끼리를 만지고 돌보고 그들과 함께 놀고, 먹이를 주면서 매일 코끼리와 함께했다. 레이키가 이런 멋진 존재에게로 흘러간다는 것을 아는 것은 참 멋진 일이다. 또한 레이키가 엄청난 힐링의 사람과 장소로 향하는 문을 열 수 있는 방법도 정말 놀랍다. (코끼리 보호구역에 관해 더 알고 싶다면 www.elephants.com을 방문하라)

– 캐서린

22장
끝맺음 말

___ **엘리자베스로부터**

서문에서 말한 젊은 수사슴의 방문이 레이키의 잠재력에 대한 우리의 이해를 상당히 깊어지게 하는 출발점이 되었다. 전에는 이 특별한 사슴을 만나 적이 없음에도 나는 과거에 그 무리 중의 다른 사슴들을 힐링했었고, 그들 중의 몇몇과 친밀한 관계를 만들었다. 그러나 이 사슴은 내가 잘 알던 사슴 중의 하나가 아니었

애니와 함께 있는 엘리자베스

다. 힐링을 위해 어디로 가야하는지에 대한 자신들의 지식을 사슴이 공유했다는 가능성은 새롭고 두드러진 발전이었다.

수사슴이 힐링을 한지 몇 주가 지나서, 수사슴이 처음 힐링을 받으러 왔을 때 보였던 똑같은 표정으로 정원에 임신한 암사슴이 홀로 있는 것을 발견했을 때 이 가능성은 확인되있다. 이제 나는 그것이 무엇을 의미하는지 알았고 앉아서 그에게 레이키를 하였다. 내가 시작하자마자 마치 여기가 레이키를 받았으면 하는 곳이라고 말하기라도 하는 것처럼 그는 배를 강조하는 식으로 다리를 쭉 뻗었다. 가끔씩 그는 힐링을 받으러 다시 왔고, 분만일이 다가오자 레이키를 받으러 더 자주오기 시작했다. 그리고 나서 몇 주 안 보이더니 그가 건강한 쌍둥이 새끼사슴과 함께 있는 것을 보게 되어 기뻤다.

___ **캐서린으로부터**

동시에 나는 내가 정기적으로 레이키를 실행하는 헛간에 있는 점점 더 많은 말들이 레이키 힐링을 요구하는 것처럼 보인다는 것을 알아채기 시작했다. 한 번은 근처 방목장에서 암말을 힐링하고 나서 한두 주지나서 한 살배기 말들의 방목장을 지나가고 있었는데, 그 중 한 마리가 내가 눈치 채지 못하고 지나칠 수 없도록 방목장 가장자리로까지 재빨리 단걸음에 걸어왔다. 내가 인사로 머리를 쓰다듬어 주려고 멈추자 그 어린 말은 곧바로 자기 몸을 돌려 엉덩이를 내 손 쪽으로 떠밀었다. 내 손 바로 아래로 밀어넣은 그 부위에는 깊고 고통스러워 보이는 찰과상이 있었다. 곧이어 내가 걸어가자

캐서린이 다코타와 유대관계를 맺는다.

펜스 쪽으로 잘 모르는 또 다른 말이 비틀거리며 걸어왔다. 그는 즉각적인 조치가 필요한 부분적으로 떨어져 나간 편자를 보여주려고 일부러 자기 발굽을 들어올렸다.

_____ **이야기가 알려지다**

더 많은 동물들이 우리에게 다가와 힐링을 요구한다는 것을 우리가 알게 되었을 때 그것은 우리에게 분명해지기 시작했다. "그것이 알려졌다!" 레이키의 힐링 에너지에 대한 인식이 우리가 힐링했던 사람들을 통해 그리고 그 지역의 다른 동물들을 넘어 퍼져나가고 있었다. 더 많은 사람들이 우리가 힐링을 위해 그들에게 이 에너지를 제공한다는

것을 믿게 되었고 자신들이 필요로 할 때 그것을 찾게 되었다.

레이키는 동물들이 이해하고 알아보는 정확한 "주파수"이다. 레이키 힐링을 할 때마다 힐러와 동물 사이에 형성되는 관계는 서로에 대한 이해와 서로간의 소통을 더 깊게 해 준다. 레이키를 통해 우리가 동물과 맺는 연관성은 그들의 본성, 문화, 그리고 그들과 우리의 관계 안에서의 가능성에 대한 우리의 이해를 변화시켰다. 우리는 그것이 동물에게도 인간과의 관계 내에서 가능성에 대한 이해를 변화시켰다고 믿는다.

_____ 우리의 비전

동물들 그리고 레이키와 함께 작업을 하면서 그리고 이 책에 있는 이야기들을 설명하면서, 우리는 개별적인 동물들, 그들의 주인 그리고 상황과 더불어 레이키가 더 높은 차원에서 사람과 동물 사이의 관련성을 힐링하는 잠재력을 가지고 있다는 것을 깨달았다. 우리의 비전은 이 가능성을 받아들이기 위해 갈수록 더 확대되었다. 다른 동물 애호가들이 레이키를 배우고 열린 마음으로 세상에 그것을 내어놓는다면, 많은 가정의 동물과 야생동물들은 힐링을 위해 그들에게 끌리고 그들을 믿게 될 것이다.

많은 사람들이 레이키를 배우고 그것을 동물의 왕국에 제공해주는 과정에서 그들과 동물과의 관계에서 이런 종류의 변화가 일어나는 것을 본다고 생각해보라. 이 세상에서 인간과 동물 사이의 전반적인 관계에서 얼마나 엄청난 변화가 초래될 것인가! 이런 가능성들은 나아가 우리의 임무에서 우리를 고무시킨다.

우리의 비전은 레이키를 통해 개개인에게 있어 동물의 본성에 대한 인간의 이해와 인간/동물 관계 내에서의 가능성이 점차적으로 커지고 깊어지는 것이다. 이 깊어진 이해는 우리의 반려동물에서 시작할 수 있지만 해양 포유동물 구조 센터, 동물원, 야생동물 복귀 시설 등에 있는 동물들과 작업하거나 자원봉사하는 사람들이 자신들이 돌보는 동물들에게 레이키 사용을 시작할 때는 어쩌면 모든 다양한 종에 대한 인간의 이해와 더불어 그들과 우리의 관계에 대한 이해 또한 깊어질 것이다.

아직 레이키를 실행하지 않은 사람들에게는, 이 책이 그렇게 하도록 고무시켜 줄 것이라고 기대한다. 이미 힐러인 사람들은 동물 레이키 가능성의 세계로 자신 있게 나아가기를 권한다. 동물들은 우리가 우리의 이해를 변화시키고 그들과 우리의 관계에 대한 가능성을 실현시키기를 기다리고 있다.

감사의 말

우선 이 책의 전 과정을 통해 친절함, 인내 그리고 전문지식으로 우리에게 조언을 해준 훌륭한 에이전트 바비 리버먼Bobbie Lieberman, 율리시스 프레스Ulysses Press의 뛰어난 편집자 클레어 쿤Claire chun, 릴리 초우Lily Chou, 애슐리 체이스Ashley Chase, 아름다운 사진으로 동물에 대한 레이키의 마법을 담아낸 켄드라 럭Kendra Luck, 그리고 역시 멋진 사진으로 이 책에 공헌한 제이미 웨스트달Jamie Westdal과 얼 멕코웬Earl McCowen에게 감사를 표한다.

나의 남편 밥Bob과 딸 라울라Laura가 글 쓰는 과정에서 참을성과 사랑을 보여주고 지원을 해준 것에 대해서, 그리고 이 책에서 많은 교훈을 주고 이 책을 쓰고 이 작업을 하도록 영감을 준 나의 반려동물 조Zoe, 무 슈Mu Shu, 엠마Emma, 스모키Smokey, 애니Annie, 센다드Senedad에게도 특별한 감사와 사랑을 전한다.

또 구루마이 찌드빌라사난다^{Gurumayi Chidvilasananda}의 한결같은 자비심과 사랑, 동물에 대한 나의 이해와 그들과 소통하고 힐링하는 법에 대한 이해에 큰 영향을 준 샤론 칼라한^{Sharon Callahan}의 엄청난 지혜와 열정, 메그 싯데스와리 설리번^{Meg Siddheshwari Sullivan}의 최고의 레이키 교육, 그리고 토샤 실버^{Tosha Silver}의 아주 귀중한 지도에 대해서도 감사하고 싶다.

버클리시 동물 보호소와 그곳을 거쳐 간 동물들, 그리고 캐롤 버클리^{Carol Buckley}와 코끼리 보호구역에도 감사한다.

사슴과 다른 야생동물들, 특히 그들의 아름다움, 박애, 그리고 사랑으로 나에게 영감을 주면서 인내심을 갖고 나를 가르치고 나의 이해의 폭을 크게 넓혀 준 멀린^{Merlin}, 그리고 나의 삶의 질을 높여주고, 동물에 대한 이해와 힐링의 깊이를 더하게 해준 나의 동물과 인간 고객들에게 감사한다.

마지막으로 동물과 나의 유대를 알아차리고 내가 어렸을 때 동물과 자연과 가까이 살 수 있도록 해주신 부모님께 진심 어린 감사를 드린다.

－엘리자베스 풀턴

나의 반려동물인 개 다코타Dakota, 말 쇼니Shawnee와 코디악Kodiak에게 감사한다. 또한 나의 유년기와 청소년기의 멋진 동물 친구 개 머펫Muffett, 고양이 카씨Cassy, 핑키Pinky, 제니Jenny, 턱스Tux, 앤서니Anthony, 진저Ginger, 왕관 앵무새 셔먼Sherman, 잉꼬 시몬Simone, 그리고 금붕어 실비아Sylvia에게도 감사한다.

또 이 땅에 아직 남아 있는 많은 생명들, 그리고 이미 영혼이 자유로워진 많은 크고 작은 소중한 존재들인 나의 "레이키 동물들"에게도 감사한다. 여러분과 만나고 접속한 것, 여러분에게 레이키를 할 수 있고 그 여정의 일부가 될 수 있었던 것은 나에게 아주 뜻 깊은 일이었고 나를 깨우쳐 주었다.

한때는 논리적 과학자이자 내과의였고, 창의적이고 성실한 음악가이며, 현명하고 열린 영혼의 소유자인 진정한 르네상스적 교양인 나의 남편 체Che에게 깊은 감사와 사랑을 전한다. 당신은 진실로 나에게 든든한 사람이다. 프라사드Prasad가족 쥬디Judy, 케더Kedar 그리고 미키Mikie에게 감사한다. 당신들은 나에게 레이키를 소개해 주었으며 각 단계마다 나를 응원해주었다.

나의 멋진 두 자매 샤를로떼Charlotte와 모린Maureen에게도 특히 감사한다. 너희들은 진정 나의 가장 친한 친구들이다. 그리고 나의 어린 시절 집을 동물들에 둘러싸여 자라는 장소로 만들어준 나의 부모님 존^{John}과 지니^{Gini}에게 감사한다.

나의 레이키 티쳐 마사 루카스^{Martha Lukas}와 메그 싯데스와리 설리번 ^{Meg Siddheshwari Sullivan}에게 많은 감사와 축복을 전한다. 그리고 나의 내면의 소리로 향하는 길을 알려준 토샤 실버^{Tosha Silver}에게도 감사한다. 내가 더 높이 닿을 수 있도록 고무시켜 주는 나의 레이키 학생들에게도 축복이 있기를 바란다.

그 과정에 도움을 준 나의 친구들 게일^{Gail}, 수잔나^{Susanna}, 프레이^{Fray} 그리고 모든 브라이트헤이븐 식구들, 나의 트레이너 앨리슨^{Alison}, 에밀리^{Emily}와 PD, 로렐^{Laurel}과 피카소^{Picasso}, 캐롤^{Carol}과 코끼리 보호구역에도 따뜻한 감사를 전한다.

재능 있는 편집자이자 작가 에이전트인 바비 리버먼^{Bobbie Lieberman}, 그리고 훌륭한 사진작가 켄드라 럭^{Kendra Luck}에게도 특별한 감사의 말을 전한다. 이 책에 대한 여러분의 지원과 믿음이 이것이 현실이 되도록 도와주었다.

― 캐서린 프라사드

부　　　　　록

_____ 주위의 레이키 티쳐나 힐러 찾아내기

www.iarp.org

The International Association of Reiki
Practitoners(IARP)는 레이키 티쳐와 힐러들에 대
한 전 세계적 디렉토리를 가지고 있다. 이 사이트
는 레이키 티쳐나 힐러를 찾기에 알맞은 곳이다.

www.reikialliance.com

Reiki Alliance는 레이키 힐링 우스이 시스템 레
이키 티쳐들의 국제 공동체이다. 그들은 우스이,
하야시, 타카타 그리고 후루모토의 직계혈통을
통해 이어져 오는 레이키의 전통적인 형태를 유지하고 있다.
이 사이트는 미국 또는 해외의 레이키 티쳐 또는 힐러를 찾기
에 알맞은 곳이다.

www.brighthaven.org

사랑, 배움, 가르침의 동물 장소인 브라이트헤
이븐은 나이 든 동물, 장애 동물, 그리고 특별한
동물들의 행복에 전념하는 비영리 기구이다.

www.elephants.com

국가 유일의 자연 서식 은신처는 멸종에 처한
아프리카와 아시아 코끼리를 위해 특별히 개발되
었다.

www.guidedogs.com

미국과 캐나다 전역에 걸쳐 맹도견과 시각 장
애인들을 위한 훈련과 안내견을 제공한다.

www.handicappedpets.com

나이 든 동물, 장애 동물들을 위한 상품, 서비
스, 후원을 제공한다.

www.naturalhorsetalk.com

If Your Horse Could Talk 라는 라디오 쇼는 말들에 대한 더 자연적인 접근법을 사용하는 것에 대해 말을 가진 사람들을 교육시키는 프로그램이다. 그들은 클리닉, 상담, 다양한 기사들, 그리고 자연 제품 상점을 포함하는 광범위한 웹사이트를 가지고 있다.

www.aplb.org/frameset4.htm

The Association for Pet Loss and Bereavement (APLB)는 안락사, 참고문헌, 후원단체 목록, 뉴스레터와 채팅방에 관한 유용한 정보를 담고 있다.

www.blessingthebridge.com

이 사이트와 같은 제목의 책이 있다. 작가는 버지니아의 동물 보호소 설립자로 지역 동물 호스피스 프로그램을 만들었고 개인 상담을 제공한다. 이 웹사이트는 또한 동물 호스피스에 대한 정보뿐 아니라 아름다운 이야기들도 담고 있다.

www.in-memory-of-pets.com

이 사이트는 자기 동물의 삶, 사랑, 그리고 죽음의 문제에 대해 사람들을 도와준다. 여기에는 게시판과 관련된 후원 서비스에 대한 애완동물-연결 디렉토리가 있다.

www.hospicenet.org

Hospicenet은 인간 호스피스를 위한 웹사이트
이지만 사별에 대한 섹션을 포함해 좋은 정보들이
많이 있다.

www.animalwellnessmagazine.com

동물들을 위한 자연적이고 전인적인 힐링 옵션에 대해 대중을 교육하는데 헌신했다.

www.holistichorse.com

말 관리인, 보완요법 전문가와 힐러들에게 전인적 요법에 관한 정보제공을 해주는 계간물.

www.naturalhorse.com

말과 다른 동물들을 위한 인간적이고 자연적인 힐링에 초점을 맞춘 간행물.

www.aava.org

The American Academy of Veterinary Acupuncture 웹사이트는 침술 및 중국 전통 의학의 공인과정을 이수한 면허증 소지 수의사의 디렉토리가 있다.

www.ahvma.org

The American Holistic Veterinary Medical Association은 레이키와 다른 대체요법을 실습한 전인적 수의사의 디렉토리가 있다.

www.theavh.org

The Academy of Veterinary Homeopathy 사이트는 AVH에 의해 동종요법 의사로 승인받은 수의사와 아카데미의 규범에 따라 동종요법을 실습하기로 동의한 사람들의 디렉토리가 있다.

www.nih.gov

Health and Human Services의 미국부서의 일부 인 The National Institutes of Health는 여러 지역에 서의 정부 투자 클리닉과 의학 연구를 제공한다. 현재 시행중인 시험 목록을 찾아보려면 "레이키"를 검색하라.

www.reikiinmedicine.org

파멜라 마일스Pamela Miles는 자연 힐링 부문 에서 임상의, 교육자, 강사로 30년의 경험을 가지 고 있다. PDF 형식으로 된 레이키에 대한 의학 논 문 모음을 보려면 참고와 자료 부문을 확인해보라.

www.reiki.net.au

International House of Reiki를 위한 이 사이트 는 레이키 시스템 정보를 위한 종합적인 자료이다.

www.reiki.org

The International Center for Reiki Training은
방대한 정보를 담은 레이키 기사와 Reiki News
Magazine 구독을 제공한다.

––––––––––––––––––––––––––––––– 읽을거리

● 레이키 책

The Japanese Art of Reiki : A Practical Guide to Self-Healing by Bronwen
Stiene, Frans Stiene (Winchester, UK : O Books, 2005)

Reiki by Kajsa Krishni Borang (London, England : Thorsons, 2000).
This book has excellent photos of the hand positions for treating
people.

The Reiki Handbook : A Manual for Students and Therapists by Larry
Arnold, Sandy Nevius (Harrisburg, PA : PSI Press, 1982)

The Reiki Sourcebook by Bronwen Stiene, Frans Stiene (Winchester,
UK : O Books, 2003)

Way of Reiki by Kajsa Krishni Borang (London, England : Thorsons,
1997)

● 레이키 잡지 기사

Reiki News Magazine :
"Reiki at the National Institutes of Health Warren Grant Magnuson
    Clinical Center" by Pamela Miles. Volume 3, Issue 2, Summer
    2004, pp.52−55.

Radiology Today (this article is availble at www.radiologytoday.net) :
"Reiki: Rising Star in Complementary Cancer Care" by Kate Jackson.
    May 12, 2003, pp. 10−13.

Alternative Therapies in Health and Medicine, a peer-reviewed journal
(articles are available at www.alternative−therapies.com) :
"Reiki Vibrational Healing" by Pamela Miles. Volume 9, Number 4,
    2003, pp.74−83.
"Reiki − Review of a Biofield Therapy : History, Theory, Practice and
    Research" by Pamela Miles and Gala True. Volume 9, Number 2,
    2003, pp. 62−72
"Preliminary report on the use of Reiki for HIV−related pain and
    anxiety" by Pamela Miles. Volume 9, Number 2, 2003, p. 36.
"Reiki : A Starting Point for Integrative Medicine" by Robert Schiller,
    MD. Volume 9, Number 2, 2003, pp. 20−21.
"Enhancing the Treatment of HIV/AIDS with Reiki Training and
    Treatment" by Robert Schmehr, CSW. Volume 9, Number 2,
    2003, p. 120.

● 동물 건강

The Complete Guide to Natural Health for Dogs and Cats by Richard H.
　　Pitcairn, DVM, PhD, and Susan Hubble Pitcairn, MS (Emmaus,
　　PA : Rodale Press, 1995)

*Four Paws Five Directions : A Guide to Chinese Medicine for Cats and
　　Dogs* by Cheryl Schwartz, DVM (Berkeley, CA : Celestial Arts
　　Publications, 1996)

*The Goldsteins' Wellness & Longevity Program, Natural Care for Dogs and
　　Cats* by Robert S. Goldstein, VMD, and Susan J. Goldstein,
　　TFH (Neptune City, NJ : Publications, Inc., 2005)

The Homoeopathic Treatment of Small Animals : Principles and Practice by
　　Christopher Day, MA, VetMB, VetFFHom, MRCVS (Saffron
　　Waldon, Essex, UK : C.W. Daniel Company, Ltd., 1990)

Natural Healing for Dogs and Cats A-Z by Cheryl Schwartz, DVM
　　(Carlsbad, CA : Hay House, Inc., 2000)

*Natural Health Bible for Dogs and Cats : Your A-Z Guide to Over
　　200 Conditions, Herbs, Vitamins and Supplements* by Shawn
　　Messonnier, DVM (Roseville, CA : Prima Publishing, 2001)

Preventing and Treating Cancer in Dogs by Shawn Messonnier, DVM
　　(Novato, CA : New World Livrary, 2006)

● 동물 의사소통

Kinship with All Life by J. Allen Boone (New York : Harper Collins
    Publishers, 1954)

Reflections of the Heart : What Our Animal Companions Tell Us by
    Deborah DeMoss Smith (Hoboken, NJ : Wiley Publishing,
    2004)

● 동물과 영성

Angel Animals : Exploring Our Spiritual Connection with Animals by
    Allen and Linda Anderson (New York : The Penguin Group,
    1999)

Angel Dogs : Divine Messengers of Love by Allen and Linda Anderson
    (Novato, CA : New World Library, 2005)

*Animals Grace : Entering a Spiritual Relationship with Our Fellow
    Creatures* by Mary Lou Randour (Novato, CA : New World
    Library, 2000)

Animals Passions and Beastly Virtues : Reflections on Redecorating Nature
    by Marc Bekoff (Philadelphia, PA : Temple University Press,
    2005)

Animals as Guides for the Soul by Susan Chernak McElroy (New York :
    Ballantine Publishing Group, 1998)

Animals as Teachers and healers by Susan Chernak McElroy (New York : Ballantine Publishing Group, 1996)

"The Care and Feeding of an Animal Soul" by Sharon Callahan at www.anaflora.com

Chicken Soup for the Pet Lover's Soul by Jack Canfield, Marty Becker, DVM, et al. (Deerfield Beach, FL : HCI, 1998)

Dogs Never Lie about Love : Reflections on the Emotional World of Dogs by Jeffrey Moussaieff Masson (New York : Crown, 1997)

The Encyclopedia of Animal Behavior by Marc Bekoff (Westport, CT : Greenwood Press, 2004)

God's Messengers : What Animals Teach Us about the Divine by Allen and Linda Anderson (Novato, CA : New World Library, 2003)

Heart in the Wild : A Journey of Self-Discovery with Animals of the Wilderness by Susan Chernak Mcelroy (New York : Ballantine Publishing Group, 2002)

If You Tame Me : Understanding Our Connection with Animals (Animals, Culture and Society) by Marc Bekoff (Philadelphia, PA : Temple University Press, 2004)

Minding Animals : Awareness, Emotions and Heart by Marc Bekoff, Jane Goodall (New York : Oxford University Press, 2002)

Reason for Hope : A Spiritual Journey by Jane Goodall with Phillip

Berman (New York : Warner Books, 1999)

Reflections of the Heart : What Our Animal Companions Tell Us by Deborah DeMoss Smith (Hoboken, NJ : Wiley Publishing, 2004)

She Flies without Wings : How Horses Touch a Woman's Soul by Mary D. Midkiff (New York : Random House, 2001)

The Smile of a Dolphin : Remarkable Accounts of Animals Emotions by Marc Bekoff, ed. (New York : Random House, 2001)

Strolling with Our Kin : Speaking for and Respecting Voiceless Animals by Marc Bekoff (Jenkintown, PA : American Anti-Vivisection Society, 2000)

The Tao of Equus by Linda Kohanov (Novato, CA : New World Library, 2001)

The Then Trusts : What We Must Do to Care for the Animals We Love by Jane Goodall and Marc Bekoff (New York : Harper Collins Publishers, Inc., 2002)

When Elephants Weep : The Emotional Lives of Animals by Jeffrey Moussaieff Masson and Susan McCarthy (New York : Dell Publishing, 1995)

The Wild Parrots of Telegraph Hill : A Love Story . . . with Wings by Mark Bittner (New York : Three Rivers Press, 2005)

● 죽음과 죽어가는/ 호스피스 케어

Animals and the Afterlife by Kim Sheridan (Escondido, CA : EnLighthouse Publishing, 2003)

Blessing the Bridge: What Animals Teach Us about Death, Dying and Beyond by Rita Reynolds (Troutdale, OR : NewSage Press, 2001)

On Death and Dying by Elisabeth Kubler—Ross, MD (New York : Simon & Schuster, 1969)

The Tivetan Book of Living and Dying by Sogyal Rinpoche (New York : Harper Collins Publishers, 2002)

The Tunnel and the Light by Elisabeth Kubler—Ross, MD (New York : Marlow & Co., 1999)

● 꽃 에센스

The Bach Flower Remedies Step by Step by Judy Howard (Saffron Waldon, Essex, UK : C.W Daniel Company, Ltd., 1990)

The Bach Remedies Newsletter, issued by the Bach Centre three times an year. Available through Dr. Edward Bach Centre, Mount Vernon, Sotwell, Wallingford, Oxon OX10 OPZ, United Kingdom; phone (44) 01491 834678

Healing Animals Naturally with Flower Essences and Intuitive Listening by Sharon Callahan (Mt. Shasta, CA : Sacred Spirit Publishing, 2001)

Seven Herbs : Plants as Teachers by Matthew Wood (Berkeley, CA : North Atlantic Books & Homeopathic Education Service, 1986)

The Twelve Healers and Other Remedies by Edward Bach (Woodstock, NY : Beekman Publishers, 1999)

브라이트헤이븐

브라이트헤이븐 직원과 동물들의 관대함이 없었다면 우리는 이 책을 완성하지 못했을 것이다. 캘리포니아 비영리 기구인 이곳은 나이 든 동물, 장애가 있고 특별한 도움이 필요한 동물들에게 평생 보호와 호스피스 케어를 제공한다. 이 책의 모든 모델들 올리, 테드, 할리, 도로시, 프레이저는 브라이트헤이븐을 집이라 부른다.

1990년대 초 창립 이래로 브라이트헤이븐은 입양되지 못하는 수많은 동물들을 구조하고 보살펴왔다. 고양이와 개들은 생고기 식단과 전인적 건강관리를 포함해서 자연적으로 보살펴지는 사랑이 가득한 가족적 환경에서 그들의 황금 시기를 보낸다. 브라이트헤이븐은 사랑, 건강한 식단, 레이키와 동종요법과 같은 힐링 요법 형태의 균형의 결과로 나타나는 많은 기적들을 보아왔다.

동물들을 위해 가장 좋은 관리방법에 대해 십년 이상을 배운 후, 브라이트헤이븐은 획기적인 워크샵과 세미나 프로그램을 통해 그 방대한 경험을 나누고자 문을 열었다. 세금공제 가능한 기부를 환영하며 이는 브라이트헤이븐이 계속적으로 이 중요한 사업을 해 나가는 데 도움이 될 것이다.

더 상세한 정보는 www.brighthaven.org 또는 브라이트헤이븐 사무실 전화 (760)423-6262으로 연락 바란다.

개 조이는 올리버와 함께 있는 순간을 즐긴다.

동물 레이키

초판 발행   2022년 6월 20일

저   자   엘리자베스 풀턴, 캐서린 프라사드
역   자   황지현
펴 낸 이   황정선
출판등록   2003년 7월 7일 제62호
펴 낸 곳   슈리 크리슈나다스 아쉬람
주   소   경상남도 창원시 의창구 북면 신리길 35번길 12-9
대표전화   (055) 299-1399
팩시밀리   (055) 299-1373
전자우편   krishnadass@hanmail.net
카   페   cafe.daum.net/Krishnadas

ISBN   978-89-91596-76-4 03270
잘못 만들어진 책은 바꾸어 드립니다.